술술
삼국지 2

Foreign Copyright:
Joonwon Lee
Address: 3F, 127, Yanghwa-ro, Mapo-gu, Seoul, Republic of Korea
　　　　 3rd Floor
Telephone: 82-2-3142-4151
E-mail: jwlee@cyber.co.kr

술술
삼국지 2

2021.　3.　5. 1판 1쇄 인쇄
2021.　3. 12. 1판 1쇄 발행

지은이 | 허우범
펴낸이 | 이종춘
펴낸곳 | **BM** ㈜도서출판 **성안당**
주소 | 04032 서울시 마포구 양화로 127 첨단빌딩 3층(출판기획 R&D 센터)
　　　 10881 경기도 파주시 문발로 112 파주 출판 문화도시(제작 및 물류)
전화 | 02) 3142-0036
　　　 031) 950-6300
팩스 | 031) 955-0510
등록 | 1973. 2. 1. 제406-2005-000046호
출판사 홈페이지 | **www.cyber.co.kr**
ISBN | 978-89-315-8172-0 (04910)
정가 | **23,000원**

이 책을 만든 사람들

책임 | 최옥현
기획 | 차이나랩
진행 | 오영미
교정·교열 | 신현정
본문·표지 디자인 | 이플디자인
홍보 | 김계향, 유미나
국제부 | 이선민, 조혜란, 김혜숙
마케팅 | 구본철, 차정욱, 나진호, 이동후, 강호묵
마케팅 지원 | 장상범, 박지연
제작 | 김유석

■ **도서 A/S 안내**

성안당에서 발행하는 모든 도서는 저자와 출판사, 그리고 독자가 함께 만들어 나갑니다.
좋은 책을 펴내기 위해 많은 노력을 기울이고 있습니다. 혹시라도 내용상의 오류나 오탈자 등이
발견되면 **"좋은 책은 나라의 보배"**로서 우리 모두가 함께 만들어 간다는 마음으로 연락주시기
바랍니다. 수정 보완하여 더 나은 책이 되도록 최선을 다하겠습니다.
성안당은 늘 독자 여러분들의 소중한 의견을 기다리고 있습니다. 좋은 의견을 보내주시는 분께는
성안당 쇼핑몰의 포인트(3,000포인트)를 적립해 드립니다.
잘못 만들어진 책이나 부록 등이 파손된 경우에는 교환해 드립니다.

술술
삼국지 2

허우범 지음 | 예승 그림 | 차이나랩 기획

BM 책문

머리말

어린 시절, 누구나 한번쯤은 읽었을 소설 삼국지. 영웅호걸들이 펼치는 장쾌한 무용(武勇)에 긴긴 동지 밤도 짧기만 하였습니다. 유비·관우·장비가 펼치는 가슴 훈훈한 형제애와 의리, 제갈량의 변화무쌍한 계략에 추풍낙엽처럼 흩어지며 무너지는 조조군, 적벽대전 앞뒤로 펼쳐지는 숨 가쁜 심리전, 상산 호랑이 조자룡과 노익장의 대명사 황충의 용맹, 제갈량과 사마의의 가슴 졸이는 진검승부에 밤잠을 설쳤습니다.

천하를 놓고 다투는 영웅호걸들의 흥미진진한 이야기인 『삼국연의』는 1,800여 년이 지난 오늘날에도 동아시아를 대표하는 고전이자 훌륭한 문화유산입니다. 더 나아가 이제 『삼국연의』는 소설로만 존재하는 것이 아니라 시대를 넘어 생활의 마디를 풀어주는 열쇠이자, 삶의 고비를 해결하는 지혜가 되었습니다. 이 작품에는 어지러운 세상을 살아가는 다양한 인간들의 흥망성쇠가 펼쳐져 있고, 이러한 이야기는 오늘날에도 여전한 생명력을 지닌 채 우리에게 많은 것을 생각하게 합니다.

『삼국연의』는 역사소설입니다. 역사서인 『삼국지』와는 여러모로 다릅니다. 역사는 조조의 위(魏)를 정통으로 보지만, 소설은 유비의 한(漢)을 정통으로 봅니다. 역사적인 사실을 바탕으로 하면서도 내용면에서 역사와 차이를 보이는 이유가 여기에 있습니다. 흔히 『삼국연의』는 칠실삼허(七實三虛)라고 합니다. 하지만 『삼국지』보다 흥미진진합니다. 이는 영웅호걸들의 물고물리는 다툼을 읽을 때면 한 편의 인생사를 보는 것 같은 재미가 있기 때문입니다. 특히 소설이 만든 인물들의 성격은 동서고금은 물론 지금 이 순간에도 살아있는 인간학으로 많은 가르침을 줍니다.

『삼국연의』는 언제 읽어도 재미있지만 바쁜 일상에서 10권 분량을 끝까지 읽기에는 부담이 됩니다. 한 번 더 자세히 읽고 싶은 명장면들도 끄집어내기가 쉽지 않습니다. 이제 『삼국연의』도 소설의 위치를 넘어선 위상에 걸맞도록, 알차고 의미 있게 읽어야 할 때가 온 것입니다. 그런데 수많은 삼국지 판본들 중에서 소설 내용을 모두 요약해서 다룬 것은 찾아보기 어렵습니다.

저자는 중앙일보와 네이버가 함께 만든 차이나랩과 이러한 필요성을 공감하고 독자들과 함께 『삼국연의』를 읽었습니다. 매주 1회씩 소설 내용을 압축하고 나관중 본과 모종강본의 차이점을 살펴보길 2년 6개월, 독자들로부터 많은 공감과 응원을 받으며 120회 분의 연재를 마쳤습니다. 이 책은 수많은 독자들의 성원에 힘입어, 연재 당시 다루지 못했던 내용을 새로 추가하여 탄생하였습니다.

이 책은 소설인 『삼국연의』 120회의 내용을 압축한 것입니다. 이와 함께 주요한 장면마다 소설의 모본인 『삼국지평화(三國志平話)』와 나관중, 모종강 『삼국연의』의 차이점을 살펴봄으로써 소설의 내용과 인물 묘사의 변화를 알 수 있도록 하였습니다. 또한 모종강이 소설 속에 의견을 단 회평(回評)을 통해서는 새롭게 인간을 공부하는 시간이 될 것입니다. 이밖에도 권별 부록인 '책씻이'와 '소설 밖 나들이'를 통해 독자들로 하여금 소설과 현장을 함께 살펴보는 재미를 더하였습니다.

이 책이 나오기까지 많은 분들이 힘써주셨습니다. 저자의 연재를 기획해준 차이나랩 한우덕 대표, 삽화 사용을 흔쾌히 허락해준 중국의 대표적인 연환화가 예슝 화백, 명장면들을 멋진 작품으로 남겨준 무산(無山) 윤인구 서예가. 이분들의 도움은 이 책을 더욱 빛내주었습니다. 끝으로 언제나 저자의 원고를 믿고 기쁜 마음으로 출간해주는 성안당의 이종춘 회장, 최옥현 상무이사, 편집을 꼼꼼히 살핀 오영미 차장과 디자이너에게도 이 자리를 빌려 감사한 마음을 전합니다.

2021년 우수(雨水)
곡굉재(曲肱齋)에서, 저자

Contents

머리말 · 4

PART
6

61 당신이 죽지 않으니 내가 편히 잘 수가 없소 · 14

62 유비가 가맹관에서 야망을 키우다 · 22

63 낙봉파서 죽은 방통, 엄안을 항복시킨 장비 · 28

64 법정이 유비를 도와 유장을 공격하다 · 35

65 유비가 익주를 차지하다 · 41

66 관우가 칼 한 자루로 노숙을 만나다 · 48

67 조조가 한중을 차지하자 유비가 형주 3군을 돌려주다 · 54

68 좌자가 위왕 조조를 농락하다 · 61

69 관로의 신묘한 점복에 조조가 감탄하다 · 67

70 술로 장합을 무찌른 장비, 천탕산을 빼앗은 노장 황충 · 74

71 유비가 조조에게서 한중을 빼앗다 · 80

72 먹자니 먹을 것 없고 버리자니 아깝도다 · 87

책씻이 6 유비, 인의(仁義)와 한 황실 부흥을 앞세운 반(反)조조파의 맹주 · 93

소설 밖 나들이 6 유비도 조조도 포기할 수 없는 요충지, 한중 · 99

PART 7

73 유비가 한중왕에 오르다 · 104
74 목숨을 구걸한 우금, 죽음을 선택한 방덕 · 112
75 관우는 바둑을 두고 화타는 관우를 수술하다 · 118
76 관우 부자가 맥성에서 구원군을 기다리다 · 125
77 관우를 죽인 손권, 관우를 장사지낸 조조 · 131
78 위왕 조조가 천명을 다하다 · 139
79 위왕에 오른 조비, 칠보시(七步詩)로 목숨 구한 조식 · 145
80 조비가 황제에 오르자 유비도 황제에 오르다 · 152
81 술버릇 못 고친 장비가 비명횡사하다 · 158
82 만리 강산을 얻은들 무슨 소용이 있는가 · 165
83 유비 말실수에 황충을 잃다 · 170
84 육손에 대패한 유비가 백제성으로 도망가다 · 178

책씻이 7 손권, 삼국 쟁투의 캐스팅 보트를 쥐고 있는 조연 · 185
소설 밖 나들이 7 유비가 죽음으로 도원결의를 지킨 곳, 장강삼협과 효정 · 190

PART 8

85 유비가 제갈량에게 후주를 부탁하다 · 196
86 촉과 오가 다시 화친하다 · 203
87 남만왕 맹획이 반란을 일으키다 · 209
88 제갈량이 노수를 건너 맹획을 사로잡다 · 216
89 매번 풀어주는 제갈량, 그때마다 공격하는 맹획 · 222
90 제갈량이 칠종칠금 하니 맹획이 진정으로 항복하다 · 229
91 눈물로 출사표를 쓴 제갈량, 눈물을 머금고 낙향한 사마의 · 236
92 제갈량의 계략을 강유가 간파하다 · 243
93 강유가 제갈량의 후계자가 되다 · 249
94 복귀한 사마의, 제갈량과 진검승부를 펼치다 · 256
95 자만으로 가정을 잃은 마속, 목숨으로 빈 성을 지킨 제갈량 · 262
96 제갈량이 울면서 마속을 베다 · 269

책씻이 8 위연을 위한 변론, 거듭 반역의 표상으로 낙인찍힌 장수 · 275
소설 밖 나들이 8 제갈량이 맹획을 칠종칠금 하여 항복시킨 곳, 운남 · 280

PART 9

97 나라는 기둥을 잃고 나는 한쪽 팔을 잃었다 · 286

98 황제에 오른 손권이 촉오동맹을 재확인하다 · 294

99 제갈량이 싸우지 않는 사마의를 유인하다 · 301

100 제갈량 편지에 죽은 조진, 제갈량 팔괘진에 무너진 사마의 · 308

101 장합이 소나기 화살을 맞고 죽다 · 314

102 제갈량이 목우와 유마로 위군의 군량을 가로채다 · 322

103 일은 사람이 꾸미고 성패는 하늘에 달려있다 · 328

104 죽은 공명이 살아있는 중달을 물리치다 · 336

105 위연의 외침에 마대의 칼이 번쩍이다 · 342

106 조방이 황제에 오르고 조상은 전권을 휘두르다 · 349

107 사마의가 조상을 속이고 국권을 장악하다 · 355

108 총명함과 교만함이 목숨을 재촉하다 · 362

책씻이 9 국궁진췌(鞠躬盡瘁)의 대명사 제갈량, 소설 삼국지 최고의 인물 · 369

소설 밖 나들이 9 제갈량의 한과 혼이 서린 곳, 한중 오장원 · 375

PART 10

109 조방의 밀지가 발각되고 사마씨가 권력을 잡다 · 380

110 반란에 실패한 관구검, 눈알이 빠져 죽은 사마사 · 387

111 사마소가 찬탈을 노리자 제갈탄이 반기를 들다 · 394

112 등애가 지략을 뽐내며 연전연승하다 · 401

113 진법으로 등애를 누른 강유, 반간계로 위기를 벗어난 등애 · 408

114 종이 황제 조모, 사마소에게 죽음으로 항거하다 · 416

115 하후패가 등애에게 죽고 강유는 답중에 주둔하다 · 423

116 한중이 무너졌건만 후주는 환락만 일삼다 · 430

117 성도를 압박하는 등애, 부랴부랴 제갈첨을 부르는 후주 · 435

118 후주는 항복하고 강유는 부활을 노리다 · 442

119 이곳에서 희희낙락하여 서촉은 잊었습니다 · 449

120 천하는 다시 사마씨의 진나라로 통일되다 · 456

책씻이 10 사마의, 조조와 유비를 능가하는 후흑(厚黑)의 대가 · 463

소설 밖 나들이 10 한 명으로 만 명을 지킬 수 있는 천혜의 요새, 검문관 · 468

Epilogue · 472

참고문헌 · 476

주요 지명도

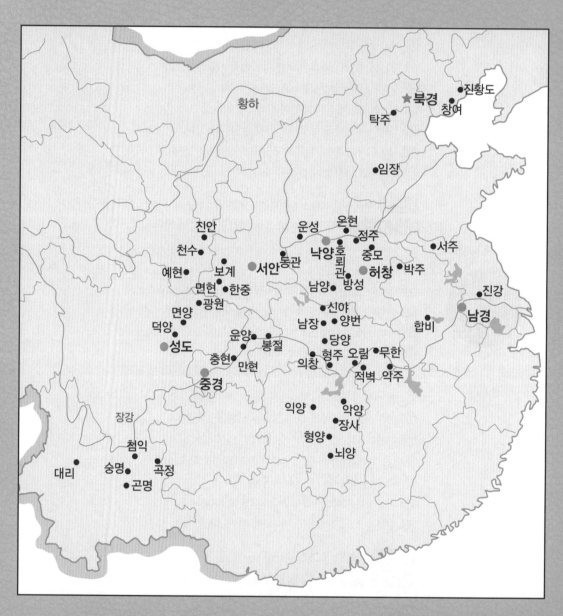

황하

진황도

북경

창여

탁주

임장

운성
온현
정주

진안

낙양
호뢰관
중모
서주

천수
서안
동관
허창
박주

예현
보계
남양
방성

면현
한중
진강

광원
신야
남경

면양
남장
양반
합비

덕양
윤양
당양
무한

성도
봉절
형주
오림

충현
만현
의창
적벽
악주

중경

익양
악양

장사

형양

첨익
뇌양

대리
숭명
곡정

곤명

장강

삼국 정립도

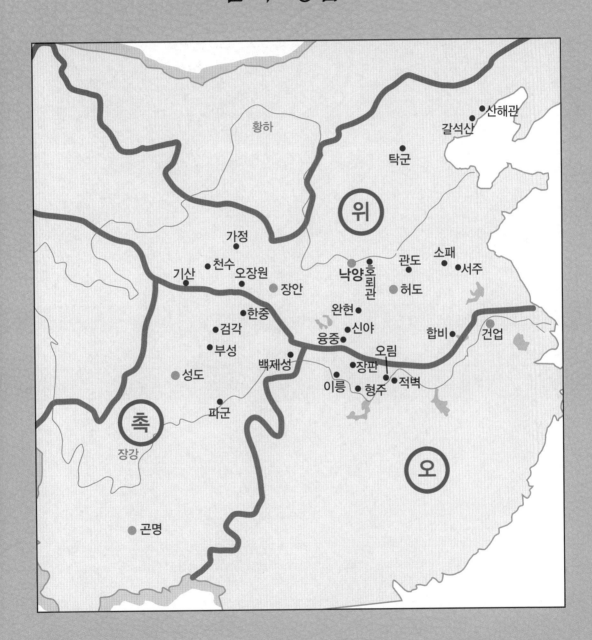

PART 6

61 당신이 죽지 않으니 내가 편히 잘 수가 없소

62 유비가 가맹관에서 야망을 키우다

63 낙봉파서 죽은 방통, 엄안을 항복시킨 장비

64 법정이 유비를 도와 유장을 공격하다

65 유비가 익주를 차지하다

66 관우가 칼 한 자루로 노숙을 만나다

67 조조가 한중을 차지하자 유비가 형주 3군을 돌려주다

68 좌자가 위왕 조조를 농락하다

69 관로의 신묘한 점복에 조조가 감탄하다

70 술로 장합을 무찌른 장비, 천탕산을 빼앗은 노장 황충

71 유비가 조조에게서 한중을 빼앗다

72 먹자니 먹을 것 없고 버리자니 아깝도다

당신이 죽지 않으니
내가 편히 잘 수가 없소

유비가 드디어 서천으로 들어왔습니다. 방통과 법정은 유장이 마중나왔을 때 처치하면 힘 안들이고 서천을 얻을 수 있다고 했습니다. 하지만 유비는 거부했습니다. 두 사람이 재삼 권했지만 유비는 끝내 마음을 바꾸지 않았습니다.

> "이제 막 촉(蜀)으로 와서 은덕을 펴지도 못했고 신의를 알리지도 못했는데 어찌 그런 일을 한단 말이오."

민심을 중시하는 유비의 노련한 정치술이 그대로 느껴지는 말입니다. 이튿날, 유장은 유비를 위해 잔치를 베풀고 서로의 속마음을 털어놓았습니다. 매우 정답고 친밀한 분위기였습니다.

술잔이 돌고 거나하게 취기가 올랐습니다. 방통과 법정은 유비의 허락을 기대할 수 없자 위연에게 칼춤을 추게 했습니다. 칼춤을 추다가 유장을 처치하라는 것이었습니다.

"잔치에 즐기실 만한 것이 없어서 저희들이 놀이 삼아 칼춤을 추어 보이겠습니다."

"칼춤은 반드시 짝이 있어야 하는 법이니 제가 함께 어울려 멋진 칼춤을 선보이겠습니다."

"우리들도 군무(群舞)로 여러분에게 웃음을 선사하겠습니다."

위연이 칼춤을 추자 유장의 부장인 장임이 분위기를 간파하고 위연 앞에 나섰습니다. 이에 유봉이 위연을 도와 칼춤을 추었습니다. 유장 쪽에서는 유괴, 냉포, 등현이 칼을 빼어들고 나섰습니다. 화기애애(和氣靄靄)하던 분위기는 금방 폭풍이 몰아칠 듯 변했습니다. 유비가 크게 놀라 부하가 차고 있던 검을 빼어 들고 벌떡 일어나 꾸짖었습니다.

"지금 우리 형제가 만나 즐겁게 마시며 조금의 의혹도 없는데, 홍문(鴻門)의 연회 자리도 아니고 어찌 칼춤을 춘단 말이냐? 당장 칼을 놓지 않는 자는 내가 직접 목을 치겠다."

두 사람은 다시 즐겁게 마시고 헤어졌습니다. 방통은 좋은 기회를 잃은 것이 못내 아쉬워 탄식했습니다. 하지만 유비의 생각은 달랐습니다. 방통보다 한 수 위였습니다.

"지금 나와 조조의 관계는 마치 물과 불처럼 맞서고 있소. 조조가 빨리 하면 나는 늦게 하고, 조조가 사납게 굴면 나는 자애롭게 하고, 조조가 거짓말을 하면 나는 정직하게 하는 등 처음부터 끝까지 조조와 반대로 하면 일은 반드시 성사될 것이오. 아주 작은 이익을 좇아 천하의 대의를 잃는다면 나는 정녕코 하지 않겠소."

↑ 칼춤 추는 부하들을 꾸짖는 유비

유장은 날마다 유비를 위해 연회를 베풀었습니다. 그러던 중, 장로가 가맹관으로 쳐들어온다는 급보가 날아들었습니다. 유장의 부탁을 받은 유비는 흔쾌히 가맹관으로 향했습니다. 가맹관에 주둔한 유비는 방통을 비롯한 참모들의 속전속결(速戰速決) 제안을 자제하고, 주민들의 신망을 얻는 일에 집중했습니다. 대외적인 신의를 중시하며 결정적인 때를 기다리는 유비의 전략인 것입니다.

한편 손권은 유비가 촉으로 들어간 것을 알고 참모들과 형주를 빼앗을 궁리를 했습니다. 하지만 오국태가 여동생의 목숨까지 빼앗으려 하냐고 반대하자 손권도 어쩔 수 없었습니다. 이에 원로대신인 장소가 제안했습니다.

"심복 장수 한 사람에게 5백 명의 군사를 이끌고 형주로 잠입한 후, 군주(郡主)를 모시고 즉시 돌아오게 하십시오. '국태께서 위독해 따님을 그리워하신다'는 밀서를 함께 보내면 될 것입니다. 오시는 길에 유비의 하나뿐인 아들을 데려오게 하면 유비는 틀림없이 형주와 아두(阿斗)를 맞바꾸자고 할 것입니다. 만일 그래도 변함없다면 그때 군사를 이끌고 쳐들어가면 무슨 어려움이 있겠습니까?"

손권이 반색하며 즉시 주선을 시켜 추진토록 했습니다. 주선과 군사들은 장사꾼으로 변장하여 형주에 잠입했습니다. 밀서를 읽은 손부인은 어찌할 바를 몰랐습니다. 유비는 멀리 있고 마음은 급했습니다.

"국태께서 병이 위급하시어 애타게 부인만 찾으십니다. 서두르지 않으면 살아생전의 모습을 못 보게 될 것입니다. 특히 아두도 보고 싶어 하셨으니 함께 데리고 오라고 하셨습니다. 속히 출발하셔야만 합니다."

손부인은 7세인 아두를 데리고 배에 올랐습니다. 배가 막 출발하려고 할 때 조운이 달려왔습니다. 주선은 곧장 배를 출발시키고 무기를 꺼내 조운에게 대항했습니다. 하지만 장판파의 영웅을 어찌 당해낼 수 있겠습니까. 곧이어 장비도 뒤쫓아 왔습니다. 완강하게 저항하던 손부인도 아두는 데려갈 수 없었습니다.

손부인은 혼자서 동오로 돌아갔고 장소의 계책은 무용지물(無用之物)이 되고 말았습니다. 조운과 장비는 장판파에 이어 또다시 공을 세웠습니다. 후세 사람들이 이들을 칭송하는 시를 남겼습니다.

예전에는 당양에서 주인을 구했고　　　　　昔年救主在當陽
오늘은 장강에서 몸을 날리네.　　　　　　今日飛身向大江
배 위의 오나라 병사들 기겁해 자빠지니　　船上吳兵皆膽裂
조자룡의 용맹함 세상에 으뜸이네.　　　　子龍英勇世無雙

지난날 장판교에서 노기가 펄펄 끓어　　　長坂橋邊怒氣騰
범처럼 포효하여 조조 군사 물리쳤고　　　一聲虎嘯退曹兵
오늘은 강 위에서 위험천만 주인 구하니　　今朝江上扶危主
청사에 실린 이름 만세에 알리리라.　　　　青史應傳萬載名

손권은 누이동생이 돌아오자 형주를 빼앗기 위해 본격적으로 문무관리들과 상의했습니다. 그런데 조조가 40만 대군을 이끌고 적벽의 원수를 갚으러 쳐들어온다는 첩보가 왔습니다. 형주 공략은 잠시 중단되었습니다.

조조가 손권에게 복수전을 펴기 전에 위공(魏公)이 되었습니다. 여기에 천자(天子)가 특히 공로가 큰 제후와 대신에게 하사하던 아홉 가지 물품인 구석(九錫)을 더하여 위세와 영화가 하늘을 찔렀습니다. 모든 신하가 반겼지만 최측근인 순욱만은 반대했습니다.

"그것은 안 될 말입니다. 승상께서는 원래 한나라를 바로세우기 위해 의병을 일으켰습니다. 마땅히 충정한 뜻을 유지하시고 겸손하게 물러서서 품위를 지키셔야 합니다. '군자는 덕으로 여러 사람을 사랑한다'고 했으니 그렇게 하는 것은 정녕 옳은 일이 아닙니다."

趙雲截江奪阿斗
乙酉年春日素雄畫

◀ 손부인에게서 아두를
빼앗은 조운과 장비

조조는 순욱의 말을 듣자 안색이 변했습니다. 이제 순욱도 자신의 측근이 아니라고 생각했습니다. 조조는 군사를 일으켜 동오를 치러가면서 순욱을 데려가려고 하였습니다. 하지만 순욱은 병을 핑계로 수춘(壽春)에 머물렀습니다. 조조가 사람을 시켜 순욱에게 음식 한 합(盒)을 보냈습니다. 순욱이 합을 열어보니 아무것도 들어있지 않았습니다. 순욱은 그 뜻을 알고 독약을 먹고 자결했습니다. 그의 나이 50세였습니다.

순욱의 재주 천하에 소문났는데	文若才華天下聞
가엾다, 발 잘못 담가 권세가에 있었구나.	可憐失足在權門
후세 사람들이여, 멋대로 장량과 비교 마시라.	後人休把留侯比
죽음 앞두고 한 황제들 뵐 낯 없으리니.	臨沒無顔見漢君

모종강은 순욱의 죽음에 대해 다음과 같이 평했습니다.

'순욱의 자결을 두고 어떤 사람은 살신성인(殺身成仁)이라고 칭송하지만 이는 잘못 생각하는 것이다. 조조에게 연주(兗州)를 빼앗으라고 할 때, 조조를 한고조와 광무제에 비교했고, 이어서 조조에게 관도(官渡)에서 싸우라고 할 때는 항우와 유방에 비교했다. 그가 설계하고 펼친 모든 계략은 조조의 참역(僭逆)을 돕는 것이었다. 두목이 조조를 비방하길, "그는 벽에 구멍을 뚫고 돈궤를 훔쳐 가도록 가르친 사람이다."라고 하였는데, 이는 맞는 평가다. 이미 도둑질을 하라고 가르치고 갑자기 군자론(君子論)을 말하며 막는 꼴이다. 순욱의 실수는 이미 조조를 따를 때부터 시작된 것이건만, 이제 와서 만절(晩節)로 덮으려고 하니 어찌 식자들이 비웃지 않겠는가?'

손권은 만반의 준비를 갖추고 조조에게 대항했습니다. 일진일퇴의 공방전이 지루하게 이어지고 그사이 해가 바뀌어 정월이 되었습니다. 봄비가 내려 조조의 영채는 엉망이었습니다. 조조는 손권이 보통의 인물이 아님을 알고 군사를 물리고 싶었지만 손권에게 비웃음을 사는 것이 싫었습니다. 마음은 철군하고 싶지만 몸은 그럴 수 없으니 조조도 답답했습니다. 그럴듯한 명분이 필요한데 생각나지 않았습니다.

손권도 형주 차지가 급했습니다. 이러한 때 조조와 대치하는 것은 도움이 안 되었습니다. 손권도 적당한 타협으로 전쟁을 끝내고 싶었습니다. 그리하여 조조에게 편지 한 통을 보냈습니다.

"나나 승상이나 모두 한나라의 신하이거늘 어째서 승상은 나라를 위하고 백성을 편히 할 방책은 생각지 않고 멋대로 전쟁을 일으켜 살아있는 것들을 못살게 하니 이것이 어찌 어진 자의 행동이라 할 수 있겠소. 계신 곳은 며칠 안에 물이 차오를 테니 속히 물러가는 게 좋을 것이오. 만약 내 말을 듣지 않고 있다가는 적벽에서의 재앙을 다시 맞게 될 것이니, 잘 판단하여 진행하시리라 믿소."

그리고 편지 뒤쪽에 다음과 같이 덧붙였습니다.

"족하가 죽지 않으니 나는 정말 편안히 잠잘 수가 없소이다(足下不死 孤不得安)."

조조도 돌아가고 싶었던 터라 손권이 체면을 세워 주자 껄껄껄 웃었습니다. 그리고 양군은 나란히 철군했습니다.

유비가 가맹관에서
야망을 키우다

조조가 돌아가자 손권은 다시 형주를 빼앗기로 했습니다. 장소가 계책을 내었습니다. 유장에게 편지를 보내 유비를 의심하게 만들고, 장로에게도 편지를 보내 형주를 공격하도록 하는 것이었습니다. 손권은 즉각 장소의 계책을 실행에 옮겼습니다.

유비는 가맹관에 주둔하며 많은 민심을 얻었습니다. 제갈량이 편지를 보내 손 부인이 동오로 돌아갔고, 조조가 손권을 공격한 것을 알렸습니다. 유비는 방통에게 편지를 보여 주며 말했습니다.

"조조가 손권을 쳐서 이기면 그 즉시 형주도 빼앗으려 들 것이고, 손권이 조조를 이긴다 해도 형주를 빼앗으려 할 테니 이를 어찌하면 좋겠소?"

"주공, 걱정하지 마소서. 제갈량이 있는 한 손권은 감히 형주로 쳐들어오지 못할 것입니다. 주공께서 유장에게 편지를 보내 '조조가 손권을 공격하여 순치(脣齒) 관계인 우리는 그를 지원하지 않을 수 없소. 장로는 자신만을 지키려는 자이니 결코 경계를 침범하지 못할 것이오. 이제 군사를 이끌고 형주로 돌아가 손권과 힘을 합쳐 조조를 치려고 하오. 그런데 군사와 군량이 모자라니, 동기 간의 정을 생각해서 3~4만 명의 정예병과 10만 섬의 군량을 도와주기 바라오.'라고 하십시오. 유장이 군마와 군량을 보내주면 그때 다시 말씀 올리겠습니다."

유장은 참모들의 말에 따라 늙고 약한 군사 4천 명과 쌀 1만 섬만 보냈습니다. 이를 본 유비는 크게 화를 내며 편지를 찢어버렸습니다. 그러자 방통은 세 가지 계책을 건의했는데, 유비는 그중 중책을 택했습니다. 전별연 자리에서 양회와 고패를 죽이고 부성(涪城)을 빼앗기로 한 것입니다. 서천(西川)에 대한 야심을 본격적으로 드러낸 유비는 유장에게 편지를 보냈습니다.

'조조가 악진을 시켜 군사를 거느리고 청니진으로 쳐들어왔소. 여러 장수가 막으려고 하나 막지 못하고 있으니 내가 가지 않을 수 없소. 하여 뵙지 못하고 이렇게 편지로 작별을 고하오.'

한편 장송은 유비가 형주로 돌아간다는 소식을 진심으로 알았습니다. 그래서 유비에게 몰래 편지를 썼습니다. 즉시 서천을 공격하면 당연이 내응하여 함락토록 도울 터이니 형주로 돌아가지 말라는 것이었습니다. 그런데 이 편지를 친형인 광한태수(廣漢太守) 장숙이 보고는 이를 유장에게 알렸습니다. 결국 아우인 장송 일가는 저잣거리에서 모두 죽임을 당했습니다. 후세 사람들이 시를 지어 탄식했습니다.

▲ 유비 편을 들다가 죽은 장송

老黃忠勇救魏

◀ 유장의 장수들을
무찌르는 노장 황충

한 번 보고 척척 외운 이 매우 드문데	一覽無遺自古稀
편지로 기밀 샐 줄 그 누가 알았으랴.	誰知書信洩天機
유비의 왕업 성취 보지도 못한 채	未觀玄德興王業
성도에서 먼저 옷을 피로 물들이네.	先向成都血染衣

유비는 방통의 계책대로 양회와 고패를 죽이고 부수관(涪水關)을 차지했습니다. 유장은 각 관문으로 격문을 보내고 유괴, 냉포, 장임, 등현 네 장수와 5만 명의 대군을 보내어 낙성(雒城)에서 유비를 막도록 했습니다. 유괴가 금병산에 이르러 자허상인을 찾아가 자신들의 운수를 알려달라고 사정했습니다. 자허상인이 다음과 같이 써주었습니다.

좌우에서 용과 봉이	左龍右鳳
서천으로 날아들었네.	飛入西川
봉의 새끼는 땅에 떨어지고	雛鳳墜地
누운 용은 하늘로 오르네.	臥龍升天
하나를 얻으매 하나는 잃으니	一得一失
당연한 하늘의 이치로구나.	天數當然
기회를 엿보고 잘 움직여	見機而作
죽음을 자초하지 마시게.	勿喪九泉

이들은 자허상인이 자세히 알려주지 않자 미친 노인 취급하고 낙성으로 갔습니다. 유괴와 장임은 낙성을 지키고, 냉포와 등현은 성에서 60리 떨어진 곳으로 나와 영채를 세웠습니다. 유비가 이들을 어떻게 무찌를까 걱정하고 있을 때 황충이 자청합니다. 유비가 기뻐하며 승낙하자 갑자기 위연이 나서며 말했습니다.

"노장군께서는 연세가 있으신데 어떻게 무찌르겠습니까? 재간은 없지만 제가 가겠습니다."

"내가 이미 장령을 받았건만 어찌 주제넘게 나서느냐?"

"노장은 근력이 부치십니다. 내가 듣기에 냉포와 등현은 혈기가 한창인 장수들인데, 노장군이 나갔다가 그들을 잡지 못하면 주공의 큰일을 그르치게 되는 것입니다. 그래서 노장군을 배려해서 이 몸이 대신 싸우려고 하는 것입니다."

"네가 지금 나를 늙었다고 깔보는 것이냐? 감히 나와 겨뤄보고 나서 그런 말을 하거라!"

"그럼, 주공 앞에서 맞대결을 해서 이긴 사람이 가는 것으로 정하면 어떻겠소?"

노장 황충이 성큼성큼 계단을 내려가 칼을 집으려고 하자 유비가 급히 말렸습니다.

"안 된다! 나는 지금 그대들의 힘을 믿고 군사를 이끌고 서천을 뺏으려고 하는데, 이제 두 호랑이가 쓸데없는 대결을 하다가 하나를 잃으면 그것이야말로 나의 큰일을 그르치는 것이다. 두 사람은 화해하고 다투지 마시게."

▲ 촉의 맹장 위연

그러자 방통이 옆에서 지켜보다가 제안을 했습니다.

"두 장군은 다툴 필요가 없소이다. 지금 냉포와 등현은 각각 영채를 세웠소. 그러니 두 장군이 각각 한 영채씩 공격하면 됩니다. 먼저 영채를 뺏는 장군이 첫 공을 세우는 것이오."

이리하여 황충은 냉포의 영채를, 위연은 등현의 영채를 공격하여 뺏도록 했습니다. 위연이 욕심을 내어 먼저 냉포를 공격하고 등현을 치려다가 도리어 두 장수의 협공에 빠져 목숨이 위태로웠습니다. 이때 노장 황충이 등현을 죽이고 냉포를 물리치며 위연을 구했습니다.

유장은 등현이 죽었다는 소식에 아들 유순과 처남 오일을 보내 낙성을 지원토록 했습니다. 유비도 맹달과 곽준에게 가맹관을 지키게 하여 만약의 사태에 대비했습니다. 이제 유비의 본격적인 서천 공략이 눈앞으로 다가왔습니다. 모종강은 유비와 유장의 사이가 벌어지는 것에 대하여 다음과 같이 평했습니다.

'손권과 유비의 사이가 금이 가더니 이제는 유비와 유장이 서로가 적이 되었다. 누이동생을 데려가고 아들을 빼앗아가려는 것은 손권과 유비의 사이가 멀어진 때문이고, 군량을 아끼고 편지를 찢은 것은 유장과 유비가 서로를 미워한 때문이다. 그런데 손권과 유비는 다시 합칠 수 있지만, 유장과 유비는 다시 좋아질 수 없다. 이는 유장이 유비를 불러들였으니 다시 내보낼 수 없는 처지에 놓인 것이다. 쉽게 불러들였다가 쉽게 쫓으면 다툼이 일어날 것이 분명하기 때문이다. 또한 유비도 서천으로 들어온 이상 서천을 빼앗지 않을 수 없는 형편인 것이다. 그 경내로 들어와서 그 땅을 뺏지 못하면 도리어 오도 가도 못하는 처지에 빠져 자신이 화를 당하게 될 것이기 때문이다. 그래서 호랑이는 불러들이기는 쉬워도 쫓아내기는 어렵고, 위험한 곳은 들어가기는 쉬워도 그곳에서 빠져나오기는 어렵다고 하는 것이다.'

낙봉파서 죽은 방통,
엄안을 항복시킨 장비

방통이 유비와 서천 공략을 논의하고 있을 때, 기인 팽양이 찾아왔습니다. 법정이 그를 알아보고 소개해주자 방통은 정중히 예우했습니다. 팽양이 유비의 군사 수만 명의 목숨을 구하러 왔다고 하자 법정은 급히 유비를 모셔왔습니다.

"장수가 되어 어찌 지리도 모르십니까? 앞 영채는 부강(涪江)이 바로 앞이어서 만일 적들이 강을 트고 앞뒤로 막는다면 한 사람도 빠져나갈 수 없습니다."

유비는 즉시 황충과 위연에게 이를 당부했습니다. 과연 유장의 냉포가 강물을 트고 공격하려고 했다가 위연에게 사로잡혔습니다. 유비는 냉포의 목을 베고 이를 깨우쳐준 팽양을 정중히 대접했습니다. 유비가 본격적으로 낙성을 공격하려고 할 때, 마량이 제갈량의 친서를 들고 왔습니다. 편지 내용은 태백성(太白星)이 낙성(雒城)에 이르러 우리 장수 신상에 나쁜 일이 있을 테니 절대로 조심하라는 것이었습니다. 유비는 편지를 보고 망설였습니다. 방통은 제갈량이 자신의 공을 막으려는 것으로 여겨 이렇게 말했습니다.

"저 역시 천문을 볼 줄 알아 이미 알고 있습니다. 그러나 이는 주공께서 서천을 차지할 예시이지 나쁜 일을 말하는 게 아닙니다. 또한 이미 촉군 장수 냉포의 목을 베어 액땜까지 했으니 아무 일도 없을 것입니다. 주공께서는 염려하지 마시고 속히 진군하십시오."

방통이 재삼 재촉하자 유비는 진군을 시작했습니다. 낙성에 이르는 길은 두 가지인데, 유비가 대로로, 방통은 오솔길로 가기로 했습니다. 이때 방통의 말이 날뛰어서 유비는 자신이 타던 백마를 방통에게 주고 자신이 방통의 말을 탔습니다.

오솔길을 지키던 장임은 백마를 타고 오는 대장이 분명 유비일 것이라고 확신했습니다. 방통은 빼곡한 숲을 지나가며 번쩍 의심이 들어 길을 안내하던 군사에게 물었습니다.

"이곳의 이름이 무엇이더냐?"
"낙봉파(落鳳坡)라고 부릅니다."
"내가 봉추(鳳雛)인데 이곳이 낙봉파라면 내게 좋을 게 없잖은가!"

방통은 즉시 후퇴 명령을 내렸지만, 이미 장임의 군사들에게 포위되었습니다. 포 소리와 함께 화살은 방통에게 집중되었습니다. 그의 나이 겨우 36세, 가련한 방통은 그 자리에서 전사했습니다.

↑ 낙봉파에서 최후를 맞이한 방통

관우에게 형주의
인수를 주는 제갈량

후세 시인들이 그의 총명함을 안타까워하며 시를 지었습니다.

옛 고개는 연이어 푸른빛 가득하고	古峴相連紫翠堆
방사원의 집 산모롱이에 있었네.	士元有宅傍山隈
어릴 적 우둔하다 놀림도 받았지만	兒童慣識呼鳩曲
뛰어난 재주는 동네마다 소문났네.	閭巷曾聞展驥才
천하삼분 미리 예견하고 움직여	預計三分平刻削
머나먼 길 달리며 홀로 배회하였네.	長驅萬里獨徘徊
그 누가 알았으랴, 흉한 별똥 떨어져	誰知天狗流星墜
장군의 금의환향 못 하게 할 줄을.	不使將軍衣錦回

방통이 낙봉파에서 죽기에 앞서 동남 지방에서는 동요가 하나 퍼졌습니다.

봉과 용이 나란히	一鳳幷一龍
서로 도우며 촉으로 가네.	相將到蜀中
겨우 반쯤 왔건만	纔到半路裏
봉은 낙봉파 동쪽에서 죽네.	鳳死落坡東
바람은 비 몰아오고 비는 바람 몰아오네.	風送雨雨隨風
한나라 일으키려면 촉도를 열어야 하는데	隆漢興時蜀道通
촉도가 열렸을 때는 용만 홀로 남았네.	蜀道通時只有龍

방통이 죽은 유비군은 크게 패하고 부성으로 돌아왔습니다. 유비는 방통의 전사 소식을 듣고 통곡했습니다. 장임이 성 밑까지 와서 싸움을 걸었지만 굳게 지키면서 나가지 않았습니다. 유비는 관평에게 편지를 주어 형주의 제갈량에게 이 사실을 알렸습니다.

한편 제갈량은 칠석을 맞이하여 관원들과 밤에 연회를 벌이다가 큰 별이 떨어지는 것을 보고는 흐느껴 울었습니다. 뭇 관원들이 그 까닭을 물었습니다.

"내가 얼마 전에 주공께 특별히 조심하라고 편지를 올렸는데 이제 보니 서쪽에서 별이 떨어졌소. 분명코 방통의 목숨이 다한 것이오. 아! 이제 우리 주공께서는 한 팔을 잃으셨으니 얼마나 가슴이 아프시겠소."

관원들은 믿지 않았습니다. 며칠이 지나서 관평이 와서 방통의 전사를 알렸습니다. 모든 관원은 슬픔에 눈물을 흘렸습니다. 제갈량은 관우에게 형주를 지킬 것을 명하고 그에게 인수(印綬)를 넘겨주며 말했습니다.

"만약 조조가 대군으로 쳐들어오면 어쩌시겠소?"
"힘으로 막겠소이다."
"만약 조조와 손권이 앞뒤로 쳐들어오면 어떻게 막겠소?"
"군사를 나누어 막겠소이다."
"그렇게 한다면 형주를 지킬 수 없을 것이오. 내가 장군께 글로써 알려줄 테니 절대 잊으면 안 되오. 그래야만 형주를 지킬 수 있소."
"어떤 글이요?"
"북쪽의 조조는 막고 동쪽의 손권과는 화친한다[北拒曹操 東和孫權]는 글이오."
"군사의 말을 반드시 가슴에 새기겠소이다."

제갈량은 장비와 조운에게 군사를 떼어 주어 별도로 먼저 떠나게 하고 자신도 군사를 이끌고 서천으로 출발했습니다. 장비는 파군에 이르러 태수 엄안을 사로잡고 싶었습니다. 하지만 엄안도 장비의 불같은 성미를 이용해 약만 올릴 뿐 수비에만 치중했습니다. 장비가 분을 못 이겨 제풀에 무너지려 할 때 기습하려는 것이었습니다. 장비는 계속 싸움을 걸었지만 시간 낭비였습니다. 그러자 장비는 엄안의 부하 병사들에게 슬쩍 공격 정보를 흘려보내고 이를 역이용하여 엄안을 사로잡았습니다. 하지만 엄안은 조금도 두려워하지 않고 오히려 장비에게 호통을

張翼德義釋嚴顏 乙酉春 茱雄 畵

🔺 엄안을 지혜로 항복시키는 장비

쳤습니다. 죽음도 무서워하지 않았습니다. 장비는 곧장 엄안을 묶은 포승줄을 풀고 상석에 앉히고 머리를 숙여 절을 하며 말했습니다.

"아까는 일부러 모독하는 말을 했으나 꾸짖지 말아주기 바라오. 나는 원래부터 노장군이 호걸이라는 것을 알고 함께하고 싶었습니다."

엄안은 장비의 이 말에 감복하여 항복했습니다. 후세 사람들도 장비의 지혜를 기리는 시 한 수를 남겼습니다.

엄안을 사로잡은 용기 논할 수 없지만	生獲嚴顏勇絶倫
오직 의기로써 군사와 백성을 항복시켰네.	惟憑義氣服軍民
지금도 사당이 파촉에 오롯하여	至今廟貌留巴蜀
제삿술과 고기안주로 날마다 취해 있다네.	社酒鷄豚日日春

모종강도 장비의 행동에 다음과 같이 찬사를 보냈습니다.

'장비는 평생 몇 번에 걸쳐 속 시원한 일을 하였다. 독우를 패주고, 여포를 욕하고, 장판교에서 호통을 친 것이 그것이다. 하지만 이러한 장비의 용기는 엄안을 사로잡은 지혜만 못하고, 엄안을 사로잡은 지혜가 용기보다 뛰어나다고 해도 또한 엄안을 풀어준 현명함에는 미치지 못하는 것이다.'

법정이 유비를 도와
유장을 공격하다

장비는 엄안을 은의(恩義)로 항복시킨 후, 서천으로 들어갈 계책을 물었습니다. 그러자 엄안은 패전한 장수가 두터운 은혜를 입었으니 화살 한 발을 쏘지 않고 곧장 진격할 수 있도록 하겠다고 약속합니다.

"여기부터 낙성까지 설치된 관애(關隘)는 모두 노부(老夫)가 관할하고 있습니다. 이제 노부가 앞장서서 가는 곳마다 모두 나와 항복하도록 하겠습니다."

엄안이 이르는 곳마다 모두 투항시키자, 소문만 듣고도 귀순하여 한 차례의 싸움도 벌어지지 않았습니다. 장비는 힘들이지 않고 낙성을 공략 중인 유비에게 왔습니다. 유비도 장비를 보고는 깜짝 놀랐습니다. 험한 산길을 군사들의 저항도 받지 않고 제갈량보다 먼저 왔기 때문입니다. 장비가 으쓱대며 말했습니다.

"오는 중에 마흔 다섯 곳의 관애를 모두 노장 엄안이 항복시켜서 무사히 지나올 수 있었습니다. 그래서 오는 내내 하나도 힘들지 않았습니다."

장비가 유비에게 엄안의 의기(義氣)를 높이 사 준 일을 자세히 설명하고 인사를 시켰습니다. 유비는 즉시 자신이 입고 있던 황금쇄자갑(黃金鎖子甲)을 벗어 주었고, 엄안은 유비에게 절하며 사례했습니다. 나관중본에는 장비가 낙성까지 오는 동안 조금도 힘들지 않았다는 말 뒤에 한 문장을 더 이었습니다.

"그래서 힘 한번 쓰지 않고 술 마시고 고기나 먹으면서 편안하게 왔습니다."

엄안이 앞에서 군사들을 투항시키자 장비는 그다운 행동으로 아무 걱정 없이 낙성까지 왔던 것입니다. 그런데 모종강은 이 문장이 장비가 지혜로 엄안을 항복시킨 내용에 먹칠을 할 것으로 판단하고 빼 버린 것입니다.

↑ 유비의 익주공략 일등공신인 법정

유비는 제갈량이 도착할 시점에 맞춰 장임이 지키고 있는 낙성을 공략했습니다. 하지만 장임은 대단한 맹장이어서 쉽게 점령할 수가 없었습니다. 오히려 장임의 역공에 위태로울 지경이었습니다. 장비가 합류하고 나서야 전세가 유리해졌습니다. 제갈량과 조운이 도착하자 전세는 역전되고 말았습니다. 제갈량은 낙성의 금안교(金雁橋) 부근에 갈대밭이 있는 것을 보고 군사를 매복시킨 후, 자신이 장임을 유인하여 사로잡았습니다. 유비가 장임에게 투항을 권했지만 장임은 '충신불사이군

(忠臣不事二君)'을 외치며 저항했습니다. 유비가 다시 타일렀습니다.

"네가 천시(天時)를 몰라서 그런 것이다. 이제라도 항복하면 살려주겠다."
"내 오늘 비록 항복한다 해도 속으로는 끝까지 항복하지 않을 테니 그냥 나를
죽이는 게 좋을 것이다."

유비는 차마 죽일 수 없었습니다. 장임은 목청을 돋우며 유비에게 욕을 했습니다. 제갈량이 장임을 죽여 그의 명예를 지켜주라고 명령했습니다. 후세 사람들이 장임을 기리는 시를 남겼습니다.

열사가 어찌 두 주인을 섬기겠는가.	烈士豈甘從二主
장임의 충성스런 용맹 죽어서 더욱 빛나노라.	張君忠勇死猶生
고명함은 하늘가의 달과 같아서	高明正似天邊月
밤마다 빛을 뿌려 낙성을 비추노라.	夜夜流光照雒城

모종강은 유비가 사로잡은 장임을 죽여 방통의 원수를 갚지 않은 것에 대하여 다음과 같이 평했습니다.

'유비가 장임을 잡고는 즉시 죽여서 방통의 원수를 갚지 않고 어째서 항복시키려고 했을까? 이는 그를 이용하여 도움을 받으려고 한 것이다. 즉 천하를 평정하지 못했으니 원한을 품고 장임을 대할 수 없었던 것이다. 이런 이야기는 살펴볼 것도 없다. 조조는 큰아들과 조카, 전위를 죽인 장수를 순순히 받아들였고, 손권은 능조를 죽인 감녕을 받아들였으니 이 모두가 그러한 속내에서 비롯된 것이다. 그래서 유비도 장임을 받아들이려고 한 것인데 장임은 끝내 죽음으로 거부하였다. 참으로 장임 같은 장수는 단두장군(斷頭將軍)이라고 할 것이다.'

제갈량은 낙성이 함락되자 성도의 코앞에 있는 면죽관(綿竹關)을 진격할 방안을 상의했습니다. 법정이 인의(仁義)로 굴복시키는 것이 좋으니 먼저 편지 한 통을

써서 유장으로 하여금 항복하게 하자고 제안했습니다. 제갈량은 법정의 편지를 성도의 유장에게 보냈습니다. 유장이 법정의 편지를 열어보았습니다.

'예전에 저를 보내 주심에 힘입어 형주(유비)와 우호관계를 맺었습니다만 이제 불행하게도 주공의 옆에는 있어야 할 사람이 없어 일이 이렇게 되었습니다. 지금 유비께서는 옛정을 잊지 않고 일가 간의 정의를 생각하고 계십니다. 주공께서 깨끗이 귀순하시면 박대하지 않으실 것이니 진실로 잘 곱새겨보시기 바랍니다.'
"법정은 주인을 팔아서 자신의 영화(榮華)를 얻으려는 배은망덕한 놈이다."

유장은 크게 노해서 편지를 찢어버리고 사자는 성 밖으로 쫓아냈습니다. 처남인 비관에게 군사를 주어 면죽을 지키도록 했습니다. 익주태수(益州太守) 동화가 한중(漢中)으로 사람을 보내 군사를 빌리라고 했습니다.

"장로는 나와 철천지 원수인데 그가 어찌 구원해 주겠느냐?"
"비록 우리와 원수지간이기는 하지만 유비가 낙성까지 쳐들어와 있기 때문에 처지가 매우 급합니다. 입술이 없으면 이가 시린 법이니 이해득실(利害得失)을 설명하고 잘 달래면 반드시 구원해 줄 것입니다."

한편 마초는 조조와의 싸움에서 지고 강족(羌族)의 땅으로 들어가 2년 남짓 보내다가 강병과 손잡고 농서(隴西)의 주·군을 공격해서 모두 항복받았습니다. 오직 기성(冀城)만 함락할 수 없었습니다. 양주자사(涼州刺史) 위강은 여러 번 하후연에게 구원을 요청했지만 그는 조조의 허락을 받지 못해 감히 군사를 움직일 수 없었습니다. 그러자 위강은 마초에게 투항하고자 했습니다. 참군(參軍) 양부가 반대했지만 위강은 듣지 않고 마초에게 항복했습니다. 마초는 다급해지니까 항복한 것이라며 위강 등 40여 명을 목 베어 죽였습니다. 하지만 양부만큼은 '의(義)를 지킨 것'이라며 살려주었습니다.
양부는 아내의 장례를 핑계로 휴가를 얻어 고종사촌이 있는 역성(歷城)의 무이장군(撫夷將軍) 강서를 만났습니다. 고모를 만나서 주인의 원수를 갚기 위해 참고

姜母勸子反馬超
三國演義插圖
二九十六乙酉春葉雄畫

↑ 양부를 도와 마초를 공격하라고
  말하는 강수의 모친

지낸다면서 강서가 군사를 일으켜 마초를 공격하기를 바랐습니다. 강서의 모친이자 양부의 고모가 단호하게 말했습니다.

"너는 이때를 놓치지 말고 빨리 도모하거라. 사람은 모두 죽는다. 그러나 충의를 위하다가 죽으면 마땅히 죽을 자리를 찾아서 죽는 것이니 내 걱정은 말아라. 네가 만일 양부의 말을 듣지 않으면 내가 먼저 목숨을 끊어 너의 걱정을 없애주겠다."

강서는 즉시 마초를 치기 위해 군사를 일으켰습니다. 하지만 강서는 마초의 적수가 될 수 없었습니다. 하후연이 군사를 이끌고 와서 공격하자 마초는 방덕, 마대와 함께 장로에게 의탁했습니다. 이때 유장의 참모인 황권이 장로에게 도움을 청하러 왔습니다. 장로는 처음에는 유장의 구원을 들어주려고 하지 않았습니다. 그런데 사례로 스무 고을을 내어주겠다고 하자 기꺼이 승낙했습니다. 장로가 유장을 지원하기로 마음먹자 한 장수가 나서서 유비를 사로잡아오겠다고 소리쳤습니다. 호언장담(豪言壯談)하는 자는 과연 누구일까요?

↑ 농서의 맹장 마초

유비가 익주를 차지하다

장로가 유장을 지원하기로 결심했을 때, 유비를 사로잡아오겠다고 호언장담한 자는 바로 마초였습니다. 장로는 크게 기뻐하며 마초에게 2만 명의 군사를 내어주었습니다. 마초는 유비가 면죽을 차지하는 사이에 가맹관(葭萌關)을 공격했습니다. 맹달과 곽준이 지키고 있었지만 힘에 부쳤습니다. 구원군이 속히 오지 않는다면 가맹관은 마초의 것이 될 참입니다.

제갈량은 장비만이 대적할 수 있다고 생각했습니다. 하지만 장비가 더 분발하도록 하기 위해 격장계(激將計)를 썼습니다.

장비는 당장이라도 달려가서 마초를 무찌르겠다고 했습니다. 그러자 제갈량이 심드렁하게 대꾸했습니다.

馬超大戰葭萌關 乙酉春 茶 雄 畫

↓ 가맹관에서 밤낮으로 겨룬 장비와 마초

"지금 마초가 우리 관애를 공격하고 있지만 관우 외에는 대적할 사람이 없습니다. 형주로 사람을 보내 데려와야 대적할 수 있을 것입니다."

"군사! 나를 어찌 깔보시오? 나는 혼자서도 조조의 백만 대군을 막았는데 저런 하찮은 마초 녀석쯤을 걱정하겠소?"

"그대는 물을 의지해서 막고 다리를 끊었는데, 그때는 조조가 잘 몰랐기 때문이었소. 그가 허실을 알았다면 장군인들 무사했겠소? 지금 마초의 용맹함은 천하에 모르는 자가 없소. 위수교의 싸움에서 화들짝 놀란 조조가 수염을 자르고 홍포를 던져버리는 등 거의 목숨을 잃을 뻔했었소. 일반 장수와 비교할 게 아니오. 관우도 꼭 이긴다고 장담할 수 없소."

"내가 당장 가겠소! 마초를 꺾지 못하면 군령을 달게 받겠소."

제갈량은 위연에게 5백 명의 기마 초병을 주어 앞서 가게 했습니다. 그런 다음에 장비가 출발하도록 했습니다. 유비는 후군이 되어 가맹관으로 향했습니다. 마침내 가맹관에 도착한 장비가 마초와 맞붙었습니다. 전투는 기싸움으로 시작되었습니다.

"연인 장비를 알고나 있느냐?"

"우리 집안은 대대로 공후(公侯)의 가문인데, 어찌 하찮은 촌놈 따위를 알 수 있겠느냐?"

한 방 맞은 장비가 불같이 성을 내며 달려 나갔습니다. 마초도 겁날 것 없이 말을 몰았습니다. 두 자루의 창이 부딪치며 싸우길 1백여 합. 승부가 나지 않았습니다. 잠시 진으로 돌아온 장비는 다시 뛰쳐나갔습니다. 마초와 또다시 1백여 합을 겨뤘습니다. 유비가 징을 쳐서 싸움을 중지시켰습니다. 날도 이미 저물었습니다. 하지만 장비는 열이 올라 씩씩대며 버럭 소리를 질렀습니다.

"횃불을 밝혀 놓고 밤새워서라도 싸우겠다!"

"나도 바라던 바다!"

양쪽 군사들은 횃불을 피우고 함성을 질렀습니다. 대낮같이 훤한 가맹관에서 두 장수는 또다시 맞붙었습니다. 결국은 승부를 내지 못하고 각자의 진영으로 돌아갔습니다.

유비는 마초의 용맹함에 홀딱 반해 그를 수하로 삼고 싶었습니다. 이에 제갈량이 계책을 내었습니다.

"제가 듣자니 장로는 스스로 한녕왕(漢寧王)이 되고 싶고, 수하 모사인 양송은 뇌물을 매우 좋아한다고 합니다. 이제 믿을 만한 사람을 한중으로 보내 먼저 금은(金銀)을 주어 양송의 마음을 잡아놓고, 장로에게는 '내가 유장과 서천을 다투는 것은 바로 너의 원수를 갚아 주려는 것이다. 다른 말은 들으면 안 될 것이다. 일이 마무리되면 다음 네가 한녕왕이 되도록 보증 추천하겠다'는 편지를 보내어 그들이 마초의 군마를 철수시키도록 하소서. 마초가 막 철수하려고 할 때 계책을 써서 그를 항복시키면 됩니다."

양송이 제갈량의 계책대로 일을 척척 만들어갔습니다. 마초에게는 군사를 철수시키라고 했지만 마초가 공을 세우기 전에는 물릴 수 없다며 철수하지 않았습니다. 연달아 세 번이나 불렀지만 소용없었습니다. 양송은 마초가 싸움을 멈추려고 하지 않는 것은 반역의 뜻을 품고 있는 것이라며 사람들을 시켜 소문을 퍼뜨렸습니다. 마초는 이 소문을 듣고 깜짝 놀라 철수하려고 했습니다. 하지만 양송이 퍼뜨린 소문은 마초가 한중으로 오지 못하도록 길목마다 지키고 있었습니다. 마초는 오도 가도 못하는 진퇴양난에 빠지고 말았습니다.

마초와 일면지교(一面之交)가 있는 이회가 나서서 마초를 항복시켰습니다. 유비는 마초를 직접 맞아들이고 상빈의 예로 대우했습니다. 마초는 유비가 유장과 싸울 필요 없이 직접 유장을 불러내어 항복시키겠다고 했습니다. 그리고 유장을 만나 설득했습니다.

"나는 원래 장로의 군사를 이끌고 익주를 구원하려 하였소. 그런데 장로가 양송의 비방만을 믿고 오히려 나를 해치려고 할 줄 어찌 생각이나 했겠소? 이제 나는 유황숙에게 귀순했소. 공도 인수를 바치고 항복하여 백성들의 고초를 덜어 주시는 게 좋소. 만일 잘못 판단하고 계속 맞선다면 내가 나서서 직접 성을 공격하겠소!"

유장은 마초의 말에 깜짝 놀라 흙빛 얼굴이 되더니 기절해 버렸습니다. 정신을 차린 유장은 성문을 열고 투항하여 백성을 구하자고 했습니다. 참모인 동화가 1년은 버틸 수 있으니 싸울 것을 청했습니다. 하지만 유장의 마음은 이미 정해졌습니다.

"우리 부자가 20년 넘게 촉을 다스리면서 백성들에게 은덕을 베풀지 못했는데, 3년 동안의 전란에 혈육들마저 초야에 버리게 하였으니 모두 내 잘못일세. 내 마음이 어찌 좋을 수 있겠는가. 이제 투항하여 백성들이라도 편하게 하는 것이 낫겠네."

유장은 성문을 열고 직접 인수(印綬)와 문적(文籍)을 가지고 유비에게 투항했습니다. 백성들은 향과 꽃을 들거나 등촉을 들고 환영했습니다. 유비는 스스로 익주목(益州牧)이 되었습니다. 항복한 문무관원들에게 무거운 상을 내리고 각자 벼슬을 주었습니다. 병사들을 걸게 먹이고 백성들을 구휼했습니다. 또한 여러 관원들에게는 성도의 좋은 집과 땅을 나누어주려고 했습니다. 그러자 조운이 간했습니다.

"익주의 백성은 여러 번 난리를 만나 집과 땅이 모두 비었습니다. 이제 백성들에게 돌려주어 그들이 편안히 살면서 원래대로 복귀해야만 비로소 민심이 안정될 것입니다. 이제 이것들을 사사로이 주는 것은 옳지 않습니다."

모종강은 이 부분에서 조운의 품격(品格)을 높이 평가했습니다.

'유비는 머물 곳 없이 쫓길 때도 차마 백성을 못 버린다면서, 서천을 얻자마자 백성들의 땅을 공신들에게 상으로 주려고 했다. 그럴 수도 있는 일이다. 조운이 청한

↑ 성도로 입성하는 유비를
환영하는 백성들

것은 그가 백성과 나라를 사랑했기 때문이다. 나라를 사랑하면 집은 사랑할 수 없다. 그가 예전에 계양군을 뺏었을 때는 장가를 들라고 권해도 마음을 움직이지 않았고, 이제 서천으로 와서는 집과 전지를 준다고 해도 그의 마음은 움직이지 않았다. 옛날 한나라 때 곽거병 장군의 기풍이 있다. 명장(名將)이라는 말만으로 어찌 그의 인재(人才)를 다 말할 수 있겠는가?'

유비는 기뻐하며 조운의 말을 따랐습니다. 제갈량은 법을 엄격히 시행하는 조례를 만들었습니다. 법정이 형벌은 너그럽게 하는 것이 좋다고 하자 제갈량은 법이 엄격해야 할 이유에 대해 말했습니다.

"그대는 하나는 알고 둘은 모르오. 진나라는 가혹하게 백성들을 다스려 모두의 원성이 높았기 때문에, 고조는 너그럽고 어질게 정치를 했던 것이오. 지금 유장은 어리석고 나약하여 덕정은커녕, 형벌도 제대로 집행하지 않아서 상하 간의 기강이 엉망이 되었소. 총애하는 자의 벼슬이 높아지면 경멸하게 되고, 잘 따르라고 은혜를 베풀면 되레 업신여기게 되니, 폐단은 여기서부터 시작되는 것이오. 내가 지금 법을 엄하게 하고 벼슬도 제한하여 정치를 펼치면 은혜로움과 영예로움을 알게 될 것이오. 은혜와 영예가 함께 이루어지면 위아래 모두 절도가 바로 서게 될 테니, 나라를 다스리는 도가 여기서 시작되는 것이오."

이로부터 익주의 군민(軍民)은 모두 안정되었습니다.

관우가 칼 한 자루로
노숙을 만나다

유비가 익주목이 되어 제갈량과 정무(政務)를 논하고 있을 때 형주로부터 관평이 왔습니다. 마초가 투항했다는 말을 들은 관우가 서천으로 와서 그와 한번 겨뤄보고 싶다는 것이었습니다. 유비는 느닷없는 관우의 편지에 깜짝 놀랐습니다. 둘이 겨룬다면 두 사람 모두 온전할 수 없기 때문입니다.

제갈량이 성급한 관우가 올 것을 염려하여 즉시 답장을 써서 관평에게 주고 그 밤으로 형주로 돌려보냈습니다. 관우는 제갈량의 편지를 열어보았습니다.

'듣자니 장군은 누가 나은 지 마초와 겨뤄보고자 하신다는데, 제가 생각건대 마초의 당당하고 맹렬함이 비록 보통은 넘는다고 하지만 경포와 팽월의 무리에 지나지 않소. 장비와 나란히 달리며 우열을 다툴 수는 있겠지만, 더없이 출중한 미염공

(美髥公)보다는 한 수 아래요. 지금 공은 형주를 지키는 막중한 책임을 맡고 있으니 한시도 이를 잊으면 안 될 것이오. 만약 장군이 서천으로 왔다가 형주를 잃게 된다면 그보다 더 큰 죄는 없을 것이니 잘 살피기 바라오.'

편지를 다 읽은 관우는 자신의 수염을 움켜쥐고 웃으면서 흡족해했습니다. 편지를 빈객들에게 두루 보여 주었습니다. 어느덧 서천으로 들어가려던 마음도 봄눈 녹듯 사라졌습니다.

한편 손권은 유비가 익주를 차지하자 즉시 신하들과 형주를 돌려받을 일을 상의했습니다. 만약 유비가 돌려주지 않는다면 이번엔 기필코 군사를 동원하여 되찾으려고 했습니다. 장소가 계책을 내었습니다.

"유비가 믿고 의지하는 사람은 제갈량뿐입니다. 이제 그의 형 제갈근이 여기 있으니, 그의 가족부터 잡아가둔 후 근을 서천으로 보내어 그의 아우에게 '유비에게 형주를 돌려주라고 권해라. 만일 그렇게 하지 않으면 우리 가족에게 해가 미칠 것이다.'라고 말하게 하소서. 그러면 제갈량은 형제간의 정을 생각해서라도 응낙할 것입니다."

제갈량은 형님인 제갈근이 유비를 찾아오는 이유를 훤히 들여다보고 있었습니다. 그래서 유비에게 계책을 내어주고, 본인은 눈물을 흘리면서 지극한 형제애를 발휘하는 연기를 했습니다. 유비도 짐짓 그에 이끌리어 형주의 3개 군을 돌려주겠다고 약속하고 편지를 써주었습니다. 그러면서 당부의 말도 잊지 않았습니다. 관우는 성질이 불같으니 잘 이야기해서 받으라고 말입니다. 제갈근이 편지를 가지고 관우를 만났

↑ 제갈량의 친형인 제갈근

습니다. 하지만 쉽게 내어줄 관우가 아닙니다.

"나는 형님과 도원결의할 때부터 함께 한나라를 바로 세우기로 맹세했소. 형주는 원래 대한(大漢)의 땅인데 어찌 한 뼘인들 남에게 준다는 말이오? 장수가 밖에 나와 있을 때는 임금의 명령도 안 받는다고 하였소. 설령 그대가 형님의 편지를 갖고 왔어도 나는 돌려줄 수 없소."

제갈근은 무안만 당한 채 다시 서천으로 왔습니다. 아우인 제갈량은 지방 출장 중이어서 유비를 만나서 관우가 자신을 죽이려고 했던 일을 고했습니다.

"내 아우가 원래 성질이 급해서 나도 말하기가 쉽지 않소. 그대는 잠시 돌아가 계시오. 내가 한중을 빼앗아서 관우로 하여금 지키게 할 테니, 그때 가서 형주를 돌려받으면 어떻겠소?"

대노한 손권은 노숙을 시켜 결자해지(結者解之)할 것을 요구했습니다. 노숙은 육구(陸口)에 병력을 모아놓고 관우를 불렀습니다. 말로 해서 안 들으면 힘으로 처치할 요량이었습니다. 관우는 측근 10여 명만 대동한 채, 칼 한 자루만 들고 노숙을 만났습니다. 발등에 불이 떨어진 노숙, 궁색한 변명으로 일관해야 하는 관우. 둘의 만남은 결국 아무런 합의점에 이르지 못하고 관우의 위력에 눌린 노숙이 잠깐 기회를 준 사이 관우는 유유히 회담장을 빠져나갔습니다. 이른바 『삼국연의』 명장면 중 하나로 칭송받는 관우의 '단도부회(短刀赴會)'입니다.

오나라 신하를 어린애 보듯 깔보고	藐視吳臣若小兒
칼 한 자루 들고 연회에 나가 적을 제압했네.	單刀赴會敢平欺
그 당시 행한 영웅다운 기개는	當年一段英雄氣
민지 회맹 때의 인상여보다 월등 낫구나.	尤勝相如在澠池

노숙의 손을 잡고 위기를
모면하는 관우

손권은 이제 더 이상 참을 수 없었습니다. 무력으로 형주를 빼앗기로 했습니다. 그런데 이때 조조의 30만 대군이 쳐들어온다는 보고가 들어왔습니다. 손권은 군사를 합비로 돌렸습니다. 형주공략은 또 뒤로 미룰 수밖에 없었습니다.

한편 왕찬, 두습, 위개, 화흡 등이 조조를 높여 위왕(魏王)으로 삼자고 했습니다. 그러자 중서령 순유가 나섰습니다.

"안 됩니다. 승상의 벼슬이 이미 위공(魏公)에 이르렀고 영화는 구석(九錫)을 더하여 최고에 올랐는데, 이제 더더욱 왕위에 오른다니 이는 사리에 맞지 않습니다."
"이 사람도 지금 순욱을 닮아가는 것이라더냐?"

순유는 근심과 울분이 병이 되어 자리에 누웠습니다. 10여 일만에 숨을 거두었습니다. 조조는 위왕으로 높이는 일을 중지시켰습니다. 조조가 궁으로 들어가 헌제와 복황후를 뵈었습니다. 헌제는 조조를 보자 오금을 펴지 못하고 벌벌 떨었고, 복황후는 황망히 일어섰습니다.

"폐하, 손권과 유비가 각각 한 지방씩 차지하고 앉아 조정을 받들지 않으니 어찌해야 되겠습니까?"
"모두 위공이 원하는 대로 하오."
"폐하께서 매번 그렇게 말씀하시니까 남들이 나를 보고 임금을 업신여긴다고 하지 않습니까?"
"그대가 나를 기꺼이 도와주면 매우 다행이겠소. 그게 아니면 제발 날 가만히 내버려두시오."

조조가 이 말을 듣자 성난 눈으로 헌제를 쏘아보다가 한스러워 하며 물러갔습니다. 복황후는 조조가 위왕이 되려고 한다는 말을

▲ 조조의 참모 순유

듣고는 환관 목순을 통해 아비 복완에게 은밀하게 편지를 보내 조조를 죽이도록 했습니다. 목순이 복완의 답장을 가져오다가 조조를 만났습니다. 결국 의심 많은 조조가 목순의 상투 속에서 복완의 편지를 찾아냈습니다. 조조를 죽이고자 했던 거사는 시행도 못하고 결단이 났습니다. 조조는 복씨의 삼족(三族)을 잡아 옥에 가뒀습니다. 상서령 화흠이 5백 명의 군사를 이끌고 벽 속에 숨은 복황후를 끄집어내어 조조에게 질질 끌고 갔습니다. 조조가 마구 욕을 해대고는 좌우에게 명령해서 몽둥이로 때려 죽였습니다. 황후가 낳은 두 황자는 독살했고, 복완과 목순의 일가친척 2백여 명은 저잣거리에서 목 베어 죽였습니다. 후세 사람들이 시를 지어 한탄했습니다.

조조처럼 흉포한 놈 세상에 없는데   曹瞞兇殘世所無
복완은 충의만으로 어찌하려 했던가. 伏完忠義欲何如
가련타, 황제 황후 생사 이별하는 모습 可憐帝后分離處
여염집 아내와 남편만도 못하구나.   不及民間婦與夫

조조가 복황후를 죽인 것에 대해 모종강이 그냥 지나칠 리 만무합니다. 그의 평을 살펴보겠습니다.

'조조가 모후(母后)를 때려죽인 것은 세상이 뒤집힐 일이다. 정녕 사상 유례가 없는 일이요, 어지간해서는 볼 수도 없는 일이다. 이에 어떤 사람이 평했다. 헌제는 한고조의 환생이고, 복황후는 여황후의 환생이고, 조조는 한신의 환생이고, 조조의 딸은 척희의 환생이고, 화흠은 조왕 여의의 환생인 까닭에 전생에 자신들이 저지른 일을 앙갚음당한 것이라고 말이다. 아! 맞는 것인가, 틀린 것인가.'

조조가 한중을 차지하자 유비가 형주 3군을 돌려주다

조조는 복황후를 죽이고 귀인(貴人)이었던 자신의 딸을 정궁황후(正宮皇后)로 책립했습니다. 조조의 위세가 하늘을 찌르고 있으니 감히 누구 하나 입도 뻥긋하지 못했습니다. 조조는 하후돈과 조인을 불러 오를 정복하고 촉을 쳐부술 일을 상의했습니다. 조조는 먼저 한중을 정벌하기로 했습니다. 선봉은 하후연과 장합이 맡고 조인과 하후돈은 후군을 맡았습니다. 조조는 중군을 맡았습니다.

장로는 조조가 쳐들어온다는 소식을 듣고 만반의 준비를 했습니다. 양임과 양앙이 양평관(陽平關)을 지키며 조조군을 막았습니다. 초반의 전투는 조조가 불리했습니다. 조조는 50여 일을 대치하다가 철수 명령을 내렸습니다. 가후가 철수는 불합리하다고 말하자 조조가 계략을 말했습니다.

"적병들이 철저하게 방비를 하고 있으니 쉽게 이길 수는 없겠다. 해서 내가 철군하는 척하여 적들이 방비가 느슨해질 때를 노려서 날랜 기병으로 그들의 배후를 기습하면 반드시 이길 수 있을 것이다."

양앙이 조조의 계략에 걸려들었습니다. 양임이 말렸지만 소용없었습니다. 양평관은 조조가 차지했고 두 장수는 전사했습니다. 장로는 방덕에게 1만 명의 군사를 주며 조조군을 막도록 했습니다. 조조는 방덕의 무용을 익히 알고 있었던지라 자신의 부하로 삼고 싶었습니다. 가후가 계략을 내었습니다.

"제가 장로를 모시는 양송이라는 모사를 알고 있는데 뇌물을 매우 좋아하는 자입니다. 몰래 그자에게 황금과 비단 등을 보내 주고, 방덕을 헐뜯게 만들면 쉽게 도모할 수 있을 것입니다."
"방덕이 조조에게 뇌물을 받고 일부러 져주었습니다."
"이런 죽일 놈이 있나. 내일 출전해서 승리하지 못하면 내 반드시 그놈의 목을 벨 것이다!"

일은 가후의 계략대로 진행되어 방덕은 조조에게 항복했습니다. 장로는 이제 도망치는 일만 남았습니다. 양송은 성문을 열고 투항하자고 했고, 아우 장위는 창고를 불태우고 가자고 했습니다. 장로는 창고를 모두 닫아걸고 봉인(封印)한 채 달아났습니다. 조조는 이를 매우 좋게 여겼습니다. 즉시 사람을 보내 투항을 권했습니다. 장위가 반대하며 허저와 맞붙었지만 상대가 되지 못했습니다. 장로는 장송이 성문을 닫고 열어주지 않자 결국 항복했습니다.

↑ 조조의 심복 조인

曹操平定漢中地
乙酉春 葉雄畫於滬
上

조조에게 한중을 바치며
항복하는 장로

조조는 장로를 진남장군(鎭南將軍)에 임명했고, 장로의 수하들도 그대로 중용했습니다. 하지만 한중을 차지하는 데 최고 공훈자이자 내통자인 양송은 목을 베어 저잣거리에 걸었습니다. 그의 죄명은 '주인을 팔아 자신의 영달을 꾀했다'는 것이었습니다. 후세 사람들도 시를 지어 양송을 비웃었습니다.

어진 사람 해치고 주인 팔아 뻐기더니   妨賢賣主逞奇功
긁어모은 금은보화 모두 허망하구나.   積得金銀總是空
부귀영화 못 누리고 몸이 먼저 죽으니   家未榮華身受戮
천 년 뒤의 사람들도 양송을 비웃네.   令人千載笑楊松

방덕이 조조에게 항복하여 그의 수하가 된 것에 대하여 모종강은 좋게 보지 않았습니다.

'방덕은 마초를 배반하고 조조를 따랐고, 양부는 마초를 공격하고 조조를 따르지 않았다. 식자들은 모두 똑같다고 여긴다. 오히려 방덕이 더 나쁘다고 생각한다. 왜인가. 양부가 눈물을 흘리며 사방으로 도움을 청하여 기필코 마초를 죽이려고 한 것은 마초가 위강을 죽인 원수였기 때문이다. 양부는 위강의 참군(參軍)으로 죽은 위강을 위해 이처럼 처절하게 원수를 갚으려고 하였다. 하지만 방덕은 마초의 가장(家將)으로 마초의 원수인 조조를 기꺼이 모셨으니 또 무슨 속셈이던가? 이런 이유로 식자들이 방덕을 나쁘다고 하는 것이다.'

조조가 한중을 평정하자 주부(主簿) 사마의가 여세를 몰아 유비를 공격하여 익주를 차지할 것을 아뢰었습니다.

"유비는 교활한 속임수와 군사들로 유장의 땅을 점령했기 때문에 촉 땅 사람들은 아직 마음에서 우러나 진정으로 복종하지 않고 있습니다. 이제 주공께서 한중을 차지하셨으니, 익주 또한 술렁이고 있을 것입니다. 지금 즉시 공격하면 쉽게 무너질 것입니다. 지혜로운 자는 때를 잘 활용한다고 했으니 이처럼 절호의 기회를

張遼威震逍遙津 乙酉春 蕙雄 畵

◀ 장료의 기습에 도망치는 손권

놓치면 안 됩니다."

"사람의 욕망은 끝없기 때문에 항상 고민에 빠지는 것이다. 내 이미 농(隴)을 얻었는데 또 촉(蜀)까지 바라겠느냐?"

유비는 조조가 한중을 차지하자 곧바로 쳐들어 올 것이라 믿고 하루에도 몇 번씩 놀라며 무서워했습니다. 제갈량을 불러 대책을 물었습니다. 제갈량은 조조를 물리칠 계책으로 손권을 불러들이기로 합니다.

"조조가 합비에 군사를 둔치고 있는 것은 손권을 두려워하기 때문입니다. 지금 강하 · 장사 · 계양 3개 군을 손권에 돌려주고 달변가를 동오로 보내 이를 잘 설명하면서 손권이 군사를 일으켜 합비를 공격하면 조조는 반드시 군사를 남쪽으로 돌릴 것입니다."

"이것은 조조에게 서천을 뺏길 것을 두려워한 유비가 꾸며낸 계책입니다. 우리는 지금 조조가 한중에 있는 기회를 이용해서 합비를 빼앗는 것도 유비에게 생색 내고 이득을 취할 수 있는 좋은 계책입니다."

손권의 생각도 나쁠 것이 없었습니다. 골치 아팠던 형주도 일단 3개 군을 돌려받고 합비도 차지할 수 있는 절호의 기회가 왔기 때문입니다. 손권은 10만 대군을 이끌고 합비로 향했습니다. 손권은 파죽지세(破竹之勢)로 여강태수(廬江太守) 주광이 지키는 환성(晥城)을 함락시키고 그 여세를 몰아 합비를 공격했습니다. 합비는 백전노장(百戰老將)의 장료가 이전, 악진과 7천 명의 병사로 지키고 있었습니다. 조조는 한중으로 떠나며 '손권이 공격해오면 장료와 이전은 나가서 싸우고 악진은 성을 사수하라'는 명령서를 남겨두었습니다. 사이가 나쁜 이전과 장료는 사심을 버리고 힘을 합쳐 조조의 명령을 따랐습니다. 장료는 8백 명의 돌격대를 구성하여 순식간에 손권의 대군 속을 휘저으며 수십 명의 목을 베었습니다. 이어 질풍처럼 손권이 있는 본진을 향했습니다. 손권은 깜짝 놀라 허둥대며 도망치기에 바빴습니다.

적로가 그날 단계를 뛰어넘더니	的盧當日跳檀溪
이제 또 손권이 합비에서 쫓기네.	又見吳侯敗合肥
뒤로 물러났다가 채찍질하며 내달리니	退後着鞭馳駿騎
소요진 위로 옥룡이 날아가누나.	逍遙津上玉龍飛

　　장료의 용맹함에 놀란 손권의 대군은 전의를 상실하고 합비 공략을 포기해야
만 했습니다. 이 한판의 전투에서 동오의 사람들은 어찌나 혼이 났던지 '장료'라
는 이름만 들으면 아이들도 감히 밤에 울지 못했습니다. 1차 전투에서 상처만 입
은 손권은 군사를 정돈하여 수로와 육로로 동시에 공격하기로 했습니다. 장료는
손권이 다시 쳐들어온다는 것을 알고는 급히 한중의 조조에게 구원병을 요청했습
니다. 조조는 하후연과 장합에게 한중의 요충지를 지키게 하고 나머지 군사를 이
끌고 남쪽으로 향했습니다. 조조와 손권의 한바탕 불꽃 튀는 대결이 기대됩니다.

좌자가 위왕 조조를
농락하다

조조가 한중을 평정한 후, 40만의 대군을 이끌고 합비를 구하러 달려왔습니다. 손권은 멀리서 달려온 조조군의 사기를 꺾어놓을 필요가 있었습니다. 능통이 3천 명의 군사를 이끌고 가겠다고 하자, 감녕은 1백 명을 이끌고 출전하겠다고 했습니다.

두 사람은 손권을 모시는 원수지간으로 언제나 앙숙이었습니다. 손권은 능통에게 군사를 이끌고 출전하도록 했습니다. 능통이 장료와 50합을 겨뤘지만 승부를 낼 수 없었습니다. 그러자 감녕이 한밤중에 조조군의 영채를 기습해서 종횡으로 휘저으면서 쑥대밭을 만들어 버렸습니다. 후세 사람들이 감녕의 용맹을 칭송하는 시 한 수를 남겼습니다.

작은 북소리가 드높게 지축을 흔드는데	鼙鼓聲喧震地來
오군이 가는 곳마다 귀신도 슬퍼하네.	吳師到處鬼神哀
깃발 꽂은 일백 명이 조조군 영채를 휘저으니	百翎直貫曹軍寨
모두가 감녕을 범 같은 장수라고 하네.	盡說甘寧虎將才

감녕의 기습에 혼쭐이 나자 장료가 나와서 싸움을 걸었습니다. 감녕에게 첫 공을 빼앗긴 능통이 다시 나섰습니다. 장료와 50합을 싸웠지만 이번에도 승부가 나지 않았습니다. 조조가 조휴에게 암전(暗箭)을 쏘라고 했습니다. 능통의 말이 화살에 맞아 솟구치자 능통은 땅바닥에 자빠졌습니다. 악진이 창으로 능통을 찌르려고 달려들었습니다. 바로 그때, 시위소리와 함께 악진의 얼굴에 화살이 박혔습니다. 감녕이 활을 쏴서 능통을 구했던 것입니다. 이후로 두 사람은 생사를 같이하는 우정으로 맺어져 다시는 다투지 않았습니다.

조조와 손권은 승패를 오가며 싸웠지만 누구도 완전한 승리를 거두지는 못했습니다. 특히 손권은 피해가 막심했습니다. 진무와 동습을 잃었을 뿐만 아니라 자신도 주태 덕에 죽을 고비를 넘겼습니다. 손권은 주태의 공로에 감동하여 직접 술을 따라 주며 치하했습니다.

▲ 화살을 쏘아 능통을 구한 감녕

"그대는 두 번씩이나 목숨을 던져가며 나를 구해 주느라 온몸에 창칼 자국이 없는 곳이 없으니, 내가 어찌 그대를 형제 같은 정으로 대하지 않겠소. 그대에게 병마의 중책을 맡겨야 하겠소. 내 그대 같은 공신과 함께 기쁨과 걱정, 모든 영욕을 같이할 것이오."

손권은 조조에게 강화를 청했습니다. 조조도 피해가 컸던지라 화친을 받아들였습니다. 조조는 조인과 장료를 합비에 남겨두고 허창으로 돌아왔습니다. 문무 관원들이 조조를 위왕(魏王)으로 세우자고 건의했습니다. 상서(尙書) 최염만이 극력 반대했습니다. 결국 최염은 조조의 미움을 받아 옥중에서 죽었습니다.

헌제는 여러 신하들이 표를 올리자 조조를 위왕으로 책립했습니다. 조조는 세 번 사양하는 형식적인 절차를 거쳐 헌제로부터 위왕의 작위를 받았습니다. 이때부터 황제만 쓸 수 있는 열두 줄의 면류관(冕旒冠)을 쓰고 여섯 필의 말이 끄는 금근거(金根車)를 탔으며, 복식과 수레의식 또한 천자의 예에 따라 길을 청소하고 경계하며 사람의 통행을 금지시켰습니다.

조조는 업성(鄴城)에 위왕궁을 짓고 세자 책봉을 논의했습니다. 정실인 정부인은 자식이 없고, 첩실인 유씨에게는 조앙이 있었으나 완성(宛城)에서 장수를 정벌할 때 잃었습니다. 또 다른 첩실인 변씨는 4형제를 낳았는데 조비, 조창, 조식, 조웅이 그들이었습니다. 조조는 평소 조식을 총애하여 세자로 세우려고 했습니다. 조조가 가후에게 의견을 물었는데 가후가 대답하지 않았습니다. 조조가 그 까닭을 묻자, 가후가 불쑥 딴청을 피웠습니다.

"아, 예. 갑자기 떠오른 것이 있어 미처 답변을 드리지 못했습니다."
"무엇을 생각했소?"
"원소와 유표 부자의 일을 생각했습니다."

조조는 가후의 말을 듣고 껄껄 웃으며 조비를 왕세자로 삼았습니다. 이 부분에서 모종강의 평을 그냥 지나칠 수 없습니다.

'원소와 유표는 후처(後妻)에 빠져서 그에

▲ 감녕과 원수지간인 능통

업성 위왕궁에서 송강의 농어를 낚는 좌자

魏王宮
左慈釣魚乙酉春羨雄畵

게서 낳은 아들과 후처가 사랑하는 아들만 사랑했다. 하지만 조조는 그렇지 않았다. 조비와 조식은 한 어머니에게서 태어났지만 조조는 유독 조식을 사랑했다. 이는 재주가 출중한 자식을 사랑한 것이지 후처를 따라 사랑한 것이 아니다. 대개 아내의 베갯밑공사에 마음을 뺏긴 자는 그 마음을 돌리지 못하지만, 그렇지 않은 자는 마음을 돌릴 수 있다. 이것이 가후의 충고가 먹힌 이유다.'

업성에 화려한 위왕궁이 완성되었습니다. 손권은 지난 합비싸움에서 조공을 하겠다면서 강화를 했기에 남쪽 지방에서 나는 큰 귤을 80바구니에 담아 업성으로 보냈습니다. 짐꾼들이 산기슭에서 잠시 고단한 몸을 쉬고 있었습니다. 이때 외눈박이 절름발이 도사가 나타나서 짐꾼들의 짐을 조금씩 들어다 주었습니다. 짐도 훨씬 가벼워졌습니다. 도사의 이름은 좌자였습니다.

조조는 좌자가 귤을 빈 껍질로 만들자 첩자라며 옥에 가뒀습니다. 하지만 좌자는 보란 듯이 나왔습니다. 여러 관원들 앞에서 조조가 요구하는 사항들을 척척 만들어냈습니다. 용의 간, 모란꽃, 송강의 농어, 보랏빛 생강 등 그야말로 중원의 동서남북 끝에서 구할 수 있는 것들을 조조 앞에 대령했습니다.

조조는 요망한 좌자를 죽이고 싶었습니다. 즉시 허저에게 철갑군 3백 명을 이끌고 잡아오라고 했습니다. 허저가 말을 타고 달렸지만 나막신을 신고 걸어가는 좌자를 잡을 수 없었습니다.

조조는 좌자의 얼굴을 그려 널리 알리고 잡도록 했습니다. 사흘이 안 되어 잡혀온 좌자가 4백여 명이나 되었습니다. 그런데 모아놓고 보니 난리도 아니었습니다. 모두가 하나같이 백등관을 쓰고 청나의를 입고 나막신을 신었는데, 모습도 모두가 외눈박이에 절룩발이 도사였습니다. 조조는 돼지와 양의 피를 뿌리게 하고 모두 목을 베었습니다. 그러자 허공에 좌자가 나타나더니 백학 한 마리를 타고 손뼉을 치고 크게 웃으면서 조조도 금방 죽을 것이라고 말했습니다.

화가 난 조조가 활을 쏘라고 명령했습니다. 순간, 갑자기 사나운 바람이 세차게 불며 돌과 모래가 날렸습니다. 목 잘린 시체들이 마구 달려들어 조조를 때렸습니다. 문무관원들도 모두 놀라 나자빠졌습니다.

좌자의 도술 한 방이 백만 대군보다 더 강하니 조조인들 어찌 당해낼 수 있겠습니까. 가뜩이나 두통으로 고생하는 조조가 좌자의 도술에 혼비백산(魂飛魄散)했으니 이제 조조가 무너지는 것은 시간문제일 뿐입니다. 모종강도 좌자가 조조를 통쾌하게 혼내주는 이 장면에서 조조에게 한 수 가르치는 평을 남겼습니다.

'조조가 위왕이라고 으스대며 세자를 세우던 때는 그의 소원이 성취되고 의기가 창창하던 시기다. 위엄은 땅을 덮고 권세는 하늘을 찌르게 되었으니 한 마디 명령으로 사람을 처벌하고, 능욕하고, 도륙내고, 삼족을 멸할 수도 있었다. 이러한 때, 갑자기 좌자가 나타나 위왕 조조의 권위를 여지없이 짓밟고 있다. 그런데도 어떻게 할 수가 없다. 형벌을 하려 해도 불가능하고, 능욕을 하려 해도 불가능하고, 도륙을 하려 해도 불가능하고, 삼족을 멸하려고 해도 마찬가지로 할 수가 없다. 이에 간웅의 위엄은 무너지고 간웅의 권력은 종잇장이 되어 허탈하기만 하다.

빈 껍질과 같은 것은 이뿐만이 아니다. 한나라의 소고와 위나라의 산하도 눈 깜짝할 사이 먼지처럼 사라지고, 오궁(吳宮)의 화초와 진대(晉代)의 의관도 어느 시절이었던지 우거진 풀밭과 황량한 언덕뿐이다. 한도, 위도, 오도, 진도 헛되지 않은 것은 하나도 없다. 지난 세월의 영화가 헛됨을 안다면 지금의 영화도 헛됨을 알 수 있는 것이다. 손을 놓아야만 헛된 것이 아니라 잡고 있는 자체가 헛된 것임을 알아야 한다. 조조가 이러한 헛됨을 일찍 알았더라면 왕위를 탐하지 않고 천자의 수레를 타지도 않았고, 한나라 또한 도둑질하지 않았을 것이다.'

관로의 신묘한 점복에
조조가 감탄하다

조조가 좌자의 도술에 놀라 기절했다 깨어나자 광풍도 시체들도 사라지고 없었습니다. 조조는 이날 이후로 앓아누웠습니다. 백약이 무효인지라 차도가 없었습니다.

태자승(太子丞) 허지가 조조를 찾아오자 조조는 허지에게 주역 점을 쳐보라고 했습니다. 그러자 허지는 관로를 추천했습니다. 관로는 '귀신같은 점쟁이'로 소문이 나 있었습니다.

관로는 얼굴이 못생기고 술을 좋아했습니다. 행동도 거칠고 난잡했습니다. 그의 부친은 현령을 지냈지만 관로는 학업보다는 밤하늘의 별들을 보며 지냈습니다. 아이들과 놀면서도 땅바닥에 천문(天文)을 그리고, 일월성신(日月星辰)을 배치했습니다. 부모도 말릴 수가 없었습니다.

"집 안의 닭이나 들녘의 새들도 울 때와 날아갈 때를 아는데, 만물의 영장인 사람이 세상을 살아가면서 그때를 모르면 어떻게 한단 말인가?"

드디어 관로는 주역의 이치를 깊고 밝게 터득하기에 이르렀습니다. 뿐만 아니라 천문·지리·풍각(風角) 등 술수에 능통했고 관상도 잘 보았습니다. 낭야태수(琅琊太守) 단자춘이 소문을 듣고 관로를 불렀습니다. 백여 명의 빈객이 지켜보는 가운데 밤새워 주역의 이치를 담론했습니다. 관로의 말은 하나부터 열까지 감탄을 금치 못했습니다. 이때부터 관로는 신동(神童)으로 불렸습니다.

관로의 신복(神卜)은 타의 추종을 불허했습니다. 그중에서도 19세가 되어 곧 죽을 조안의 운명을 99세로 늘려준 일은 천기(天機)조차도 아는 관로의 능력을 보여주는 일화입니다. 하지만 관로는 이후로 천기누설을 하지 않기 위해 가벼이 점을 쳐주지 않았습니다. 이때 조조가 관로를 부른 것입니다.

"좌자가 보여준 여러 가지 일들은 눈속임입니다. 걱정하실 것이 못됩니다."

조조는 관로의 이 말에 마음을 편안하게 먹었습니다. 병도 금방 나았습니다. 조조는 궁금한 것이 많았습니다. 관로가 몇 가지를 알려주었습니다.

"삼팔(三八)이 종횡하고 황금 돼지가 범을 만나니 정군(定軍) 남쪽에서 다리 하나가 부러집니다."
"사자궁에 신위(神位)를 봉안하니 왕조가 바뀔 것이요, 자손들은 모두 귀하게 될 것입니다."
"신하로서는 맨 윗자리에 계시는데 관상은 보아서 무엇합니까. 신하들도 모두 태평성대를 누릴 것입니다."

조조는 관로를 태사(太史)로 삼으려고 했지만 관로가 사양했습니다. 그 까닭을 묻자 이유를 알려주었습니다.

管公明指點趙顔乙酉春

葉雄畫於滬上

← 조안 부자의 간곡한 청을
들어주는 관로

"저는 이마에는 주골(主骨)이 없고, 눈에는 수정(守精)이 없고, 코에는 양주(梁柱)가 없고, 다리에는 천근(天根)이 없으며, 등에는 삼갑(三甲)이 없고 배에는 삼임(三壬)이 없으니 태산(泰山)의 귀신이야 다스릴 수 있지만 살아있는 사람은 다스릴 수 없습니다."

조조가 동오와 서촉에 대해 점을 쳐보게 하자, 동오는 대장 한 명이 죽었고, 서촉은 병사들이 경계를 침범했다고 하였습니다. 조조는 믿지 않았습니다. 그런데 금방 보고가 들어왔습니다. 동오의 장수인 노숙이 죽고, 유비가 장비와 마초를 한중으로 보내 공격하고 있다는 것이었습니다.

평원의 신묘한 점술가 관로는	平原神卜管公明
삶도 죽음도 훤하게 알았네.	能算南辰北斗星
팔괘의 미묘함은 귀신과 통했고	八卦幽微通鬼竅
육효의 오묘함은 천기를 알았네.	六爻玄奧究天庭
소년의 얼굴 보고 단명할 것을 알았고	預知相法應無壽
스스로 마음속 영험함을 깨달았네.	自覺心源極有靈
애석하다! 당시 그의 기이한 법술을	可惜當年奇異術
나중 사람이 더 이상 물려받지 못한 것이.	後人無復授遺經

조조는 즉시 한중으로 들어가려고 했으나 관로가 말렸습니다.

"대왕! 함부로 움직이면 큰일이 납니다. 내년 봄 허도에서 반드시 큰 화재가 일어날 것이니 단단히 방비를 하십시오."

조조는 가벼이 움직이지 못하고 조홍에게 5만 명의 군사를 거느리고 가서 하후연과 장합을 도와 지키게 했습니다. 하후돈에게는 3만 명의 군사를 거느리고 허도로 가서 순찰을 돌며 경계를 강화하도록 지시했습니다. 장사(長史) 왕필에게는 어림군마(御林軍馬)를 총괄하게 했습니다. 그러자 사마의가 말렸습니다.

"왕필은 술을 좋아하고 성질이 묽어서 그 직책을 수행하기 어려울 것입니다."

"왕필은 내가 가시밭길을 헤치며 어려움을 겪을 때부터 동고동락한 사람이다. 충직하고 근면하며 마음이 한결같으니 가장 적합한 자다."

허도 승상부의 시중(侍中)인 경기는 천자처럼 행세하는 조조가 미웠습니다. 그는 뜻을 같이하는 위황과 함께 조조를 처단하고자 했습니다. 위황이 김의를 추천하여 세 사람이 뭉쳤습니다. 김의는 왕필을 죽이고 황제를 보호하면서 유비와 결탁하여 싸운다면 조조를 제거할 수 있다고 했습니다. 태의(太醫) 길평의 두 아들도 참여했습니다. 거사일은 정월 대보름 밤으로 정했습니다.

드디어 정월 대보름 밤이 되었습니다. 모두가 새해 분위기에 취할 즈음, 궁에서 불길이 높이 솟았습니다. 죽을 고비를 넘긴 왕필은 김의와 경기 등이 반란을 일으킨 것을 알고 조휴와 하후돈에게 알렸습니다. 경기와 위황은 밖에서 도와주는 사람이 없었습니다. 결국 반란은 수습되고 불길도 잡혔습니다. 김의와 길막 형제는 이미 피살되었고, 경기와 위황은 저잣거리에서 효수되었습니다. 모종강은 이들의 거사가 실패한 것을 안타깝게 여기고 다음과 같이 아름답게 평했습니다.

'김의가 먼저 유비와 손을 잡고 조조가 한중을 구하러 간 후에 거사를 했다면, 유비는 밖에서 공격해오고 김의는 안에서 일어나는 것이니 거사는 틀림없이 성공하였을 것이다. 너무 급하게 일을 몰아쳤으니 애석하기만 하구나. 비록 그렇기는 해도 일의 결과를 따질 것은 못 된다. 그들은 정말 충의로운 정신으로 땅과 하늘에 알렸으니 어찌 다섯 명의 훌륭한 사람이 세 호걸과 다르겠는가. 경기와 위황 등 다섯 사람 집안의 하인들 역시 동승의 하인들보다 뛰어난 것을 알 수 있다. 동승은 진경동이란 하인이 일러바쳤지만, 이 다섯 사람은 하인 7백여 명 중

↑ 조조를 농락한 좌자

➡ 허도의 불을 끈 자와
안 끈 자로 구분하는
조조

누구하나 누설시킨 사람이 없었다. 어떻게 이런 일이 있을 수 있는가. 이는 다섯 사
람의 훌륭함이 자연히 그 집안의 하인들에게도 이어진 것이다.'

조조는 경기와 위황이 허도에서 반란을 일으켰을 때 나와서 불을 끈 사람과
끄지 않은 사람을 나눠 세웠습니다. 관리들은 죄가 두려워 3분의 2가 불을 끈
쪽으로 섰습니다. 조조는 이들을 몽땅 처형하고 나머지 관리들에게는 상을 주었
습니다. 조조는 불을 껐다고 하는 자들의 실상은 역적들을 도우려고 나갔을 것
이라고 판단했기 때문입니다.

한편 한중에 도착한 조홍은 마초가 싸우러 나오지 않자 속임수를 쓰는 것이
라고 여기고 군사를 진군시키지 않았습니다. 장합이 이를 못마땅하게 여기자 마
초의 계략이 있을 것이고, 관로의 점도 마음에 걸린다고 했습니다. 그러자 장합
이 말했습니다.

"장군께서는 반평생을 싸움터에서 보내셨으면서도 이제 그런 점쟁이의 말만 믿
고 싸움을 주저하십니까? 제가 비록 재주는 없지만 병사들과 함께 파서를 빼앗겠
습니다. 만일 파서를 얻으면 촉군(蜀郡)은 쉬울 것입니다."
"파서를 지키는 장비는 보통 장수가 아니다. 함부로 대적하면 안 될 것이야."
"남들이야 장비를 무서워한다지만 저는 그자를 어린애처럼 볼 뿐입니다. 이번에
가서 꼭 잡겠습니다."
"만약 실수하면 어쩌겠는가?"
"군령을 엄히 받겠습니다."

장합은 군령장을 쓰고 군사를 이끌고 전진했습니다. 상대를 깔보고 교만함에
가득 찬 자치고 성공한 경우는 드뭅니다. 그러하매 장합이 장비에게 어떻게 혼쭐
이 날지 궁금하기만 합니다.

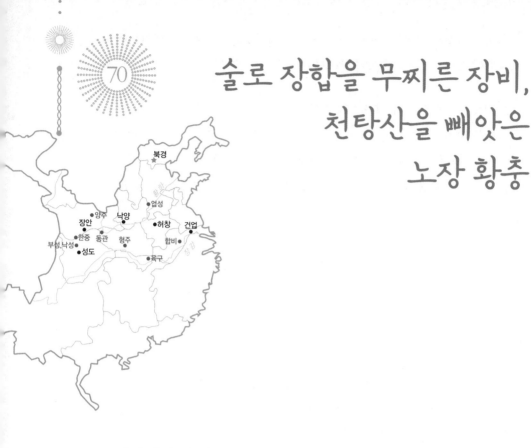

술로 장합을 무찌른 장비, 천탕산을 빼앗은 노장 황충

조홍이 말렸으나 장합은 3만 명의 군사를 거느리고 장비를 잡으러 파서로 진군했습니다. 장비는 뇌동을 매복시키고 자신은 직접 장합을 맞이하러 갔습니다. 장비가 장합과 30여 합을 겨뤘을 때 뇌동이 장합의 후군을 덮쳤습니다. 장합은 장비의 협공에 전의를 잃고 크게 패했습니다. 이후로 탕거산(宕渠山)에 웅거한 채 싸우려 하지 않았습니다. 장비가 아무리 싸움을 걸어도 소용이 없었습니다. 그렇게 50여 일을 대치했습니다.

장비는 작전을 바꿨습니다. 매일 산 밑에서 술을 마시면서 잔뜩 취하여 욕설을 퍼부었습니다. 유비가 이를 알고 크게 놀랐습니다. 그러자 제갈량이 웃으며 유비를 안심시켰습니다.

"잘되었습니다. 군중에는 좋은 술이 없을 테니 이곳에서 좋은 술로 골라 50동이를 실어다 주고 장장군에게 잘 마시라고 하소서."

"아니, 내 아우가 술만 마시면 사고투성이인데 군사는 어째서 장비에게 술을 더 주라고 하시오?"

"주공께서는 장비와 오랫동안 형제로 지내셨으면서 아직 그를 모르십니까? 그는 얼마 전까지도 억세고 거칠기만 하였습니다. 하지만 지난번 서천을 차지할 때 엄안을 항복시킨 것을 보소서. 그것은 한갓 용부(勇夫)는 할 수 없는 일입니다. 지금 장합과 50여 일을 마주하면서 장비가 술에 취하여 산 밑으로 나가 앉아 방약무인(傍若無人)하게 욕설을 퍼붓는 것은 술에 취해 그러는 것이 아니라 장합을 무찌르려는 계책인 것입니다."

"설령 그렇다고 하더라도 조심은 해야 할 것이니 위연을 보내 도와주라고 하오."

장비는 유비가 내린 '군중에서 공무로 쓸 좋은 술'을 받고는 위연과 뇌동에게 좌우를 맡도록 하고 다시 술을 마시며 씨름을 즐겼습니다. 장합은 장비가 자신을 너무 업신여긴다고 생각하고는 밤중에 산을 내려와 장비군을 야습하기로 했습니다.

그날 밤, 장합이 멀리서 보니 여전히 술을 마시고 있는 장비가 보였습니다. 곧장 돌격하여 단창에 장비를 찔러 거꾸러뜨렸습니다. 그러나 그것은 장비가 아닌 허수아비였습니다. 장합이 속은 것을 알고 말고삐를 당겨 돌아가려고 할 때, 연주포 소리와 함께 장비가 나타났습니다. 두 장수는 40~50여 합을 싸웠습니다. 장합은 구원병이 올 것을 기다렸지만 오지 않았습니다. 구원군은 이미 위연과 뇌동에게 제압당했기 때문입니다. 장합은 세 개의 영채를 모두 잃고 와구관(瓦口關)으로 도망쳤습니다. 유비는 뒤늦게 장비의 계책을 알고 매우 기뻐했습니다.

조홍은 장합이 군사를 잃고 와구관으로 도망가서 다시 지원병을 요청하자 크게 화를 내고는 지원병 없이 싸우라고 독촉했습니다. 장합은 매복작전으로 뇌동을 죽였습니다. 장비도 유인해서 잡기로 했지만 이에 속을 장비가 아닙니다. 장비는 장합의 작전을 역이용하여 위연으로 하여금 매복군을 꼼짝 못하게 하고 장합을

▲ 허수아비 덫에 걸린
장합을 공격하는 장비

무찔렀습니다. 장비는 기세를 타고 한중의 백성들에게 길을 물어 와구관까지 들이치자 장합은 더 이상 버티지 못하고 남정에 둔치고 있는 조홍에게로 도망쳤습니다. 이때 장합을 따라온 병사는 10여 명뿐이었습니다. 조홍은 군령장까지 쓴 장합의 목을 베고 싶었지만 부하들의 만류로 참았습니다. 대신 5천 명의 군사를 주어 가맹관(葭萌關)을 뺏으라고 명령했습니다.

가맹관은 맹달과 곽준이 지키고 있었습니다. 맹달이 장합과 겨뤄 크게 패했습니다. 급보를 받은 제갈량은 장비를 보내고 싶었지만 지원할 수 있는 형편이 못 됐습니다. 노장 황충이 지원을 나섰습니다. 제갈량은 격장계(激獎計)가 필요한 것을 알고는 연로함을 이유로 적수가 될 수 없다고 했습니다. 그러자 황충이 흰 수염을 곤두세우고 반론을 폈습니다.

"내가 나이는 먹었지만 두 팔은 아직 삼석궁(三石弓)을 당길 수 있고, 한 몸으로 아직도 1천 근을 들 수 있는 힘이 있소. 어찌 하찮은 장합 따위를 상대하지 못하겠소?"
"장군이 꼭 가시겠다면 부장(副將)은 누구를 삼겠소이까?"
"노장 엄안과 가고 싶소. 만약 실수가 있다면 먼저 이 늙은이의 목을 바치겠소."

유비는 두 노장으로 하여금 장합을 물리치도록 했습니다. 그러자 조운이 반대했습니다. 하지만 제갈량은 두 사람이 한중을 얻을 것이라고 장담했습니다. 조운 등 여러 장수가 비웃었습니다. 황충과 엄안이 가맹관에 도착하자, 맹달과 곽준도 속으로 비웃었습니다. 제갈량의 인력배치도 나무랐습니다. 이를 안 황충이 엄안에게 말했습니다.

"당신도 여러 사람의 동태를 보아서 알겠지만, 저들은 우리가 늙었다고 비웃고 있소. 이제 우리가 한바탕 공을 세워 저들의 비웃음을 날려버려야겠소."
"장군의 명령대로 움직이겠소이다."

장합도 황충을 보자 웃으면서 지껄였습니다.

"너는 그 나이를 먹고 아직도 부끄러운 줄도 모르고 싸우려고 나왔느냐?"
"너 같은 죽정이가 내 나이를 깔본단 말이냐? 내 손의 칼은 아직 씽씽하도다!"

황충이 말을 달려 장합과 싸우길 20여 합. 갑자기 장합의 등 뒤에서 함성이 들렸습니다. 엄안이 샛길로 장합군의 뒤로 돌아가 협공한 것입니다. 장합은 크게 패해 군사를 90리나 후퇴시켰습니다. 조홍은 하후상과 한호를 보냈습니다. 한호는 장사태수 한현의 아우로 황충과는 원수지간이었습니다. 황충과 엄안은 작전을 짜고 싸움터로 나갔습니다. 황충은 두 장수와 싸우다 퇴각하여 영채까지 빼앗겼습니다. 다음 날도 패하여 20여 리를 후퇴하고 영채도 빼앗겼습니다. 장합이 황충의 계략임을 느끼고 하후상에게 말했으나 오히려 꾸짖음만 들었습니다. 다음 날도 황충은 또 패하여 20여 리를 퇴각하고 또 영채를 빼앗겼습니다.

드디어 관문까지 쫓겨 왔습니다. 맹달이 유비에게 몰래 이 사실을 보고했습니다. 놀란 유비가 묻자, 제갈량은 황충의 생각을 간파하고 유비에게 적들이 교만한 생각을 갖도록 만드는 노장의 계책이라고 했습니다. 조운은 믿지 않았고 유비도 불안했습니다. 유봉을 보내 지원토록 했습니다.

↑ 노장 황충

"어린 장군은 어째서 도와주러 오셨는가?"
"아버님께서 장군이 여러 번 패했다면서 제가 가서 장군을 도와주라고 하셨습니다."
"하하하. 그것은 노부의 계책이오. 오늘 밤 한 판 전투로 지난 영채를 모두 수복하고 저들의 군량과 말들도 모조리 빼앗을 테니 지켜보시오. 이제껏 패한 것은 저들에게 영채를 빌려주어 군량과 마초(馬草) 등을 저장하게 하려는 것이었소. 오늘 밤 곽준은 관을 지키고, 맹장군은 나와 함께 다시 찾으러 가십시다. 장군은 여기서 내가 적을 무찌르는 것이나 보고 계시오."

황충은 5천 명의 군사를 이끌고 밤중에 영채를 기습했습니다. 하후상과 한호는 느긋하게 있다가 갑옷을 입을 틈도 없이 도망치기 바빴습니다. 먼동이 틀 무렵, 연달아 세 영채를 되찾고 군마와 무기 등도 빼앗았습니다. 황충은 '호랑이 굴로 들어가지 않고 어떻게 호랑이 새끼를 잡겠냐?'면서 군사를 전진시켰습니다. 황충과 엄안은 한호와 하후덕을 베고 군량미를 보관하던 천탕산을 빼앗았습니다. 유비는 황충과 엄안에게 큰 상을 내렸습니다. 법정이 진언했습니다.

"지난날 조조는 장로의 항복을 받아 한중을 평정하고 그 기세를 몰아 파촉(巴蜀)을 도모하였을 때 하후연과 장합에게 한중을 지키게 하고 자신은 돌아갔는데, 이는 조조의 커다란 실책입니다. 이제 장합이 패했고 천탕산을 잃었으니 주공께서 이참에 대군을 일으켜 직접 정벌에 나서면 한중을 쉽게 빼앗을 수 있습니다. 한중을 차지한 후에는 군사를 훈련하고 군량을 비축하며 틈을 보아 진격한다면 역적을 무찌를 수 있을 것이며, 물러나면 스스로를 보전할 수 있을 것이니 하늘이 주시는 기회를 절대로 놓쳐서는 안 됩니다."

법정은 황충과 엄안이 천탕산을 차지하자 유비에게 한중을 차지할 기회가 왔음을 밝혔습니다. 유비와 제갈량은 모두 깊이 찬성했습니다. 드디어 조운과 장비를 선봉으로 삼고 10만 대군을 이끌고 한중을 도모하기 위해 가맹관을 나섰습니다. 이제 조조와 유비의 한중쟁탈전이 일촉즉발(一觸卽發)로 다가왔습니다.

▲ 노장 황충과 짝을 이루는 엄안

유비가 조조에게서 한중을 빼앗다

유비는 한중을 차지하기 위해 대군을 이끌고 진격했습니다. 조조의 중요 거점인 정군산(定軍山)을 공격하는 것이 우선과제였습니다. 황충이 다시 자청했습니다. 제갈량은 법정과 상의하면서 싸울 것을 지시했습니다. 장비와 마초, 조운과 유봉 등 여러 장수들에게도 별도의 군사를 주어 지원토록 했습니다.

조조는 천탕산을 빼앗겼다는 보고를 받고는 크게 놀라 군사 회의를 소집했습니다. 장사(長史) 유엽이 한중을 잃으면 안 되니 직접 정벌에 나서야 한다고 주장했습니다. 조조는 장로를 무찌르고 한중을 차지했을 때 사마의의 간언을 듣지 않은 것을 후회했고, 곧장 40만 군사를 동원하여 한중으로 출군했습니다.

조조가 동관(潼關)을 거쳐 남전(藍田)에 이르렀을 때 채염을 만났습니다. 채염은 조조가 오래전부터 아는 사이인 학자 채옹의 딸입니다. 그녀는 전란으로 인해 남흉노 좌현왕(左賢王)에게 납치되어 그의 아내로 살면서 두 아이를 낳았습니다. 채염의 집 벽에서 비문을 읽던 조조는 부친이 썼다는 여덟 글자를 보았으나 뜻을 알 수 없었습니다. 채염도 모른다고 했습니다. 그 여덟 글자는 '황견유부외손제구(黃絹幼婦外孫虀臼)'였습니다.

조조는 여러 모사들에게 보여 주며 그 뜻을 풀어보라고 했습니다. 모두가 대답하지 못할 때 주부(主簿) 양수만이 뜻을 안다고 했습니다. 조조는 자신도 생각해 볼 터이니 말하지 말라고 했습니다. 채염과 작별하고 3리쯤 간 후에 그 뜻을 깨달은 그는 양수에게 뜻을 말해보라고 했습니다.

"그 문장은 은어(隱語)입니다. 황견(黃絹)은 빛깔 있는 실이니, 실(糸) 옆에 빛깔(色)을 붙여 절(絶) 자가 되고, 유부(幼婦)는 어린 여자이니 여자(女) 옆에 젊음(少)을 붙여 묘(妙) 자가 되고, 외손(外孫)은 딸의 아들이니 딸(女) 옆에 아들(子)을 붙여 호(好) 자가 되고, 제구(虀臼)는 다섯 가지 양념(辛)을 담는(受) 그릇이니 담음(受) 옆에 양념(辛)을 붙여 사(辭) 자가 됩니다. 따라서 그 여덟 글자는 바로 '절묘호사(絶妙好辭)'라고 쓴 것으로 더없이 훌륭한 문장이라는 뜻입니다."

"나의 생각과 똑같도다!"

조조가 도착하자 장합은 그간의 일을 모두 보고했습니다. 조조는 전쟁터에서 승패는 늘 있는 일이라며 용서했습니다. 황충이 정군산을 공격하자 하후연은 지키기만 하였습니다, 조조가 이를 알고는 편지 한 통과 함께 겁먹은 모습을 보이지 말고 진격하도록 명령했습니다. 하후연의 성격이 너무 굳고 고집이 세어서 간사한 계략에 말려들까봐 걱정했기 때문인데 편지 내용은 이러했습니다.

'무릇 장수는 강하고 부드러운 것을 적절히 활용하여야 한다. 쓸데없이 자신의 용기만 믿고 앞뒤 생각없이 설치기만 한다면 그것은 한 사내의 적수일 뿐이다. 내가 이제 남정에 대군을 둔치고 경의 뛰어난 재주를 보려고 하니 '욕되게 하지 말라[勿辱]'는 두 글자를 반드시 명심해야 할 것이다.'

黄忠力
斬夏
侯淵
春茶雄畫

↑ 노장 황충의 칼에 죽는
하후연

하후연은 조조의 편지를 받고 크게 기뻐하며 장합과 출전을 논의했습니다. 장합은 가벼이 대적해서는 안 되고 굳게 지켜야 한다고 하였습니다. 하지만 하후연은 싸우기로 결심했습니다. 하후상이 선봉으로 나가 황충의 아장(牙將)인 진식을 사로잡았습니다. 법정은 반객위주계(反客爲主計)를 쓰기로 하고 가는 곳마다 영채를 세우고 며칠 머무른 다음 다시 영채를 거두어 전진했습니다. 장합이 법정의 계략을 알고 하후연을 말렸지만 소용없었습니다. 하후상이 다시 출전을 했지만 황충에게 사로잡혔습니다. 결국 진식과 하후상을 맞바꾸기로 하고 서로를 돌려주기로 했습니다. 황충은 하후상이 자신의 진문(陣門)에 도달할 즈음, 활을 쏘아 등을 맞혔습니다. 하후연을 자극하여 무찌르려고 쏜 것이었습니다.

아니나 다를까. 노한 하후연이 쏜살같이 말을 몰고 황충에게 달려왔습니다. 두 장수가 맞붙어 20여 합을 싸울 때 조조 군영에서 징소리가 울렸습니다. 산속에 유비군의 매복이 두려웠기 때문입니다. 황충은 이틈을 타고 한바탕 하후연의 군사를 무찔렀습니다. 하후연은 이제 출전하지 않고 굳게 지키기만 했습니다. 법정은 황충에게 정군산보다 높은 서쪽을 빼앗도록 했습니다. 그곳에서는 하후연 진영의 허실을 시시각각으로 볼 수 있었습니다.

"장군은 이제 산 중턱으로 내려가 지키고 계시오. 내가 산마루에서 하후연의 군사가 쳐들어오면 신호를 하겠소. 흰 깃발을 흔들면 장군은 군사를 대기시킨 채 움직이지 말고 저들이 권태를 느낄 때까지 기다리시오. 저들의 방비가 느슨할 때 내가 붉은 깃발로 신호를 할 테니, 장군은 그때 산을 내려가 공격하시오. 우리는 편안하게 앉아서 저들이 피로해지기를 기다리면 승리는 우리 것이 될 것이오."

하후연은 법정의 계략대로 싸우려고만 하였습니다. 장합이 계속 말렸지만 듣지 않았습니다. 하후연의 군사들은 공격하다 지쳤습니다. 드디어 그들이 느슨해져 쉬고 있을 때 붉은 깃발이 흔들렸습니다. 황충은 즉시 북과 피리를 울리며 함성과 함께 산을 내려가 공격했습니다. 당황한 하후연이 미처 싸울 준비도 하기 전에 황충은 칼로 그의 머리를 베었습니다. 후세 사람들이 황충에게 찬사를 보냈습니다.

연로한 나이에도 대적을 맞아	蒼頭臨大敵
백발 흩날리며 신기한 무공 떨쳤네.	皓首逞神威
천하제일 힘으로 강궁을 당기고	力趁雕弓發
서릿발 펄펄 칼날이 휘도네.	風迎雪刃揮
호랑이 울부짖는 우렁찬 목소리여!	雄聲如虎吼
용이 되어 나르는 날랜 말과 함께	駿馬似龍飛
적장 수급 바치니 공훈이 대단해라.	獻馘功勳重
강토를 넓히고 제국의 터전 마련하였네.	開疆展帝畿

　조조군은 크게 무너지고 도망치기 바빴습니다. 장합이 싸우러 나왔지만 조운이 막아섰습니다. 그 사이에 정군산도 빼앗겼습니다. 장합은 패잔군을 이끌고 한수(漢水)로 와서 영채를 세우고 조조에게 이 사실을 알렸습니다. 조조는 크게 통곡하고 관로가 '정군 남쪽에서 한 다리가 무너진다'고 말한 것이 떠올라 그를 다시 찾았지만 더 이상 관로의 행방을 알 수 없었습니다.

　조조는 하후연의 원수를 갚아야만 했습니다. 제갈량은 장합을 무찌르기 위해 황충과 조운을 보냈습니다. 황충과 조운은 앞뒤에서 공격하기로 정하고 먼저 황충이 나섰습니다. 조조는 서황과 문빙을 내보내 황충과 싸우게 했습니다. 황충이 곤경에 처했을 때 조운이 지원에 나섰습니다. 조운은 무인지경(無人之境)을 달리듯 좌충우돌(左衝右突)했습니다. 그의 창은 몸과 함께 춤추는 것 같았고, 온몸에서는 분분히 눈발이 흩날리는 것 같았습니다. 조조군은 몹시 놀라고 무서워서 감히 누구 하나 맞서 싸우지 못했습니다. 조운이 황충을 구하자 조조는 장판파의 영웅이 아직도 건재함을 알고는 가벼이 대적하지

↑ 하후연의 죽음을 예견한 관로

趙子龍渾身是膽 乙酉年春日 峯雄畵

➜ 홀로 창 한 자루를 들고
영채를 지키는 조운

말 것을 명령했습니다. 조운이 황충의 부장(副將)인 장저마저 구해내자 분통이 터진 조조는 영채까지 추격했습니다. 조운은 즉시 영채 문을 열라고 하고, 궁노수들을 영채 밖 참호 속에 매복시켰습니다. 깃발과 창을 감추고 북과 징도 못 치게 했습니다. 조운이 홀로 영문 밖에서 말에 앉아 창을 들고 서 있었습니다.

어느덧 날은 어두워지고 군사들이 감히 진격하지 못할 때 조조가 공격 명령을 내렸습니다. 하지만 궁노수들이 쏜 화살에 놀라고 뒤편의 함성소리에 놀라 스스로 무너졌습니다. 유비는 조운이야말로 온몸이 전부 담덩어리라며 칭찬하고 호위장군(虎威將軍)으로 승진시켰습니다. 후세 사람들도 조운을 기려 시를 지었습니다.

지난날 장판에서 떨쳤던 용맹함	昔日戰場坂
아직도 그대로 남아있으니,	威風猶未減
돌격하면 영웅의 풍모를 과시하고	突進顯英雄
포위되도 용감함 그 자체네.	被圍施勇敢
귀신도 무서워 울고	鬼哭與神號
천지도 놀라서 어두워지니,	天驚幷地慘
그 이름 상산의 조자룡	常山趙子龍
온몸이 담덩어리로 뭉친 장수.	一身都是膽

모종강도 조운이 조조군을 물리친 것에 대해 다음과 같이 칭찬했습니다.

'조운은 자신을 뒤좇아 온 조조의 많은 군사를 홀로 맞이하였다. 이때 그가 영채 문을 닫은 채 지키려고만 했다면 반드시 죽었을 것이고, 영채를 버리고 도망쳐도, 살기 어려웠을 것이다. 그래서 영채를 버리지도 않고, 영채 문을 닫지도 않으며, 깃발을 내린 채 북소리도 없이 영채 밖에 말을 멈추고 서서 의병(疑兵)으로 조조를 물리쳤다. 실로 담덩어리가 아니라 바로 지혜덩어리인 것이다. 만일 담만 큰 것이라면 대담한 강유가 있는데 어째서 매번 등애에게 패했겠는가.'

먹자니 먹을 것 없고
버리자니 아깝도다

유비는 황충과 조운의 승전으로 한중을 차지하는 데 더없이 유리한 고지를 점령했습니다. 유비가 한수(漢水)가에 이르자 조조는 서황과 왕평을 보냈습니다. 서황은 왕평의 만류에도 듣지 않고 강을 건너 영채를 세웠습니다.

"지금 서황은 용기만 등등하네. 우선 모른 척 기다리고 있다가 날이 저물어 군사들이 지치거든 그때 우리 둘이 번개같이 양쪽에서 공격하기로 하세."

이번에도 황충과 조운이 나섰습니다. 결국 계획대로 협공하여 서황을 크게 무찔렀습니다. 서황은 간신히 몸만 빠져나왔습니다. 그리고는 왕평에게 구원하지 않은 것을 추궁했습니다. 왕평이 자신의 말을 듣지 않아 패한 것이라고 응대하자 화가 난 서황이 왕평을 죽이려고 했습니다. 왕평은 그날 밤으로 군영에 불을 질렀습니다. 서황은 영채를 버리고 달아났고 왕평은 한수를 건너 조운에게 투항했습니다. 싸움에 진 서황은 조조에게 돌아와서 보고했습니다.

"왕평이 도망쳐서 유비에게 항복했습니다."

조조는 화가 머리끝까지 차올랐습니다. 한수를 가운데 두고 마주보며 군영을 세웠습니다. 한바탕 설전이 벌어진 후 조조가 명령을 내렸습니다.

"유비를 잡는 자에게는 서천을 몽땅 주겠노라!"

하지만 제갈량의 의병계(疑兵計)에 속아 유비를 잡기는커녕 남정마저 잃고 양평관으로 후퇴했습니다. 제갈량은 장비와 위연을 시켜 조조의 군량 수송로를 끊도록 하고, 황충과 조운에게는 불을 질러 산을 태우라고 했습니다. 양평관으로 물러난 조조는 형편이 외롭게 되었습니다. 허저로 하여금 군량과 말먹이를 보호하도록 했지만 술에 취해 장비에게 패하여 달아났습니다. 몇 번의 전투에서 패한 조조는 양평관을 버리고 야곡 어귀로 도망쳤습니다. 조창이 군사를 거느리고 마중나와 그나마 조조의 걱정을 덜어주었습니다.

조조는 결국 한중을 포기하고 퇴각하기로 결심했습니다. 이때 내린 암호가 '계륵(鷄肋)'이었습니다. 수수께끼 같은 암호를 받은 장수들이 고개를 갸웃거릴 때, 주부인 양수가 조조의 뜻을 알아차리고 군사들에게 행장을 꾸려 돌아갈 준비를 하라고 일렀습니다.

"닭갈비는 먹자고 하면 먹을 것이 없고, 그렇다고 버리려고 하면 그 또한 아깝습니다. 이제 나가도 승리할 수 없고 물러나도 비웃음거리만 될 지경이니 더 이상 있어 봤자 아무런 소득이 없습니다. 그러하니 돌아가는 것이 상책인 것입니다. 두고 보십시오. 내일 위왕께서는 틀림없이 철군 명령을 내리실 것입니다."

楊修
鷄肋
招禍

養雄畫

↑ '계륵'이란 암호를 듣고
철군 채비를 하는 양수

매번 양수에게 자신의 생각이 들통 난 조조는 하후돈에게서 이 말을 듣고는 더욱 불쾌했습니다. 결국 군대를 소란하게 어지럽혔다는 죄명을 씌워 양수의 목을 베었습니다. 후세 사람들이 양수를 탄식하는 시를 지었습니다.

총명했던 양수는	聰明楊德祖
집안 대대로 명문 가문으로	世代繼簪纓
붓을 들면 용이 나는 듯했고	筆下龍蛇走
가슴속 재주는 비단처럼 화려하였네.	胸中錦綉成
하는 말마다 온 좌중이 놀라고	開談驚四座
민첩한 대답은 영재 중에도 최고였네.	捷對冠群英
목숨이 다한 것은 재주 잘못 부린 탓	身死因才誤
철군함을 안 것과는 상관없다네.	非關欲退兵

모종강은 양수에 관하여 다음과 같이 평했습니다.

↑ 군대를 어지럽힌 죄로 죽은 양수

'공융, 순욱, 양수는 모두 조조의 뜻을 거슬렀기에 죽었다. 그런데 양수는 공융만 못했고, 순욱만도 못했다. 어찌 그런가? 공융은 조조를 섬기지 않은 채 정직하게 거스른 사람이고, 순욱은 정직하지 못하게 조조를 섬기면서 뒤에 가서야 정직하게 거스른 사람인데, 양수는 처음부터 정직하지 못하게 조조를 섬기고 정직하지 못하게 거슬렀기 때문이다.

양표의 아들인 양수는 떠받들 듯 조조를 섬겼으니 그의 가문을 부끄럽게 했고, 이어 조식의 문제로 조조에게 의심까지 샀으며, 남의 집안 형제 문제에 대해서도 처신을 잘 못했다. 그가 정직하게 조조를 거슬렀다면 그 죄는 조조에게 있는 것이지만, 정직하지 못하게 거슬렸다면 그 죄는 양수 자신에게 있는 것이다. 그래서 양수가 죽은 것을 놓고 식자들은 조조를 미워하지 않는 것이다.

또한 혹자들은 조조가 양수의 재주를 미워해서 죽였다고 한다. 이는 잘못 안 것이다. 선비의 재주는 두 가지가 있으니 하나는 모사의 재주요, 하나는 문사의 재주다. 조조가 모사로 등용한 사람은 곽가·정욱·순욱·순유·가후·유엽이 있고, 문사로 등용한 사람은 양수·진림·왕찬·완우가 있다. 문사와 모사의 재주가 다른 것이니 시샘하거나 싫어할 것이 못 되는 것이다.

조조가 순욱을 싫어한 것은 구석(九錫)을 막았기 때문인데, 그전에는 순욱을 미워한 적이 없다. 다른 모사들도 조조에게 기피대상이 된 적이 없다. 모사에 대한 생각이 이러한데, 하물며 문사의 재주를 미워하여 죽였겠는가? 조조는 자신을 욕한 진림도 죄주지 않았다. 조조는 자신을 위해 재주를 쓰지 않는 선비들은 싫어했지만, 자신을 위해 재주를 쓰는 선비들은 좋아했다. 양수가 조식의 파당이 되어 조조를 속이려 하지 않았다면 조조는 화내지 않았을 것이고 양수도 죽이지 않았을 것이다. 조조가 양수의 재주를 미워하여 죽였다는 말은 옳지 않은 말이다.'

조조는 방덕의 보호로 목숨을 건지고 양수의 예상대로 한중에서 철수하기로 했습니다. 조조가 한중을 잃은 것은 커다란 손실이었습니다. 하지만 상황이 안 좋으니 어쩔 수 없는 노릇이었습니다. 모종강은 조조가 한중을 빼앗긴 것이나 유비가 서주를 지킬 수 없었던 것이나 매한가지라고 했습니다.

'조조가 한중을 지킬 수 없었던

▲ 조조의 심복 맹장 하후돈

것은, 유비가 서주를 지킬 수 없었던 것과 같다. 조조가 이제 연주를 차지했다면 서주 역시 조조가 꼭 빼앗아야만 할 땅이고, 유비가 이제 서천을 차지했다면 한중 역시 유비가 꼭 빼앗아야만 할 땅이다. 내 잠자리 옆에서 다른 사람이 코를 골며 잔다면 용납할 수 있겠는가. 그런 즉, 조조가 산을 넘고 물을 건너 힘들게 왔다고 해도 유비와 한중을 놓고 싸워서 이긴다는 것은 매우 어렵다는 것을 알겠다.'

유비, 인의(仁義)와 한 황실 부흥을
앞세운 반(反)조조파의 맹주

어느덧 6권이 끝났습니다. 오늘 책씻이는 유비에 대하여 알아보겠습니다. 연의에서 유비는 한나라 중산정왕의 후손으로 나옵니다. 그의 첫 등장은 이렇습니다.

'유비는 학문은 좋아하지 않았지만 성품이 온화하고 말수가 적었으며 얼굴에 희로애락(喜怒哀樂)을 드러내지 않았다. 일찍부터 큰 뜻을 품고 천하의 호걸들과 사귀는 것을 좋아하였다. 키는 8자에 두 귀는 어깨까지 내려와서 스스로도 귀를 볼 수 있었다. 두 팔도 유난히 길어 무릎 아래까지 늘어졌다. 얼굴은 관옥처럼 매끄럽고 입술은 연지처럼 붉었다. 중산정왕 유승의 후손이고 경제의 고손자이다.'

유비는 애초부터 학문을 좋아하지 않았습니다. 그럼에도 항상 인(仁)과 의(義) 그리고 한나라의 황실 부흥을 외쳤습니다. 이는 어디까지나 그가 정치적 대의명분을 외친 것으로, 그 덕분에 재능과 지식은 부족하더라도 유덕한 군주로 존경받을 수 있었습니다. 당시의 혼란스러운 정세를 살펴보더라도, 뜻이 있는 자라면 호걸이 되거나 그들과 어울리는 것이 더 나은 방법이기도 했습니다.

↑ 인의의 대명사 유비

▲ 탁주 삼의궁(三義宮)에 있는 유비상

연의에서 위촉오를 이끄는 세 사람의 주군은 모두 독특한 풍모를 지니고 있습니다. 그런데 유비는 과장이 심하게 표현되었습니다. 이러한 과장은 이상하게 보일 수도 있지만, 이는 바로 고귀한 인물임을 강조하기 위한 소설적 장치입니다. 이처럼 과장된 표현은 장비와 관우의 형상을 표현하는 데에도 나타납니다. 한마디로 기세가 당당한 장수들임을 나타내는 방법인 것입니다.

학문에는 별 관심이 없고 호협과 즐기는 것을 좋아한 유비는 장비 못지않은 성격의 소유자였습니다. 연의를 지은 나관중은 유비를 중심으로 하는 촉한의 주역들을 주인공으로 삼았습니다. 더구나 유비를 너그럽고 인자하여 모두가 그를 따르는 '인화(人和)의 대명사'로 만들었으니, 그가 독우를 매질한 장본인임에도 불구하고 성격 급하고 난폭한 장비에게 전가하는 것은 오히려 소설적으로 정당한 것입니다. 유비는 언제 어디서나 '어진 군주'가 되어야 하기 때문입니다. 이러한 형상의 유비이기에 정치적인 대의명분에 불과한 '인의(仁義)의 외침'에도 백성들은 그를 전폭적으로 따랐던 것입니다.

명말청초의 대학자인 왕부지(王夫之)는 그의 책 『독통감론(讀統監論)』에서 유비를 다음과 같이 평했습니다.

'유비는 형주를 차지하기 전까지는 별다른 정견도 없이 여기저기 전전할 뿐이었다. 처음부터 한나라 황실의 원수인 동탁을 쳐부술 생각도 갖지 않았다. 영토 확장에 목을 매다 보니 한나라 황실의 부흥 따위는 염두에도 없었다. 조조가 위왕에 오르자 자신도 한중왕이라 부르고, 조비가 헌제를 폐하고 황제를 참칭하자마자 유비도 늦었다는 듯이 스스로 제위에 오른다. 오히려 신하가 대의에 반하는 것이라고 간언하자 화를 내고 그를 좌천시켰다.'

하지만 나관중은 유비를 사랑했습니다. 그래서 유비를 시종일관(始終一貫) 어질고 온후한 황손으로 치켜세웠습니다. 민국 시대(民國時代)의 문학사상가인 루쉰은 나관중이 연의에서 유비의 어짊과 온후함을 지나치게 강조한 나머지 오히려 위선자(僞善者)처럼 그려졌다고 비꼬았습니다.

유비는 잘 울었습니다. 당양에서 조조군에 패하여 도망칠 때, 많은 백성들이 유비를 따라나서자 장수들이 백성을 버려야만 빨리 갈 수 있다고 제안하자 유비가 울면서 반대합니다. 이를 본 백성들은 모두 유비에게 빠지지 않을 수 없을 것입니다.

노숙이 빌려준 형주를 반환하라고 찾아왔을 때에도 제갈량과 짜고 대성통곡하며 답변이 궁색했던 상황을 모면합니다. 관우와 장비가 죽자 통곡하고는 조조보다 손권을 더 미워하며 복수를 다짐하는데, 유비가 진정으로 운 것은 이때가 아닐까 생각됩니다. 이처럼 유비는 자신의 정치적 목적을 달성하기 위한 무기로 눈물을 적극적으로 활용하였던 인물이라고 볼 수 있습니다. 눈물이 여성만의 무기는 아니었던 것이지요. 오죽하면 '유비는 눈물로 촉한의 강산을 얻었다'는 속담까지 전해지겠습니까.

유비는 조조와 손권에 비하면 배경도 의지할 곳도 없는 떠돌이 한량패 출신입니다. 그런 유비가 정치적인 입지를 강화하려면 대의명분을 가지고 눈물로 호소할 수밖에 없었던 것입니다. 조조가 청매정에서 유비의 정곡을 찌른 적이 있듯이 유비의 최대 적수는 역시 조조입니다. 그래서 유비의 정치적 행보는 조조와 반대로 하는 전략을 폅니다. 『구주춘추(九州春秋)』에는 유비의 이런 생각을 보여 주는 내용이 있습니다.

'나와 조조는 물과 불의 관계다. 조조가 엄격하면 나는 후덕(厚德)하게 한다. 조조가 난폭하면 나는 인덕(仁德)을 보여 준다. 조조가 책략으로 나오면 나는 성실함으로 나간다. 항상 조조와 반대 행동을 해야만 일이 성취된다.'

유비 역시 당대 최고의 영웅인 조조의 품성을 간파하고 있었기에 그의 움직임과 반대되는 전략과 행동을 폄으로써 반(反)조조파에게 호감을 사게 되었고, 여기에 '한 황실 부흥'이라는 거창한 대의명분을 내세워 자신에게 유리한 정치적 행보를 펼쳐갔던 것입니다. 이러한 전략을 겉으로 드러내지 않고 겁쟁이 울보로 포장했던 것이니 유비의 전략도 조조를 능가하는 것이었습니다. 그래서 유비의 이러한 속셈을 일찍 간파한 조조가 '천하의 영웅은 나와 당신뿐'이라고 했던 것입니다. 조조가 유비를 알아보는 것은 고수가 고수를 알아보듯이 아주 당연한 것이었습니다.

조조가 인정했듯이 유비도 천하의 영웅입니다. 조조와 손권처럼 유비도 유능한 인재를 알아보고 자신의 수하로 맞이하는 능력을 가지고 있었습니다. 그리하여 조운과 제갈량을 얻고 방통까지도 얻었습니다. 인화(人和)로 천하를 얻을 수 있다는 말은 유비에게서 배울 점입니다. 유비는 인재를 알아보고 그 능력에 맞게 배치하였는데 이는 자못 제갈량보다 뛰어났습니다.

그 대표적인 예가 위연과 마속입니다. 장사전투에서 위연이 황충을 구원하여 유비에게 귀순해오자 제갈량은 위연을 참수하려고 했습니다. 하지만 유비는 위연을 등용하여 위와의 전투에서 많은 전공을 세우도록 했습니다. 제갈량도 위연의 용맹함을 중히 여겨 자신의 생전에는 중원을 도모하는 데 없어서는 안 될 장수로 여겼습니다. 마속은 제갈량이 매우 신임한 장수였지만 유비는 진작부터 마속의 됨됨이를 제갈량처럼 좋게 보지 않았습니다. 그래서 백제성에서 눈을 감으면서도 제갈량에게 신신당부(申申當付)했습니다.

"마속이 말은 잘하는데 실상은 훨씬 못 미치니 크게 쓰면 안 될 것이네."

제갈량은 유비의 말을 잊고 가정전투에 마속을 배치했다가 대패하고 말았습니다. 그제야 제갈량은 유비의 유언이 생각나서 울고 말았으니 유비의 인물을 보는 현명함이 이와 같았습니다.

연의에서의 유비는 정치적 통일을 이루지는 못하지만 독자들의 마음을 사로잡는 데는 성공합니다. 그 결정적인 장면이 이릉대전을 앞두고 벌어진 조운과의

↑ 성도 무후사의 한소열제릉

설전입니다. 유비는 동오가 관우를 죽이고 장비마저 죽게 만들자 이제까지의 동맹관계를 깨고 손권을 공격합니다. 이에 여러 신하들이 만류하지만 소용이 없었습니다. 이에 조운이 나서서 '우리의 적은 손권이 아니라 조조'임을 잊지 말라고 간곡하게 주청했습니다. 그러자 유비가 대답했습니다.

"내 아우들의 원수를 갚지 않는다면 비록 천하 강산을 모두 다 얻는다 해도 아무 소용없다."

독자들은 이 장면에서 전쟁의 승패 여부를 떠나 유비에게 무한한 신임과 감명을 받습니다. 정치적 야욕도 내려놓고 스스로의 죽음도 불사하며 의형제의 의리와 인정을 우선시하는 그의 행동은 독자들의 마음을 사로잡는 최고의 명약(名藥)이 되는 것이며, 나아가 소설적 재미와 긴장도 한껏 높아집니다. 이처럼 나관중은 유비를 좋아했기에 연의의 주인공다운 형상을 만들어내었던 것입니다.

유비도 조조도 놓칠 수 없는 요충지, 한중

한중(漢中)은 진한(秦漢) 이래 많은 인물들이 발자취를 남겼는데, 그중 제왕이 된 이들의 창업의 발상지가 된 곳입니다. 유방이 항우와의 싸움에서 밀려나 감금되었다가 항우를 물리치고 한나라를 세운 곳이 한중이며, 후한 말에는 오두미도의 교주 장로가 스스로 왕이라 칭하고 30년간 정권을 잡은 곳도 이곳입니다. 또한 유비가 촉을 건설하기 위한 전진기지로, 조조가 서쪽 정벌의 핵심기지로 삼기 위해 서로가 치열한 쟁탈전을 벌인 곳도 바로 한중이었습니다.

이처럼 한중이 전략상으로 중요한 지역이 된 것은 교통의 요지이기도 하지만 첩첩 산들이 주변을 둘러싸고 있는 분지이자 한수(漢水)가 흘러 물자의 생산이 풍부한 곳이었기 때문입니다. 아울러, 이곳을 차지하는 자는 익주를 품을 수도 있고 관중과 중원을 향해 나갈 수도 있는 천혜의 장소였기에, 예로부터 정치가와 전략가들은 형주 다음으로 이곳의 중요성을 빼놓지 않았습니다.

조조가 한중의 장로를 무찌른 곳인 양평관(陽平關)은 한중시 서쪽에 자리하고 있는 면현(勉縣)에서 다시 서쪽으로 5km 정도 떨어진 곳에 있습니다. 양평관에 도착하니 성벽에는 행서체로 새롭게 쓴 '고양평관(古陽平關)'이 선명합니다. 원래는 예서체였는데 문화혁명 당시에 파괴되었다고 합니다. 양평관은 한중을 차지하기 위한 전략상 요지였기에 위와 촉의 한중 쟁탈전에서도 우선적인 목표가 되었습니다. 마을에서 좀 떨어진 곳에 복원되어 있는 양평관은 그 주변이 온통 옥수수

천지입니다. 양평관 옆은 그다지 높지 않은 산과 연결되어 있는데 이 산이 천탕산입니다. 당시 조조의 식량 저장기지가 있던 곳으로 산의 위치가 북쪽이어서 북산이라고도 부릅니다.

조조가 한중을 공략하려면 진령산맥(秦嶺山脈)을 넘어야만 합니다. 그리고 석문잔도(石門棧道)를 지나야 합니다. 지금도 석문잔도의 유적이 남아있기는 하지만 1970년대에 만들어진 댐으로 인해 많은 유적이 수몰되었습니다. 다만 국보급 문화재인 암벽은 그대로 잘라내어 박물관에 보관했는데, 바로 '한위 13품 석문 마애석각'이 그것입니다. 이 유적을 보려면 고한대(古漢臺)를 찾아가야 합니다.

면현(勉縣)에는 유비가 한중왕에 오른 설단처(設壇處)가 있습니다. 유비는 이곳에 사방 9리의 단을 쌓고 성대하게 즉위식을 거행했습니다. 설단처는 마을 안쪽에 벽돌담이 둘러쳐진 곳이었는데, 대문을 들어서니 그다지 넓지 않은 정원에 잡초만 무성합니다.

← 양평관 모습

설단처에서 몇 km 떨어진 곳에 제갈량 독서대(諸葛亮讀書臺)가 있습니다. 둔덕 위에 비석만이 덩그러니 서 있는데, 제갈량이 책을 읽은 곳이 어디 이곳뿐이겠습니까. 그런데 어찌된 일인지 제갈량 독서대는 이곳밖에 없습니다. 중국 전역에 세워진 무후사와 제갈량 소상에 비하면 꽤나 흥미로운 유적입니다.

↑ 한중왕설단처

↑ 조조의 필체 '곤설'

◀ 제갈량 독서대

PART 7

73 유비가 한중왕에 오르다

74 목숨을 구걸한 우금, 죽음을 선택한 방덕

75 관우는 바둑을 두고 화타는 관우를 수술하다

76 관우 부자가 맥성에서 구원군을 기다리다

77 관우를 죽인 손권, 관우를 장사지낸 조조

78 위왕 조조가 천명을 다하다

79 위왕에 오른 조비, 칠보시(七步詩)로 목숨 구한 조식

80 조비가 황제에 오르자 유비도 황제에 오르다

81 술버릇 못 고친 장비가 비명횡사하다

82 만리 강산을 얻은들 무슨 소용이 있는가

83 유비 말실수에 황충을 잃다

84 육손에 대패한 유비가 백제성으로 도망가다

유비가 한중왕에 오르다

조조는 한중에서 죽음의 위기를 모면하고 군사를 야곡으로 후퇴시켰습니다. 제갈량은 조조가 한중을 버리고 달아날 것을 예상하고 장수들을 10여 곳의 요충지에 보내 불시에 습격하게 했습니다. 조조군은 전의를 잃고 싸울 힘조차 없었습니다. 조조는 계속 후퇴할 수밖에 없었고 장안(長安)에 이르러서야 겨우 마음을 놓을 수 있었습니다.

유비가 한중을 차지하자 주변의 여러 고을이 줄줄이 투항했습니다. 유비는 백성들을 안정시키고 군사들에게는 큰 상을 내렸습니다. 그러자 제갈량과 법정 등 참모들이 유비를 황제로 추대하자고 입을 모았습니다. 유비가 거부하자 제갈량은 한중왕(漢中王)에라도 올라야 한다고 진언했습니다. 유비는 천자의 명을 받지 못한다면 참칭에 불과하다고 하였습니다. 그러자 제갈량은 난세에는 평상시의 예법대로 할 수 없으니 권도(權道)를 따라야 한다고 설득했습니다. 옆에서 듣고 있던 장비가 그답게 한마디 거들었습니다.

"형님! 성이 다른 것들도 모두 임금이 되려고 야단인 판에 형님은 바로 한 황실의 직계이시니 한중왕이 아니라 곧바로 황제에 오른다고 해서 안 될 것이 무엇이오?"

유비는 재삼 사양하다가 결국 한중왕에 오르기로 했습니다. 219년 음력 7월. 드디어 유비는 한중왕이 되었습니다. 아들 유선을 왕세자(王世子)로 세우고, 허정을 태부(太傅)로 삼았습니다. 제갈량은 군사(軍師)가 되었고, 관우·장비·조운·마초·황충은 오호대장(五虎大將)에, 위연은 한중태수(漢中太守)에 임명되었습니다.

조조는 유비가 한중왕에 올랐다는 소식을 듣고는 돗자리나 짜던 하찮은 놈이 감히 왕이 되었다고 크게 화를 냈습니다. 이어 곧바로 한중을 공격하여 유비를 처단할 것을 명령했습니다. 그러자 사마의가 수고롭게 나설 필요 없이 정벌할 수 있는 계책을 내었습니다.

"강동의 손권이 자신의 누이를 유비에게 시집보냈다가 이제 몰래 데려갔고, 유비는 계속 형주를 점거하고 돌려주지 않아 서로가 원망하며 분노하고 있습니다. 이제 한 달변가를 주어 동오로 보내 손권을 달래도록 하십시오. 손권이 군사를 일으켜 형주를 공격하면 유비는 반드시 양천에서 달려 나와 형주를 구하려고 할 것입니다. 그때 대왕께서 군사를 이끌고 한중을 공격하면 유비는 머리와 꼬리가 잘리는 꼴이 될 것이니 반드시 위태로운 지경에 빠질 것입니다."

조조는 매우 기뻐하며 만총을 사자로 삼아 손권에게 보냈습니다. 손권은 참모들과 만총이 사자로 오는 것에 대해 상의했습니다. 그 결과, 위와 오는 원수진 일이 없으니 분명 강화(講和)를 맺으러 오는 것임을 알았습니다. 손권은 조조의 뜻에

한중왕에 오르는 유비

劉備進
位漢中
王乙酉春
榮雄畵

호응하기로 했습니다. 바로 후속조치를 논의할 때 제갈근이 먼저 관우의 딸과 손권의 아들을 혼인시켜 동맹을 맺자고 제안하여 관우가 수락하면 함께 조조를 치고, 반대하면 조조를 도와서 관우를 치자는 의견을 냈습니다. 손권은 즉시 제갈근을 형주로 보냈습니다. 제갈근이 형주에 도착하여 예를 마치자 관우가 물었습니다.

"제갈근은 어쩐 일로 오셨소?"

나관중본에는 관우가 제갈근을 만날 때의 장면을 다음과 같이 표현했습니다.

'제갈근이 형주에 도착하자 강을 지키던 병사들이 관우에게 보고했다. 관우는 일찍부터 천하의 선비들을 깔본 터라 부하들에게 맞이하라는 말도 하지 않았다.'

『춘추』를 즐겨 읽고 문무의 지혜를 갖추었다는 관우의 모습이 일순간 깨지고 맙니다. 그래서 모종강은 이 부분을 싹둑 잘라버렸습니다. 제갈근이 관우를 찾아온 까닭을 말했습니다.

"특별히 양가의 화친을 위하고자 왔습니다. 우리 주인 오후(吳侯)께는 아들 한 분이 계신데 매우 총명합니다. 장군께는 따님 한 분이 계시다고 하여 특별히 청혼을 하러 왔습니다. 양가가 혼사를 맺어 힘을 합치면 조조를 능히 무찌를 수 있을 테니 진실로 아름다운 일이 될 것입니다. 군후(君侯)의 생각은 어떠신지요."

"범의 딸이 어찌 개의 아들에게 시집을 간단 말이냐? 네 아우의 얼굴을 생각해서 이 정도에서 참는 것이지 그렇지 않으면 당장 너의 목을 쳤을 것이다. 다시는 말도 꺼내지 말라!"

제갈근의 말이 끝나기가 무섭게 관우가 퍼르르 떨며 쏘아댔습니다. 그리고 수하를 불러 제갈근을 쫓아냈습니다. 제갈근은 머리를 싸안고 도망치듯 돌아왔습니다. 손권은 이 사실을 알고 대노했습니다. 제갈량이 그토록 주의를 주었고, 관우가 가슴속에 명심하겠다고 한 '촉오동맹'은 관우의 이 말 한 마디로 무너지고 말았습니다. 손권이 조조에게 선공할 것을 요구하자 조조는 조인에게 군사를 일으키도록 했습니다.

조조와 손권의 작전을 간파한 유비는 전부사마(前部司馬) 비시를 통해 관우에게 먼저 조인을 공격하여 두 나라의 협공작전을 와해시키라는 밀지를 전했습니다. 관우는 비시를 보자 제일 먼저 한중왕이 자신에게 내린 벼슬이 궁금했습니다. '오호대장의 우두머리'가 되었다고 전하며 오호장(五虎將)을 알려주자, 관우는 황충이 포함된 것을 알고 그런 노졸(老卒)과는 짝을 할 수 없다며 화를 냈습니다. 이에 비시가 타일렀습니다.

"장군은 지금 잘못 생각하고 계십니다. 옛날 소하와 조참은 고조(유방)와 함께 거사를 치른 가장 친근한 사람입니다. 반면에 한신은 초나라에서 망명해온 장수였습니다. 그런데 한신은 왕이 되어 소하나 조참보다 높았지만 소하와 조참이 이를 원망했다는 말은 들은 적이 없습니다. 이제 한중왕이 황충을 오호장에 봉했으나 장군과는 형제의 의(義)가 있기에 한 몸이나 마찬가지입니다. 곧 장군이 한중왕이고 한중왕이 바로 장군인 것이지요. 어찌 다른 사람들과 똑같겠습니까? 장군이야말로 한중왕의 두터운 은혜를 받고 계시니 당연히 기쁨과 걱정도 함께하고, 화와 복도 함께 누려야 합니다. 관호(官號)의 높낮이만 비교하여 말씀하시는 것은 마땅치 않은 일입니다. 장군께서는 잘 생각하십시오."

"내가 생각이 짧았소! 그대가 알려주지 않았다면 큰일을 그르칠 뻔했소."

관우의 연이은 말실수를 보며 평소 생각과 지혜가 깊은 모습과는 다른 의아함을 보게 됩니다. 관우가 형주에서 너무 태평한 시절만 보냈기 때문일까요?

관우는 비시의 설득으로 화를 풀었습니다. 한중왕 유비의 명령을 받들어 부사인과 미방을 선봉으로 삼아 진군을 준비하고 있을 때, 갑자기 성 밖 영채에서 불이 났다는 급보가 날아왔습니다. 부사인과 미방이 막사에서 술을 마시다가 불이 나서 화포로 옮겨 붙었는데, 급기야는 영채 안에 있는 군량과 무기 등을 태워

➡ 술 마시다 불을 내고
관우에게 혼나는
부사인과 미방

버렸습니다. 관우는 선봉으로 삼은 두 사람이 군사를 출동시키기도 전에 일을 그르치자 목을 베어 죽이라고 호통을 쳤습니다. 비시의 설득으로 목숨만은 살려 주고 각각 장벌(杖罰) 40대를 때린 후 공안과 남군을 지키도록 했습니다. 그래도 관우는 분이 풀리지 않아 조그만 잘못이라도 저지르면 다시 죄를 묻겠다고 소리 쳤습니다.

관우는 요화를 선봉으로, 관평을 부장으로, 마량과 이적을 참모로 삼아 출군 했습니다. 관우가 장중(帳中)에서 잠깐 선잠이 들었습니다. 꿈속에 소만 한 몸집의 시꺼먼 멧돼지가 뛰어들더니 곧장 관우의 발을 물었습니다. 관우가 소리치며 칼을 뽑아 내리치다가 꿈에서 깼습니다. 관우는 꿈자리가 뒤숭숭해서 관평을 불러 꿈 이야기를 했습니다.

"멧돼지도 용상(龍象)입니다. 발을 문 것은 곧 승진하려는 것이니, 의심하거나 꺼릴 필요 없습니다."

관우의 꿈에 대해 옥신각신할 때 한중왕 유비의 교지가 도착했습니다. 관우에게 전장군(前將軍)을 제수하고 절월(節鉞)을 주면서 형주 9군을 총괄하게 한다는 내용이었습니다. 모두가 축하했습니다. 관우는 저룡(猪龍)꿈이 바로 이런 경사였음을 알고 마음속 의혹을 털어버렸습니다. 즉시 군사를 양양(襄陽)으로 전진시켰습니다.

조인은 관우가 쳐들어온다는 소식에 성을 굳게 지키기로 하였습니다. 그런데 부장 적원이 나가서 싸우길 원했습니다. 참모 만총은 굳게 지키는 것이 상책이라고 했습니다. 그러자 장수 하후존이 반대하고 나섰습니다. 마침내 조인은 하후존의 말을 따라 만총에게 번성을 지키게 하고 직접 군사를 이끌고 관우와 싸우러 나갔습니다. 관우는 관평과 요하를 불러 계책을 전달했습니다. 1회전은 요하와 적원이 붙었습니다. 요하가 거짓으로 패한 체 말머리를 돌려 달아나자 적원이 뒤쫓으며 덮쳤습니다. 관우군은 20리를 후퇴했습니다.

다음 날, 다시 관우가 싸움을 걸었습니다. 하후존과 적원이 또 승리했습니다. 관우군은 또 20여 리를 물러났습니다. 조조군의 선발대가 뒤따라 왔습니다. 조인이 선발대를 부르려고 할 즈음, 관평과 요하가 공격해왔습니다. 조인은 관우가 길목을 지키자 선발대를 구원할 수 없었습니다. 관우의 한 칼에 하후존이 죽고 도망치던 적원은 관평의 칼에 죽었습니다. 조인은 양양을 잃고 번성(樊城)으로 물러나 지키기만 했습니다. 관우가 양양을 함락하고 기세등등(氣勢騰騰)하자, 종군사마(從軍司馬) 왕보가 걱정하며 말했습니다.

"장군께서는 한 번에 양양을 차지하셨습니다. 비록 조조의 군사가 혼이 났지만 제 생각에는 동오의 여몽도 육구(陸口)에 군사를 대기시키고 호시탐탐(虎視眈眈) 형주를 빼앗으려고 노려보고 있을 것이니 만약 군사를 거느리고 곧장 형주를 공격하면 큰일입니다."

"나도 생각하고 있네. 자네는 즉시 장강 연안을 따라 20~30리에 하나씩 언덕 위에 봉화대를 설치하고, 봉화대마다 50명의 군사가 지키되 만약 동오의 군사가 강을 건너오는 것이 보이면 연기와 불꽃으로 신호를 올릴 수 있도록 조치하게. 그럼 내가 직접 가서 물리치겠네."

한편 번성으로 물러난 조인은 만총의 말을 듣지 않은 것을 후회했습니다. 그래서 굳게 지키기만 했습니다. 이때 관우가 번성을 공격하러 왔습니다. 부장 여상이 분격하여 나가서 싸울 것을 청했습니다. 만총이 제지했지만 조인은 그에게 2천 명의 군사를 주었습니다. 하지만 여상도 관우의 적수가 못 되었습니다. 태반이 죽고 성으로 쫓겨 들어왔습니다. 조인이 급히 구원을 요청하자 조조는 우금에게 조인을 구원하도록 했습니다. 우금은 선봉장 한 명과 함께 가고자 했습니다. 그러자 누군가가 뒤에서 크게 소리쳐 자청했습니다. 어느 장수가 자신 있게 나선 것일까요?

목숨을 구걸한 우금,
죽음을 선택한 방덕

우금이 요청한 선봉장에 자청한 장수는 방덕이었습니다. 이를 본 조조는 크게 기뻤습니다.

"관우가 사방에 위세를 떨치면서 아직까지는 적수를 만나지 못했다지만 이제 방덕을 만나면 매우 버거울 것이다."

조조는 우금을 정남장군(征南將軍)에, 방덕을 정서도선봉(征西都先鋒)으로 삼고 7군을 거느리고 번성을 지키도록 했습니다. 그런데 조조군의 진영에서는 방덕이 유비에게 투항한 마초의 부하임에 꺼림직스럽게 생각했습니다. 그러자 방덕은 관을 만들어 놓고 동료들을 부른 뒤 단호하게 말했습니다.

"나는 위왕에게 커다란 은혜를 입었소. 그러니 목숨 바쳐 보답할 것이오. 이번에 번성에서의 싸움은 관우와 피할 수 없는 결전을 벌이게 될 터인데, 내가 그를 죽이지 못한다면 오히려 내가 죽게 될 것이오. 설사 잡혀서 포로가 되더라도 나는 자결할 것이오. 내 뜻이 그렇기에 이렇게 관을 준비해 절대 빈손으로는 돌아오지 않겠다는 것을 여러분에게 알려주는 것이오."

참석자들이 모두 감탄했습니다. 방덕은 아내 이씨와 아들 방회를 불러 죽음의 이별을 하고 출정했습니다. 이를 본 5백 명의 부하장병들도 따라서 죽을 것을 맹세했습니다. 가후가 조조에게 말했습니다.

"방덕은 혈기만 믿고 관우와 죽기 살기로 싸우려고만 할 테니 걱정입니다."

조조도 가후의 말을 옳게 여겨 '절대 가벼이 대적하지 말고 이길 수 없으면 지키기만 하라'는 명을 전했습니다. 이에 방덕이 우금에게 시큰둥하게 말했습니다.

"대왕께서는 관우만 중요시하신답니까? 내 이번에 관우의 30년 평판을 꼭 꺾고야 말겠소."
"위왕의 말씀을 듣지 않으면 위험하오."

관우는 우금이 정예병 7개 군을 이끌고 쳐들어오는데, 선봉인 방덕이 관을 앞세우고 사생결단(死生決斷)할 태세로 온다는 급보를 받자 낯빛이 변하고 수염을 떨며 노했습니다. 그러자 아들 관평이 나섰습니다.

"아버님! 태산같이 소중한 몸이신데 길가의 돌멩이 같은 자와 기량을 겨루시면 되겠습니까? 소자가 대신 방덕과 겨루겠습니다."

↑ 관우에게 항복한 우금

周倉水中擒龐德
乙酉春日 業雄畵

◀ 한수에 수몰되어
사로잡히는 방덕

"그래. 네가 시험 삼아 붙어봐라. 내 곧 뒤따라가서 지원하마."

관평과 방덕은 30여 합을 겨뤘으나 승부를 낼 수 없었습니다. 관우가 크게 노하여 요화에게 번성을 공격하게 하고 자신은 방덕을 처치하러 갔습니다. 두 장수는 1백여 합을 싸웠습니다. 하지만 역시 승부가 나질 않았습니다. 다음 날, 관우는 다시 방덕과 붙었습니다. 50여 합을 겨루었을 때 방덕이 말머리를 돌려 칼을 끌며 달아났습니다. 관우가 추격하자, 관평도 실수를 걱정하여 뒤따랐습니다. 방덕은 달아나면서 화살을 쏘려고 했습니다. 관평이 이를 알고 소리쳤습니다. 관우가 깜짝 놀라 피하려 했지만 이미 화살은 왼쪽 팔뚝을 정통으로 맞혔습니다. 관평이 관우를 부축하여 돌아왔습니다.

관우는 방덕에게 원한이 사무쳤습니다. 기필코 방덕을 처단하겠다고 했습니다. 하지만 상처를 치료하는 것이 우선이었습니다. 그래서 방덕이 10여 일이나 싸움을 걸었지만 응하지 않았습니다. 방덕은 여러 번 군사를 움직이고 싶었지만 우금이 허락하지 않았습니다. 우금은 7군의 영채를 산 어귀에서 내려와 번성의 북쪽으로 옮겼습니다. 관우는 상처가 아물자 이러한 상황을 둘러보고 왔습니다.

8월 폭우가 며칠 동안 계속 내렸습니다. 관우는 배와 뗏목을 준비시키고 수중전에 필요한 무기들을 챙기도록 했습니다. 관평이 궁금해하자 우금의 7군은 개천가에 있는데, 이제 비가 계속 내리니 강물이 범람할 것이고 하천 어귀를 막았으니 저들은 모두 고기밥이 될 것이라고 알려주었습니다.

한밤중 전투 북소리 천지를 진동하니	夜半征鼙響震天
양양 번성 평지가 깊은 못이 되었네.	襄樊平地作深淵
관우의 신묘한 계책 어느 누가 따르리오.	關公神算誰能及
중원을 휘날리던 명성 대대로 전해지네.	華夏威名萬古傳

결국 우금과 방덕은 관우의 계략에 빠져 싸움에 패하고 사로잡혔습니다. 우금이 목숨을 구걸했습니다.

"저는 명령대로 움직였을 뿐, 스스로 온 것이 아닙니다. 군후(君侯)께서 가엾게 여겨 주시면 이 은혜를 죽음으로 갚겠습니다."

방덕은 두 눈을 부릅뜬 채 꼿꼿이 서서 꿇어앉으려고도 하지 않았습니다. 관우가 먼저 물었습니다.

"네 형은 지금 한중에 있고, 너의 옛 주인인 마초도 촉의 대장이 되었다. 그런데 너는 어째서 진즉에 항복하지 않느냐?"
"내가 차라리 칼에 찔려 죽을지언정 어찌 너에게 항복할 수 있겠느냐?"

관우는 방덕을 끌어내어 목을 치라고 호통을 쳤습니다. 방덕은 의연하게 죽음을 맞았습니다. 이를 본 관우는 방덕을 애처롭게 여겨 장사를 지내주었습니다.
모종강은 관우가 조조의 7군을 수몰시키고 우금과 방덕을 잡은 부분에서 다음과 같이 평했습니다.

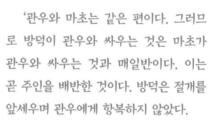

▲ 관우의 아들 관평

'관우와 마초는 같은 편이다. 그러므로 방덕이 관우와 싸우는 것은 마초가 관우와 싸우는 것과 매일반이다. 이는 곧 주인을 배반한 것이다. 방덕은 절개를 앞세우며 관우에게 항복하지 않았다.
그렇다면 예전에는 어째서 마초를 배반하고 조조에게 항복했는가? 이를 보고 방덕이 죽은 것에 대하여 식자들은 대단하게 여기지 않는다.
물고기가 삼태그물 속으로 들어오는 [人魚罾口] 까닭에 관우는 증구천(罾口川)에서 어부처럼 이득을 챙겼다. 방덕은 몇 번이나 그물을 빠져나가려고 하다가 비늘이 벗겨져 마침내 도마 위에 올랐고, 우금은 엎드린 까닭에 연못에서 길러졌다.

이 둘의 차이는 무엇인가? 대개 고기가 그물에 걸리면 빠져나가기 어렵다. 이것이 우금이 잡힌 이유이고, 고기가 연중 마르지 않는 물을 만난 것, 이것이 우금이 다시 살아난 이유인 것이다.'

관우에게서 목숨을 부지한 우금은 의연하게 죽음을 택한 방덕보다 호사로운 삶을 누렸을까요? 과연 어떠했는지 이후 그의 삶을 살펴볼 일입니다.

관우는 바둑을 두고
화타는 관우를 수술하다

관우는 우금을 물리친 여세를 몰아 조인을 공격했습니다. 조인은 죽기를 각오하고 성을 사수했습니다. 그러던 중 관우가 엄심갑(掩心甲)만 걸친 채 녹색 전포차림인 것을 본 조인은 궁노수 5백 명에게 일제히 활을 쏘도록 했습니다. 관우가 황급히 말을 돌릴 때 쇠뇌살 한 대가 날아와 오른쪽 팔뚝을 맞혔습니다. 쇠뇌살에는 독이 묻어 있었는데 이 독이 뼛속까지 빠르게 스며들었습니다. 어떤 치료도 소용이 없자 뭇 장수들이 사방으로 수소문을 하여 명의 화타(華佗)를 모셔왔습니다. 관우의 팔을 살펴본 화타가 말했습니다.

"한적한 곳에 기둥을 세우고 그 위에 커다랗게 고리를 만든 후, 장군의 팔을 그 고리에 끼워 단단히 동여맬 것입니다. 그런 다음 얼굴을 가리고 계시면 내가 잘 드는 칼로 살을 째고 뼈에 스며든 독을 긁어낸 뒤, 약을 바르고 실로 살을 꿰맬 것입니다. 하지만 장군께서 두려워하실 것이 걱정입니다."

"그깟 일에 무슨 장비가 필요하겠소? 술이나 몇 잔 더 마시고 두던 바둑이나 계속 두면 되겠소이다."

관우는 술을 몇 잔 마시고는 마량과 두던 바둑을 계속 두었습니다. 화타는 관우의 오른팔에 칼을 대어 가죽과 살을 갈랐습니다. 뼈가 드러나도록 가르고 보니 뼈가 이미 시퍼렇게 변했습니다. 화타가 칼로 뼈를 긁는데 벅벅 소리가 뭇사람의 귀청을 때렸습니다.

그 광경을 본 자들은 모두 얼굴을 싸쥐고 낯빛이 하얗게 질렸지만, 관우는 마량과 이야기하고 웃으며 바둑을 두는데 조금도 아파하는 기색이 없었습니다. 드디어 수술이 끝났습니다.

"이제 팔을 옛날처럼 움직여도 전혀 아프지 않구나. 선생은 참으로 신의(神醫)이십니다."

"제가 여지껏 의원노릇을 해오는 동안 장군같은 분은 처음 뵈었습니다. 군후께서는 참으로 천신(天神)이십니다."

관우는 화타의 의술에 감동받고, 화타는 관우의 용기에 존경심을 표했습니다. 이 부분을 읽고 있노라면 명의(名醫)와 명장(名將)의 만남이 마치 하늘의 뜻인 것처럼 드라마틱하게 그려졌습니다.

치료함에 있어 내외과로 나눠야 하지만　　治病須分內外科
세상 어디 신묘한 의술 가진 이 있으랴.　　世間妙藝苦無多
신적인 명장으론 관운장이 유일하고　　　　神威罕及惟關將
신비한 의술로는 화타가 꼽힌다네.　　　　聖手能醫說華佗

화타가 수술하는 사이에도
바둑을 두는 관우

관우가 우금을 사로잡고 방덕을 죽이자 권위와 명성이 중원을 크게 진동시켰습니다. 조조가 놀라 도읍을 옮길 생각까지 했습니다. 그러자 사마의가 다시 계책을 냈습니다.

"우금은 물에 휩쓸려 손도 못쓰고 잡힌 것이지 싸움에 패하고 잡힌 것이 아닙니다. 국가의 대계(大計)에는 아무런 손해도 없습니다. 지금 손권과 유비의 틈이 벌어지고 있는 터에 관우가 뜻을 이루면 손권은 분명 탐탁지 않을 것입니다. 대왕께서는 속히 손권에게 사자를 보내어 이해득실(利害得失)을 알게 하고, 그에게 은밀히 관우의 배후를 공격하게 하십시오. 일이 이루어진 연후에는 강남땅을 떼어 손권에게 준다고 하면 번성의 위기는 눈 녹듯 풀릴 것입니다."

조조는 손권에게 편지를 보내는 한편, 서황을 보내 관우의 기세를 막도록 했습니다.

관우는 형주를 지키기 위해 경계를 엄중히 했습니다. 그러자 노숙의 후임자인 여몽은 병을 핑계대고 사직하기로 계략을 짰습니다. 육손이 여몽의 후임자가 되어 관우를 찬미하고 예물을 보내며 관우가 교만함에 가득 차게 했습니다. 관우는 육손의 계략을 전혀 의심하지 않고 조인을 공격하는 데에만 병력을 집중시켰습니다. 이 소식을 접한 손권은 여몽을 불러 상의했습니다.

"지금 관우가 형주의 군사를 이끌고 번성을 공격하는 데 집중한다니 우리가 형주를 빼앗을 절호의 기회요. 경은 내 아우 손교와 같이 대군을 이끌고 가는 것이 어떻겠소?"
"주공께서는 누구를 쓰시던 한 사람만 쓰십시오. 지난날 주유와 정보가 좌도독과 우도독이 되었을 때, 연장자인 정보는 주유 밑에 있게 되자 불신하였는데, 주유의 재주를 본 후에야 비로소 승복했습니다."

손권은 크게 깨닫고 즉시 여몽을 대도독으로 삼아 총괄토록 했습니다. 손교는

여자명자백의도강(呂子明子白衣渡江)

三國演義揷圖 二百一十三 乙酉年春日 雄泉系 豪上大靈水灘上 禮廬戱墨

↑ 장사꾼으로 위장해 형주로
잠입하는 동오 군사들

뒤에서 군량의 수송을 책임지도록 했습니다. 여몽은 3만 명의 군사와 80척의 배를 준비했습니다. 물에 익숙한 사람들만 골라 장사꾼으로 변장시켰습니다. 조조와 협공하기로 하고 강변 봉화대에 정박했습니다. 형주의 군사들이 검문하자 모두 장사꾼이라고 둘러대고 뇌물을 먹이자 군사들은 정박을 허락했습니다. 늦은 밤, 배 안에 숨어 있던 정예병들이 나와 강변의 봉화대를 장악했습니다. 그리고 형주로 진격하니 아무도 형주의 일을 알 수 없었습니다.

여몽은 형주에 잠입하자 봉화대에서 잡은 측의 군사들에게 상을 주고 좋은 말로 다독여 속임수를 써서 성문을 열게 했습니다. 여몽은 싸움 한 번 없이 형주성을 차지했습니다.

다음 날, 손권이 형주로 왔습니다. 손권은 오매불망(寤寐不忘) 원하던 형주를 차지하자 너무도 기뻤습니다. 백성들을 안정시키고 군사들에게는 상을 주고 잔치를 열어 자축했습니다. 형주의 감옥에 갇혀 있던 우금을 풀어 조조에게 보내주었습니다.

"이제 형주는 차지했지만 공안과 남군은 어떻게 수복하겠소?"
"화살 한 발 쏠 필요조차 없습니다. 제가 세 치 혀를 가지고 공안의 부사인이 항복하도록 하겠습니다."

우번이 나서자 손권은 기뻐하며 5백 명의 군사와 함께 공안으로 보냈습니다. 부사인은 이미 형주가 함락됐다는 소식을 듣자, 전날 관우가 자신을 원망하던 일이 생각났습니다. 우번이 설득하자 형주로 와서 투항했습니다. 손권은 미방도 투항시키라고 하자 부사인이 흔쾌히 남군으로 향했습니다. 손권은 형주와 공안을 화살 한 방 없이 차지하고 남군까지 차지하려 하는데, 관우는 봉화대만 믿고 조인을 공격하고 있으니 참으로 안타까운 일이 아닐 수 없습니다. 모종강은 손권이 형주를 차지하는 장면에서 다음과 같이 평했습니다.

'손권이 여몽의 말을 들을 때는 이미 오와 위는 모두 한나라의 역적이다. 손권이 관우가 번성을 공격하는 틈을 이용해 북쪽으로 조조의 서주를 공격하여 중원을 반으로 나눴다면 한나라도 중흥시키고 조조도 멸망시켰을 것이다. 그런데 어찌 칼로 책상을 내리치며 맺은 맹세를 저버리고 은밀히 조조와 손잡고 관우를 치는가. 이는 결국 형주를 차지하기 위해 다툰 것에 불과하다. 하지만 형주는 유비가 조조에게서 빼앗은 것이지, 애초에 손권에게서 빌린 것이 아니다. 그것을 두고 빌려주었거니, 돌려달라느니 하는 것은 제갈량이 손권과 동맹하여 조조를 토벌하려고 임기응변으로 했던 말일 뿐이다.

그런데 이제는 진짜로 빌려준 것이 되고 진짜로 돌려받기를 바랐으며, 나누어 준 것도 부족하여 또다시 기습을 감행하여 유비의 뜻을 방해하고 관우가 공을 이루지 못하게 막았으니 어찌 침통하고 한스러운 일이 아니겠는가!

주유 생전에는 손권과 유비의 사이가 벌어졌고, 노숙이 등용되었을 때는 손권과 유비는 화합했다. 노숙이 죽자 두 사람의 사이는 다시 멀어졌다. 주유의 생각은 노숙과 달랐고, 노숙의 생각 또한 여몽과 달랐기 때문이다. 노숙은 유비와 동맹하여 조조를 막으려 했으니 제갈량과 그 생각이 통했다. 이런 까닭에 노숙이 죽기 전에는 오와 촉이 다투지 않았다. 그런데 이제 여몽이 군권을 잡자 이처럼 헌신짝 버리듯 맹약을 저버리고 신의마저 비웃으니, 아, 슬프도다.'

관우 부자가 맥성에서
구원군을 기다리다

부사인은 남군의 미방을 투항시키려고 찾아갔습니다. 미방은 걱정이 많던 차에 부사인을 만나자 어떻게 된 일인지 궁금했습니다. 그러자 부사인이 말했습니다.

"제가 충성하고 싶지 않은 것이 아니라 이미 형세는 위태롭고 힘도 모자라 버틸 수가 없었던 것입니다. 나는 이미 동오에 항복했습니다. 장군 역시 더 늦기 전에 항복하는 것이 좋을 것입니다."

"우리는 한중왕의 은혜를 입었는데 어떻게 배신하겠소?"

"관공은 지난날 우리 두 사람을 죽일듯이 미워했습니다. 만일 지고 돌아오면 그는 분명 용서해주지 않을 것입니다. 공께서도 느끼셨을 것입니다."

"그렇다고 해도 우리 형제는 오랫동안 한중왕을 섬겼는데 이렇게 하루아침에 배반할 수 있겠소?"

徐晃大戰關雲長

乙酉年春日 素雄畵於滬上

서황과 80합을 겨루는 관우

미방이 망설이고 있을 때 관우가 보낸 사자(使者)가 왔습니다. 사자가 관우의 지시사항을 전달했습니다.

"관공께서는 전장에 필요한 군량을 남군과 공안에서 10만 석의 백미(白米)로 가져오라고 하셨습니다. 또한 두 분 장군께서 밤을 도와 진지로 운송하라고 하시면서 만일 꾸물대면 즉시 목을 베겠다고 하셨습니다."

미방이 깜짝 놀라서 당황할 때 부사인이 사자를 죽이고 함께 투항하는 것만이 살 길이라고 했습니다. 결국 미방은 부사인과 함께 손권에게 투항했습니다.

이때 조조는 허도에서 모사들과 함께 형주의 일을 의논하고 있었습니다. 동오에서 사자가 손권의 편지를 가지고 왔는데, 형주를 기습하려고 하니 관우가 알지 못하게 협공해달라는 내용이었습니다.

이에 조조가 모사들에게 편지를 보여 주었습니다. 그러자 주부(主簿) 동소가 계책을 냈습니다.

"지금 번성은 포위되어 구해주기만을 기다리고 있습니다. 이 편지를 번성으로 쏘아 보내 절박한 군심(軍心)을 달래주고, 관우에게는 동오가 형주를 기습하려고 한다는 것을 알리는 것이 좋습니다. 그러면 관우는 형주를 잃을 것이 두려워 급히 군사를 물릴 것이니 서황에게 그 틈을 타고 기습하게 하면 커다란 승리를 거둘 것입니다."

조조는 동소의 계책을 따랐습니다. 서황이 진군하자 관평이 나섰습니다. 하지만 전세(戰勢)가 불리했습니다. 요하와 힘을 합쳤지만 서황의 계략에 빠져 패하고 관우에게 돌아와 그간의 전투 상황을 보고했습니다.

"서황이 언성 등을 차지했습니다. 또한 조조가 대군을 이끌고 삼로로 군대를 보내 번성을 구하려고 오고 있다고 합니다. 게다가 형주는 이미 여몽의 기습으로 함락되었다고 합니다."

"무슨 헛소리냐! 그것은 적들이 우리 군사를 혼란시키려고 꾸며낸 거짓말이다. 여몽은 병이 위독하여 육손이 대신 맡고 있을 테니 크게 염려할 것 없다!"

관우는 형주의 소문을 일축하고 서황을 맞아 싸우러 갔습니다. 관우와 서황은 교분이 두터웠습니다. 관우는 이를 믿고 서황을 다독이려고 했습니다. 하지만 서황의 생각은 달랐습니다.

"오늘 일은 국가대사요. 어찌 사사로운 정에 얽매여 나랏일을 그르칠 수 있겠소!"

관우와 서황이 80여 합을 겨루었습니다. 관우는 지난날 화살을 맞았던 오른팔이 힘에 부쳤습니다. 이때 수비에만 전념하던 조인은 구원병이 온다는 소식을 듣고 성을 나와 관우를 협공했습니다. 관우는 급히 군사를 후퇴시켰습니다.

파발마가 달려와 형주를 여몽에게 뺏겼다고 보고했습니다. 깜짝 놀란 관우는 양양으로 달아나지 못하고 공안 쪽으로 방향을 돌렸습니다.

척후기병이 달려와 공안은 부사인이 이미 항복했다고 보고했습니다. 연이어 남군의 미방도 동오에 귀순했음을 알렸습니다. 관우는 노기가 가슴을 막고 복받쳐 덜 아문 상처가 일시에 터지면서 정신을 잃고 쓰러졌습니다. 잠시 후, 정신을 차린 관우가 사마(司馬) 왕보를 보고 말했습니다.

▲ 동오의 대도독 여몽

"그대의 말을 듣지 않아서 오늘 결국 이런 일이 일어났구려! 그런데 강변에서는 봉화가 왜 올라오지 않았다더냐?"

"여몽이 노 젓는 병사들을 모두 장사꾼으로 위장시켜 강을 건넜으며, 배 안에 숨어 있던 정예병들이 돈대를 지키는 군사들을 잡아서 올릴 수 없었다고 합니다."

관우는 절망했습니다. 관량도독(管糧都督) 조루의 말처럼 성도로 구원병을 요청하고 형주를 탈환하러 가기로 했습니다. 하지만 손권과 조조의 협공에 막혀 형주 공략이 쉽지 않았습니다. 게다가 진군 도중에 이탈하는 병사들이 늘어났습니다. 여몽이 형주의 가족들을 안전하게 지내도록 배려하고 있다는 소문을 들었기 때문입니다. 병사는 흩어지고 포위망은 사방에서 좁혀오자 관우는 힘에 부쳤습니다. 패잔군을 재촉하여 맥성으로 들어가 지키면서 근방의 상용에 있는 맹달과 유봉에게 구원병을 청하기로 했습니다. 관평이 길을 뚫어주고 요화가 상용으로 달려갔습니다. 요하의 위급함을 전해들은 두 사람이 상의했습니다. 맹달은 동오의 정예병과 장수들이 형주 9군을 빼앗았고, 조조는 40~50만 대군으로 진군하고 있으니 가벼이 움직이면 안 된다고 했습니다. 유봉이 숙부인 관우가 위험에 처했는데 가만히 앉아서 있을 수 없다고 하자 맹달이 웃으면서 말했습니다.

"장군은 관공을 숙부로 모시지만 관공은 장군을 조카로 생각지 않을 것이오. 제가 듣자니 한중왕이 처음 장군을 사자(嗣子)로 맞을 때 관공은 탐탁치 않았고, 그 뒤 한중왕이 왕위에 올라 후사(後嗣)를 세우려고 제갈량에게 묻자, 그가 '이것은 가정사이니 관우·장비에게 물으십시오'라고 하였다고 하오. 그래서 한중왕은 즉시 형주로 사람을 보내 관공의 생각을 물었는데, '수양 아들로 세워서는 안 된다'고 장군을 반대했고, 한중 왕에게는 장군을 멀리 상용 산성으로 보내 후환을 막으라고 했다고 하오. 이것은 누구나 아는 일인데 장군은 아직도 모르고 숙질간이라는 의리에 이끌려 괜한 위험을 무릅쓰며 경솔하게 움직이려 하시오?"

유봉은 맹달의 말을 듣고 지원병을 보내지 않기로 입을 맞췄습니다. 요화는 머리로 땅을 찧으며 재차 간청했지만 소용없었습니다. 오히려 맹달의 핀잔만 들었습니다.

↑ 관우를 구하려고 애쓴 요화

"우리가 지금 즉시 간다고 해서 적은 수의 군사로 어찌 대군을 막겠소? 장군도 얼른 돌아가서 촉에서 구원군이 오기만을 기다리는 것이 나을 것이오."

요화는 대성통곡하며 구원을 요청했습니다. 유봉과 맹달은 소매를 털고 아예 안으로 들어가 버렸습니다. 요화는 일이 틀어지자 눈물을 머금고 성도로 말을 달렸습니다. 이러한 사실을 모르는 관우는 상용에서 군사가 오기만을 눈이 빠지게 기다렸습니다. 그러나 아무리 기다려도 소식은 없었습니다. 병사들 태반이 상처를 입었고 양식마저 떨어졌습니다. 이러한 때, 제갈근이 다시 찾아와 지난날을 회상시키며 순순히 항복할 것을 주문했습니다. 하지만 죽기를 각오한 관우의 마음을 돌릴 수는 없었습니다. 이제 관우는 싸움은커녕 오지 않는 구원병을 기다리다 굶어죽게 되었습니다. 모종강은 유봉과 맹달이 구원병을 보내지 않은 것에 대하여 다음과 같이 평했습니다.

'유봉은 맹달의 말을 듣고 구원병을 보내지 않았다. 그렇다면 그 죄가 맹달보다 적은 것인가? 그렇지 않다. 맹달은 옛날 서촉의 항장(降將)으로 유장을 배반하였으니 어찌 관공이라고 배반하지 않겠는가. 그래서 나는 그는 나무랄 것이 없다고 생각한다.

그러나 유봉은 다르다. 그는 한중왕의 양자이고 한중왕과 관공은 한 몸이나 마찬가지다. 그러므로 관공을 배신한 것은 곧 한중왕을 배신하는 것이다. 관공을 배신한다는 것까지도 말할 수는 있겠지만, 한중왕을 배신한다는 것은 어찌 입에 담을 수가 있겠는가? 그래서 유봉은 그 죄를 용서받을 수 없는 것이다.'

관우를 죽인 손권, 관우를 장사지낸 조조

관우는 맥성에서 오지 않는 구원병을 기다리며 군사를 점검했습니다. 기병과 보병을 다 합쳐도 3백여 명뿐이었습니다. 군량은 떨어지고 성 밖에서는 성안의 군사를 부르는 소리가 애절하게 들려왔습니다. 이 소리를 듣고 성벽을 넘어 달아나는 군사들이 속출했습니다. 관우는 더 이상 기다릴 수 없었습니다.

"아! 내 지난날 왕보의 말을 듣지 않은 것이 몹시 후회스러울 뿐이다. 오늘의 위급한 사태는 어찌해야 하는가."

"상용에서 구원병이 오지 않으니 이는 유봉과 맹달이 군사를 움직이지 않겠다는 것입니다. 이제 이 외딴 성은 버리고, 곧장 서천으로 들어가 다시 군사를 정돈한 후 형주를 회복하십시오."

관우는 성으로 올라가 주변을 살펴보았습니다. 북문 쪽에는 적군이 많지 않았습니다. 북쪽으로 나가면 후미진 산골길을 통해 서천까지 갈 수 있었습니다. 관우는 그 길을 택해서 가기로 했습니다. 왕보가 다시 간했습니다.

"지름길은 매복이 있을 것이니 반드시 큰길로 가셔야 안전합니다."
"그깟 매복이 있다 한들 내가 겁낼 것이 있겠느냐?"

관우는 왕보의 말을 듣지 않은 것을 후회하고서도 다시 왕보의 말을 귀담아 듣지 않고 자신의 무력(武力)만 믿고 있으니 진정 깊게 반성한 것인지 의심하지 않을 수 없습니다. 이때 동오의 여몽은 맥성의 관우가 성 북쪽으로 빠져나가 소로를 통해 서천으로 갈 것을 알고 미리 군사를 매복시켜 놓았습니다. 그러니 더더욱 왕보의 말에 주의를 기울여야 했습니다. 아무리 무예가 출중한 관우라 하더라도 사방에서 계속해서 협공하는 적군을 무찌르며 길을 낼 수는 없습니다. 결국 관우와 관평은 사로잡히고 말았습니다.

다음 날, 손권 앞으로 관우 부자가 끌려왔습니다.

"내 오래전부터 장군의 덕을 흠모해 왔소. 그래서 진진지호(秦晉之好)를 맺고 싶었는데 왜 거절하셨소? 공은 언제나 천하무적(天下無敵)이라고 자신하더니 오늘은 어째서 이렇게 사로잡혔소이까? 이제 내게 순순히 항복하지 않겠소?"
"파란 눈의 붉은 수염 가진 쥐새끼야! 나는 유황숙과 도원결의할 때부터 한나라를 다시 세우기로 맹세하였다. 내 어찌 한나라의 반역자인 네놈과 한편이 되겠느냐? 내가 지금 간사한 계략에 걸려들었으니 오직 죽을 뿐, 무슨 여러 말이 필요하겠느냐?"

손권은 망설였습니다. 예를 다해 대접하면서 좀 더 귀순을 권해보고 싶었습니다. 그러자 주부(主簿) 좌함이 조조의 예를 들며 극력 반대했습니다. 손권은 한동안 깊은 생각에 잠겼습니다. 그런 후에 관우를 처형하라고 명령했습니다.

서기 219년 음력 10월, 관우 부자는 형장의 이슬로 사라졌습니다. 후세 사람

玉泉山關公顯聖 乙酉春 業雄畵

옥천산의 보정스님을 만나는
관우의 혼령

들이 시를 지어 관우를 추모했습니다.

인걸은 오직 해량 땅에 있었으니   人傑惟追古解良
사람들 앞다투어 관우를 숭배하네.   士民爭拜漢雲長
어느 날 도원에서 형제로 맺어져   桃園一日兄和弟
황제와 왕이 되어 대대로 제사 받네.   俎豆千秋帝與王
기개는 바람과 우레 같아 적수가 없고   氣挾風雷無匹敵
해와 달을 품은 뜻은 세상을 밝히네.   志垂日月有光芒
지금도 사당이 천하에 넘치는데   至今廟貌盈天下
고목의 갈까마귀는 어찌 석양 보고 우는가. 古木寒鴉幾夕陽

관우가 죽자 그가 타던 적토마는 관우를 사로잡은 마충의 것이 되었습니다. 그러나 적토마는 그가 주는 여물도 먹지 않고 며칠 만에 죽고 말았습니다. 주인인 관우를 따라간 것입니다.

한편 맥성에 있던 왕보는 꿈에 관우가 피투성이가 된 채 나타난 것을 보고는 관우 부자가 죽은 사실을 알았습니다. 왕보는 크게 외마디 고함을 지르고 성에서 몸을 날려 죽었습니다. 함께 있던 주창도 스스로 목을 찔러 죽었습니다. 결국 맥성도 손권의 것이 되었습니다.

관우는 죽어서도 영혼이 흩어지지 않고 당양현의 옥천산(玉泉山)에 머물렀습니다. 이곳에 보정스님이 도를 닦고 있었는데 삼경이 지난 무렵 갑자기 공중에서 "내 머리를 돌려다오!"라고 외치는 소리가 들려왔습니다. 보정은 천천히 그 영혼을 살펴보았습니다. 적토마를 탄 관우가 옥천산 꼭대기로 떨어지듯 내려오는 것이었습니다. 보정은 즉시 먼지떨이로 문을 치며 말했습니다.

"운장! 어디 계시오?"

"지금 나는 이미 목숨을 잃었소. 제발 내가 가야 할 길을 가르쳐주시오."

"과거와 현재의 잘잘못은 일체 말하지 마소서. 후과(後果)와 전인(前因)은 서로 맞물려 조금도 어긋나지 않습니다. 지금 장군께서 여몽에게 죽임을 당해서 '내 머리를 돌려달라'고 외친다면, 안량과 문추, 다섯 관문의 여섯 장수와 여러 사람의 머리는 누구에게 돌려달라고 해야 하겠습니까?"

관우는 스님의 말에 문득 깨닫고 머리를 조아리며 부처의 세계로 귀의했습니다. 그 후 관우의 영혼은 이따금 옥천산에 나타나 백성들을 보살펴 주었습니다.

손권은 관우를 죽이고 마침내 형주를 모두 차지하자 전 군에게 상을 주고 장수들을 모아 크게 잔치를 베풀었습니다. 여몽을 상좌(上座)에 앉히고 손수 술잔에 술을 부어 그의 공을 치하했습니다. 그때 갑자기 해괴한 일이 발생했습니다. 손권이 준 술을 받아 마시려던 여몽이 갑자기 술잔을 땅바닥에 동댕이치고 한 손으로 손권의 멱살을 틀어쥐었습니다. 그리고는 목청을 높여 큰소리로 손권을 꾸짖었습니다.

"파란 눈의 붉은 수염 가진 쥐새끼야! 아직도 나를 모르겠느냐?"

순식간에 벌어진 일이라 모두가 소스라치게 놀랐습니다. 말릴 틈도 없었습니다. 손권을 밀어 넘어뜨린 여몽은 성큼성큼 손권의 자리로 가서 앉더니 두 눈썹을 곧추 세우고 두 눈을 부릅뜬 채 큰소리로 호통을 쳤습니다.

"나는 황건적을 무찌른 이후 30여 년 동안 천하를 주름잡았는데 이제 하루아침에 네놈들의 간계에 빠져 억울하게 죽었다. 내가 살아서 너의 고기를 씹지 못했으나 여가 놈의 혼은 직접 가져가겠다. 내가 바로 한수정후 관운장이다!"

손권과 장수들은 황망히 절을 올렸습니다. 여몽은 땅바닥에 거꾸러지더니 피를 쏟으며 죽었습니다. 모두가 두려움에 벌벌 떨었습니다. 장소는 유비가 쳐들어올 것을 대비해서 관우의 수급을 조조에게 보내어 유비의 칼날이 조조에게 향하게 하자고 했습니다. 손권은 즉시 나무상자에 관우의 수급을 담아 밤을 도와 조조에게 가져다 바치라고 했습니다. 관우의 수급을 받은 조조는 이제 발 뻗고 편히 자겠다며 기뻐했습니다. 그런데 사마의가 장소의 계책을 간파하고 조조에게 간언했습니다. 그러자 조조가 그 말을 옳게 여기고 해결책을 물었습니다.

"그것은 아주 간단합니다. 대왕께서는 관우의 수급에 향나무로 몸을 만들어 대신의 예로 장사지내 주시면 됩니다. 유비가 알면 반드시 손권을 증오하며 있는 힘을 다해서 남정에 나설 것이니, 우리는 그들이 싸우는 것을 보아가며 적절히 대응하면 될 것입니다."

한편, 한중왕 유비는 성도에 머물렀습니다. 법정의 주청으로 오일의 손아래 누이를 왕비로 맞이했습니다. 모두가 편안하고 여유롭게 지내던 어느 날, 형주에서 온 사람이 관우가 동오의 청혼을 거절한 분위기를 전했습니다. 이 말을 들은 제갈량은 형주가 위태롭게 된 것을 직감하고 다른 사람을 보내고 관우를 불러들이도록 했습니다. 그런데 하루가 안 되어 관흥이 와서 우금의 7군을 무찌른 것을 보고했습니다. 다음 날에는 장강 연안에 봉화대를 설치하고 방비를 강화하고 있다는 파발이 왔습니다. 유비의 마음이 조금 놓였습니다. 그러던 어느 날, 유비는 갑자기 온 몸의 살이 떨리고 불안하고 초조해서 잠을 잘 수가 없었습니다. 정신이 몽롱한 밤, 깜박 잠이 들었는데 관우가 등불 밑을 서성이다가 울면서 고하는 것이었습니다.

"형님! 당장 군사를 이끌고 아우의 원한을 갚아주소서."

번쩍 잠이 깬 유비는 크게 의심이 들어 즉시 제갈량을 불렀습니다. 제갈량은 좋은 말로 유비를 안심시켰습니다. 허정이 중문 밖에서 제갈량을 만나 여몽이 형주를 빼앗고 관우도 죽었다는 것을 알렸습니다. 제갈량도 천문을 보고 알았지만

관우의 부고에 놀라
이를 확인하는 유비

알리지 않았노라고 이야기했습니다.

그런데 유비가 두 사람의 이야기를 들었습니다. 아우의 생사를 물으려고 할 때, 요화가 달려와 엎드려 절하고 울면서 아뢰었습니다.

"유봉과 맹달이 구원병을 보내지 않아 관공이 위급하게 되었으니 빨리 구원병을 보내주십시오."

"아! 내 아우는 끝장났겠구나!"

미처 동이 트기도 전에 계속해서 파발마가 도착해서 급보를 알렸습니다.

"관공께서는 밤을 틈타 달아나다가 동오에게 잡혔으나 충의와 절개를 굽히지 않고 부자가 모두 참수당했습니다."

이 말을 들은 유비는 외마디 비명을 지르며 정신을 잃고 쓰러졌습니다. 이제 도원결의의 맹세도 소용없게 되었습니다.

위왕 조조가
천명을 다하다

정신을 차린 유비는 동오를 총공격하기로 결심했습니다. 제갈량과 참모들의 설득에 겨우 음식을 들고 몸소 관우의 장례를 치렀습니다. 유비는 제갈량을 비롯한 모든 신하들이 간청하는 말을 듣지 않았습니다. 그의 결심은 확고부동(確固不動)했습니다.

"나는 아우들과 생사를 같이하기로 맹세했네. 이제 관우가 죽었는데 내가 어떻게 부귀를 누린다는 말인가? 맹세코 손권과 같은 하늘에서 살 수가 없다. 즉시 군사를 이끌고 동오로 가서 죄를 묻고 한을 풀 것이다."

한편 낙양에 있는 조조는 관우의 장사를 치른 뒤부터 밤마다 관우가 나타나 무섭게 했습니다. 행궁을 옮기기로 하고 신목(神木)을 베다가 실패하고는 꿈속에서 시달리던 조조는 드디어 병석에 누웠습니다. 신의 화타는 날카로운 도끼로 조조의 머리통을 열고 병근(病根)을 꺼내면 금방 나을 것이라고 했습니다. 조조가 대노하여 펄쩍 뛰며 당장 화타를 죽이라고 명령했습니다. 가후가 말렸지만 소용 없었습니다.

감옥에서 죽음을 기다리던 화타는 죽기 전에 친절한 옥졸에게 자신이 지은 의서(醫書)인 『청낭서(靑囊書)』를 주었습니다. 하지만 그의 아내가 태워버렸습니다. 신묘한 의술을 배운들 감옥 속에 떨어져 죽기밖에 더하겠느냐는 것이었습니다. 결국 화타는 열흘 후 감옥에서 죽었습니다. 후세 사람들이 그의 죽음을 한탄하는 시를 지었습니다.

화타의 의술은 장상군에 견줄 수 있으니	華佗仙術比長桑
귀신같은 진료로 속속들이 꿰뚫어보았네.	神識如窺垣一方
애석하다, 화타 죽고 책도 사라졌으니	惆悵人亡書亦絶
후세 사람 다시는 청낭서를 못 본다네.	後人無復見靑囊

모종강은 화타의 『청낭서』가 전해지지 않게 된 것에 대해서 다음과 같이 평했습니다.

▲ 관우의 목을 조조에게 보낸 손권

'화타의 책이 오늘날 전해지지 않아 이제는 신의(神醫)가 없다고 말하는 사람들이 있다. 하지만 이 말은 꼭 그런 것은 아니다. 의(醫)는 곧 의(意)라고 하였다. 의(意)를 어찌 책으로만 전할 수 있겠는가? 알 수 없는 것은 신(神)이라고 하는데, 의(醫)라고 하면서 신(神)이라고 하니 신(神)을 어떻게 책에서 설명할 수 있겠는가? 책을 보고 병을 치료하는 사람에게 "의술(醫術)을 안다"

고 말하지는 않는다. 책을 보고 그 내용대로 전략을 세우는 사람에게 "병법을 안다"고 말하지 않는 것과 같다. 화타의 책과 『맹덕신서(孟德新書)』가 모두 탔는데 이는 아주 잘한 일이다. 그렇지 않으면 오늘날 그 책의 겉만 본떠서 일을 그르칠 테니 이로 인해 얼마나 많은 사람이 죽었겠는가.'

조조는 화타를 죽인 후 병세가 더욱 악화되었습니다. 이에 더하여 오와 촉의 일까지 걱정해야 했습니다. 이때 동오에서 온 사자가 손권의 편지를 올렸는데, 그 내용은 이러했습니다.

'신 손권은 오래전부터 천명이 위왕께 있는 것을 알았습니다. 엎드려 바라건대 어서 황제에 오르셔서 유비를 토벌하여 익주를 평정하소서. 신은 이제 부하들을 이끌고 가서 영토를 바치고 귀순하겠나이다.'

편지를 본 조조가 크게 웃었습니다. 그리고 한 마디 뱉었습니다.

"이 아이가 이젠 나를 화롯불 위에 앉히려고 아주 애쓰고 있구만!"
"지금 손권이 신하를 자칭하고 귀순 의사를 밝혔으니 그에게 관작을 내리시고 유비를 막게 하소서."

조조는 사마의의 말에 따라 손권을 표기장군(驃騎將軍)에 임명하고 남창후(南昌侯)에 봉하고 형주목(荊州牧)을 겸하게 해서 동오로 보냈습니다. 조조의 병세는 점점 깊어갔습니다.

어느 날은 밤에 말 세 마리가 한 구유에서 여물을 먹고 있는 꿈을 꾸기도 했습니다. 날이 밝자 조조가 가후를 불러 근심에 찬 얼굴로 묻자 대답했습니다.

♠ 신의 화타

"녹마(祿馬)는 길조를 의미합니다. 녹마가 조(曹)로 돌아왔으니 왕께서는 걱정하실 것이 없습니다."

세 말이 한 구유에서 먹으면 의심할 일인데   三馬同槽事可疑
진나라 뿌리 심어놓은 것 알지 못했네.   不知已植晋根基
간웅 조조는 부질없이 책략만 구사한 것이니   曹瞞空有奸雄略
궁전 안에 사마씨 있는 줄 어찌 알겠느뇨.   豈識朝中司馬師

조조는 밤마다 곡소리에 시달렸고 꿈속에서는 자신이 죽인 혼령들에게 시달렸습니다. 여러 신하들이 제물을 바치고 도사로 하여금 빌게 하도록 청했습니다. 조조는 허락하지 않고 한숨을 쉬며 말했습니다.

"성인의 말씀에, '하늘에 죄를 얻으면 빌 곳이 없다'고 하였다. 이제 나의 명이 다 되었으니 어떻게 살아날 수 있겠느냐?"

조조는 자신의 죽음이 임박했음을 알고 문무신료들을 불러 조비를 잘 보좌해 줄 것을 유언했습니다. 시첩(侍妾)들에게는 좋은 향을 나눠주고 열심히 살 것을 명했습니다. 또한 비슷한 무덤 72기를 만들어 후세 사람들이 진짜 무덤이 어느 것인지 알지 못하게 하라고 했습니다. 유언을 마치자 긴 한숨을 쉬며 비 오듯 눈물을 흘리고는 숨을 거두었습니다. 그의 나이 66세, 서기 220년 정월이었습니다. 후세 사람이 조조를 위해 '업중가(鄴中歌)'를 지어 탄식했습니다.

업은 업성이요 물은 장수이니   鄴則鄴城水漳水
반드시 기이한 인재 이곳에서 일어나리라.   定有異人從此起
웅대한 지모에 글 솜씨 또한 뛰어나니   雄謀韻事與文心
군신 형제에 부자로 이어졌네.   君臣兄弟而父子

傳遺命
曹操歿
終

↑ 죽기 전 유언하는 조조

영웅은 속된 생각 품지 않으니	英雄未有俗胸中
행동함에 어찌 남들 눈치 보았으랴.	出沒豈隨人眼底
공과 죄는 다른 사람이 아니요	公首罪魁非兩人
나쁨과 좋음도 원래 한몸에 있다네.	遺臭流芳本一身
서생들은 가볍게 죽은 사람 평가하나	書生輕議塚中人
무덤 주인은 서생들 소갈머리를 비웃는다네.	塚中笑爾書生氣

조조가 숨을 거두자 시신은 곧바로 업성으로 옮겨졌습니다. 조비는 상고 소식을 듣자 대성통곡을 했습니다. 영구를 맞아들여 편전에 안치하고 곡을 할 때, 사마부가 울음을 그치고 큰일부터 처리하라고 했습니다. 바로 빨리 왕을 세우는 일이었습니다.

　"대왕께서 궁밖에서 훙서하셨으니 이제 아들들이 사사로이 왕이 되어 서로가 난을 일으키면 사직이 위태롭습니다."

눈치 빠른 화흠이 헌제로부터 조비를 위왕에 봉한다는 조서를 받아왔습니다. 조비는 그날로 왕위에 올랐습니다. 그때, 동생인 언릉후 조창이 10만 대군을 거느리고 장안에서 왔다는 보고가 들어왔습니다. 조비는 조창이 왕위를 다투고자 하는 것으로 알고 긴장했습니다. 간의대부(諫議大夫) 가규가 조창을 설득하기로 했습니다.

위왕에 오른 조비,
칠보시(七步詩)로
목숨 구한 조식

간의대부(諫議大夫) 가규가 조창을 만났습니다. 조창이 따지듯 묻자 가규는 정색을 하고 답변했습니다.

"선왕의 옥새는 지금 어디 있는가?"
"집안에는 큰아들이 있고, 나라에는 세자와 여러 왕자들이 계십니다. 선왕의 옥새는 군후께서 왜 궁금해하십니까?"
"……."
"군후께서는 상고(喪故)를 듣고 오신 것입니까? 아니면 왕위(王位)를 따지려고 오셨습니까?"
"나는 선왕께서 돌아가셨다는 황망한 소식을 듣고 경황없이 달려온 것일세. 다른 생각은 품지 않았네."

"딴마음이 아니시면 무엇 때문에 군사를 데리고 성안으로 들어오시나이까?"

가규의 말에 조창은 장수와 병사들을 꾸짖어 물리치고 조비를 왕으로 예우했습니다. 조비에게 부하 군마를 넘겨주고 언릉으로 돌아갔습니다. 조비는 대소 관료들을 모두 승진시키고 선왕인 조조의 시호를 무왕(武王)이라 지어서 업성의 고릉(高陵)에 장사지냈습니다. 모종강은 조비가 조조의 시호를 무왕이라고 한 것에 대하여 다음과 같이 일침을 놓았습니다.

'정말 이름은 도둑질하지 못하고 사실은 속일 수 없는 것이다. 조조는 무왕(武王)의 일을 자식에게 넘겨주고 자신은 문왕(文王)이 되고 싶어 했다. 하지만 조비는 아버지가 한 일이 문왕의 일이 아니라고 생각했다. 그래서 시호를 무왕이라고 올렸다. 이는 바로 아버지가 역적이라는 호칭을 피하고자 아들의 몫으로 남겨둔 것으로, 자식 또한 역적질한 사실을 숨기려고 그 호칭을 다시 선대(先代)로 떠넘긴 것이다. 위(魏)가 한(漢)의 제위를 빼앗은 것은 신하인 조비가 임금자리를 뺏은 것이 아니라 사실은 조조가 뺏은 것이다. 조조는 사람들을 속이며 애썼지만 자식까지 속일수는 없었고, 자신의 잘못을 덮으려고 했지만 자식은 덮어주지 않았다. 아! 정녕 몹쓸 간웅의 간사함이여!'

조비는 우금에게 고릉을 관리 감독하는 일을 맡겼습니다. 우금은 명을 받들어 능으로 갔습니다. 도착해서 보니 능의 재실 백분벽(白粉壁)에 관우가 7군을 물로 휩쓸며 우금을 사로잡는 장면들이 그려져 있었습니다. 그런데 그 그림이 사뭇 아프게 다가왔습니다. 관우는 의젓하게 상좌에 앉아 있고 방덕은 성을 내며 무릎을 꿇지 않았으나, 우금 자신은 땅에 엎드려 살려달라고 애걸하는 모습이었던 것입니다. 우금은 그림을 보자 부끄럽고 원망스럽고 화가 치밀어 올랐습니다. 곧 병이 생겨 오래지 않아 죽었습니다. 우금의 행동을 비루하게 여겼던 조비가 그림을 그리게 해놓고 일부러 우금을 보냈던 것입니다. 후세 사람들이 시를 지어 한탄했습니다.

30년을 사귀어온 오랜 교분으로 말하자면	三十年來說舊交
어려움 당해 조조에 불충한 게 가련하지만,	可憐臨難不忠曹
사람을 안다고 속내까지 알 수는 없는 것이니	知人未向心中識
이제부터 범을 그릴 땐 뱃속까지 그리시오.	畵虎今從骨裏描

언릉후(鄢陵侯) 조창은 이미 군사와 말들을 넘겨주고 갔건만, 임치후(臨菑侯) 조식과 소회후(蕭懷侯) 조웅은 상고 소식을 듣고도 달려오지 않았습니다. 화흠이 마땅히 죄를 물어야 한다고 청하자 조비는 그 말을 따랐습니다. 조비는 즉시 사자를 보냈습니다. 소식을 접한 조웅은 죄가 무서워서 자결했습니다. 하지만 조식은 정의·정이 형제와 술에 취하여 법도를 지키지 않고 무례했습니다. 조비의 명령을 받은 허저가 3천 명의 군사를 이끌고 술에 취해 있는 이들을 잡아왔습니다. 정의·정이 형제부터 목을 베어 죽였습니다. 그러자 어머니인 변씨가 깜짝 놀라 조비에게 달려왔습니다. 그리고 울면서 아들에게 말했습니다.

"네 아우 식은 알다시피 평소 술을 달고 살아서 행동이 거칠고 난잡하다. 모두 제 재주만 믿고 버릇없이 구는 것이니, 너는 한뱃속에서 태어난 정을 생각해서 동생을 살려주어야 한다. 그래야 내가 죽더라도 눈을 바로 감을 것이다."
"저 또한 그 동생의 재주를 깊이 사랑합니다. 어찌 동생을 죽이겠습니까? 지금은 동생의 못된 술버릇을 고쳐 주려는 것뿐입니다. 어머님께서는 너무 상심하지 마십시오."

화흠이 이 말을 듣고는 살려두지 말 것을 당부했습니다. 그러나 조비는 어머님의 말씀을 어길 수는 없다며 진정 동생의 재주를 확인한 후에 결정하겠다고 했습니다.
잠시 후, 조식이 들어와 엎드려 죄를 청했습니다. 조비는 일곱 걸음을 떼기 전에 시 한 수를 지으면 목숨은 살려주겠지만 만일 그렇지 못하면 용서하지 않겠다고 했습니다. 시제(詩題)가 내려지고 조식은 일곱 걸음을 옮기며 시를 지어 읊었

➡ 조비 앞에서 시를 읊는 조식

습니다. 뭇 신하들이 모두 놀랐습니다. 그러자 조비가 다시 말했습니다.

"너는 내 말이 떨어지는 즉시 시 한 수를 지어라."
"시제를 주십시오."
"나와 너는 형제. 이것이 시제다. 그런데 형(兄) 자나 제(弟) 자가 들어가면 안
된다."

콩을 볶는다고 콩깍지를 태우니	煮豆燃豆萁
콩이 가마 속에서 흐느끼네.	豆在釜中泣
원래가 한 뿌리에서 나왔거늘	本是同根生
어찌 이리도 호되게 들볶는가.	相煎何太急

조비는 비분과 애원이 넘치는 조식의 시를 접하고는 안향후(安鄕侯)로 관직을
강등하여 풀어주었습니다.

한편 성도에서도 조비가 왕위를 계승한 것을 알았습니다. 문무 관리들과 상의
하고 있을 때의 요화가 땅에 엎드려 울면서 간청했습니다.

"관공 부자가 죽임을 당한 것은 유봉과 맹달의 죄가 크오니, 바라옵건대 이 두
놈부터 죽여주십시오."
"안 됩니다. 그들은 당분간 그대로 두고 천천히 처리하소서. 서두르면 변이 납니
다. 오히려 태수로 승진시켜 각각 나누어 보내소서. 그런 후에 잡을 수 있습니다."

유비는 제갈량의 말을 따랐습니다. 유봉을 승진시켜 면죽으로 보냈습니다. 그
런데 맹달은 그를 돕는 사람들을 통해 이 사실을 알고 위왕 조비에게 투항했습
니다. 유비가 이를 알고 노발대발(怒發大發)했습니다. 제갈량은 맹달과 싸우게 하
여 유봉을 제거하기로 했습니다. 맹달과 싸우려던 유봉은 하후상과 서황이 합세

拒孟達劉封敗北乙酉春義雄書

유봉을 꾸짖으며
죄를 묻는 유비

하여 공격하자 당해내지 못하고 서천(西川)으로 도망쳐 왔습니다. 유비가 대노하여 꾸짖었습니다.

"이 치욕스런 녀석아! 무슨 면목으로 돌아와 내 앞에 있느냐?"
"제가 숙부를 구원하지 못한 것은 맹달이 못 가게 말렸기 때문에 그리된 것입니다."
"이런 놈을 봤나! 너는 사람이 먹는 밥을 먹고 사람이 입는 옷을 입으면서 나무 따위로 만든 장승인 줄 알았더냐? 어찌 역적 놈이 말린다고 그 말만 듣는단 말이더냐? 당장 이놈을 끌어내 목 베어 죽여라!"

모종강은 여기까지 읽은 후에 유비와 조비를 비교하여 다음과 같은 평을 남겼습니다.

'유비와 조비를 보면 어찌 그렇게 다를 수가 있을까. 정이 깊은 유비는 성이 다른 아우의 죽음도 가슴 깊이 슬퍼했는데, 박정한 조비는 한배에서 나온 형인데도 아우를 죽이려고 하였다. 한 사람은 의동생(義弟)의 죽음을 슬퍼한 나머지 양자(養子)도 돌아보지 않았는데, 한 사람은 친동생을 죽이려고 어머니의 사랑마저도 돌아보지 않았다. 천륜(天倫)에 대한 감회가 새롭기만 하다.'

조비가 황제에 오르자
유비도 황제에 오르다

조비는 위왕에 오르자 곧바로 마각을 드러냈습니다. 조비의 돌격대장은 화흠이었습니다. 조비가 즉위한 다음으로 기린(麒麟)이 내려오고 봉황(鳳凰)이 날아들고, 황룡(黃龍)이 나타나고 가화(嘉禾)가 자라나고 감로(甘露)가 내리니 이는 곧 하늘의 상서로운 기운으로 위(魏)가 한(漢)을 대신해야 한다는 상징들이라고 몰아붙였습니다. 그리고 '위(魏)가 허도(許)에서 번창(昌)한다'는 것으로 선위를 압박했습니다. 헌제는 듣고만 있을 수 없었습니다.

"상서나 도참 따위는 모두 쓸데없는 것들이다. 어찌 그러한 것들에 속아 짐이
조상들이 물려준 기업을 버릴 수 있겠느냐?"
"모든 것은 흥성했다가는 반드시 쇠망합니다. 어찌 패망하지 않은 나라와 가정

이 있다는 말입니까? 한 왕실은 4백여 년이나 이어져 폐하까지 이르렀습니다. 기수가 이미 다한 것이니 주저하지 말고 일찌감치 물러나야 합니다. 괜히 늦으시면 변이 생길 뿐입니다."

헌제는 통곡하며 안으로 들어갔습니다. 힘이 없음을 한탄하며 위왕에게 선양하기로 했습니다.

"한나라의 기수가 이미 쇠퇴하여 천하의 질서가 어지럽고 흉포한 무리가 멋대로 역모를 저지르는 오늘, 조조가 어려움으로부터 나라를 구하여 안정시켰으니 오늘의 천하는 필시 그의 덕이니라.
이제 조비는 이를 받들어 더욱 명심하고 대업을 넓혀 밝게 비추라. 이는 요순시대의 선위와 같은 것이요 천하는 덕 있는 자가 다스리는 것이니, 조비는 엄숙한 마음으로 천명을 받들지어다."

서기 220년 10월 28일 새벽, 조비는 허도의 번양(繁陽)에 쌓은 수선대(受禪臺)에서 헌제로부터 선양을 받아 황제에 올랐습니다. 선양책(禪讓冊)을 읽고 옥새를 바치는 헌제의 두 눈엔 뜨거운 눈물이 맴돌았습니다. 하지만 그뿐, 만세소리 드높게 위나라 시대가 시작되었습니다. 모든 절차는 평화적이고도 일사천리로 진행되었습니다. 선위가 끝나자 헌제는 산양공(山陽公)에 봉해졌습니다. 그러자 화흠이 칼을 잡고 헌제를 가리키며 목청을 돋웠습니다.

"한 황제가 서면 한 황제는 폐하는 것이 예부터 정해진 법도이다. 황제께서 인자하시어 너를 산양공에 봉했으니 즉시 떠나도록 하라! 황제가 부르시지 않는 한 다시는 들어오지 말라."

헌제의 두 볼에는 회한의 눈물이 흘러내렸고 시야를 가렸습니다. 한나라 사백 년 사직, 32년의 천하가 눈물에 잠겨 떠내려갔습니다. 주악 소리는 망국의 황제가 된 헌제의 가슴을 갈기갈기 찢어 넋조차 사라지게 했습니다.

헌제에게서 선위를 받는 조비

廢 獻帝曹丕登基

한나라 사직 자못 순탄치 않았는데	兩漢經營事頗難
하루아침에 옛 강산 모두 잃어버렸네.	一朝失却舊江山
조비가 요순의 선양을 본뜨려 한다지만	黃初欲學唐虞事
사마씨가 그대로 본뜨는 것 보리라.	司馬將來作樣看

황제에 오른 조비는 자신이 연강(延康)이라 했던 연호를 황초(黃初)로 고치고 나라 이름을 대위(大魏)라고 했습니다. 문무백관의 벼슬을 올려주고 천하에 대사면을 내려 민심을 다스렸습니다. 나라의 영원한 번영을 위해 지명의 이름도 바꿨습니다. 번양을 번창(繁昌)으로, 허도를 허창(許昌)으로 고쳤습니다.

이러한 사실은 성도에도 보고되었습니다. 한 술 더 떠서 헌제가 살해되었다고 전해졌습니다. 한중왕 유비는 효민황제(孝愍皇帝)라는 시호를 올리고 제사를 지냈습니다. 제갈량을 비롯한 참모들은 한중왕을 황제에 추대했습니다.

"경들은 나를 불충불의(不忠不義)한 사람으로 만들 참이오?"
"아닙니다. 조비가 한나라를 찬탈하여 스스로 황제에 올랐습니다. 주상께서는 바로 한 황실의 후예이시니 이제 대통을 계승하여 한나라 사직을 이어가는 것이야말로 매우 시급한 일입니다."
"나보고 역적들이 한 짓을 따라 하란 말이오?"
"지금 한나라 천자는 이미 조비에게 시해당하셨습니다. 주상께서 제위에 오르셔서 군사를 일으켜 역적들을 토벌하지 않으시면 충의가 될 수 없습니다. 지금 천하는 주상을 황제로 불러 효민 황제의 한을 풀어드리려고 하는데, 이제 신들의 건의를 받아들이지 않으신다면 이는 백성들에게까지 실망을 안겨주는 일이 되는 것입니다."

제갈량은 유비가 고집을 꺾지 않자 병을 핑계로 조회에 나가지 않았습니다. 한중왕은 제갈량이 위독하다는 말을 듣고 직접 집으로 찾아왔습니다.

"군사! 무슨 병으로 이리 누워 계시오?"

"근심 걱정으로 가슴이 막혀 오래 살지 못할 것 같습니다."

"군사가 걱정하는 것이 대체 무엇이란 말이오?"

제갈량은 삼고초려 후 유비를 따라 한중왕에 이르기까지의 일을 말하고 한숨을 쉬었습니다. 유비는 제갈량의 말이 끝나자 말했습니다.

"내가 핑계만 대면서 피하려는 것이 아니라 천하 사람들이 나를 욕할까봐 그러는 것뿐이오."

"성인께서 말씀하시길, '명분이 바르지 않으면 말도 조리가 서지 않는다.' 라고 하셨습니다. 지금 대왕께서는 명분도 바르고 말도 조리가 서는데 누가 비판을 한단 말입니까? 어찌 '하늘이 주시는 것을 받지 않으면 도리어 벌을 받는다' 는 말도 못 들으셨습니까?"

"군사의 병이 다 나은 뒤에 천천히 해도 될 것이오."

제갈량은 그 즉시 병상에서 일어났습니다. 병풍을 손으로 치자 밖에 기다리고 있던 문무 관료가 모두 들어와 절하고 즉시 날을 잡아 황제에 오를 것을 주청했습니다.

↑ 황제가 된 조비

서기 220년 4월, 한중왕 유비도 황제의 자리에 올랐습니다. 왕비 오씨는 황후가 되었고, 맏아들 유선은 황태자가 되었습니다. 둘째 유영은 노왕(魯王), 셋째 유리는 양왕(梁王)으로 삼았습니다. 제갈량은 승상이 되었고, 허정은 사도에 올랐습니다. 대소 관료를 모두 승진시키고 천하에 사면령을 내렸습니다. 군사와 백성들이 모두 기뻐했습니다.

다음 날, 황제에 오른 유비는 천자가 되어 첫 번째 명령을 내렸습니다.

"짐은 지난날 도원(桃園)에서 관우·장비와 의형제를 맺고 생사를 같이하기로 맹세했다. 그런데 불행하게도 둘째 아우가 동오의 손권에게 살해되었다. 만약 원수를 갚지 않는다면 이는 곧 맹세를 저버리는 것이다. 이제 짐은 전국의 군사를 모두 일으켜 동오를 깨부수고 역적을 사로잡아 이 한을 풀어야겠다!"

"그것은 아니 되옵니다!"

황제의 말이 채 끝나기도 전에 반열에 있던 조운이 계단 밑에 엎드려 간청했습니다. 조운은 무슨 말로 황제의 마음을 돌려놓을 수 있을까요? 모종강은 유비가 황제에 오른 것에 대하여 다음과 같이 평했습니다.

'유비는 성도에서 황제가 됐고, 조비는 낙양에서 황제가 됐으니 똑같은 황제다. 그런데 사가(史家)의 붓은 유비를 취하고 조비는 버렸다. 이는 정통을 계승한 것과 참칭한 것이 다르기 때문이다. 유비가 서천을 뺏은 것은 유씨가 유씨 것을 뺏었으니 사람들은 역리로 빼앗아 순리로 지켰다고 생각하고 있고, 유비가 제위에 오른 것에 대해서는 유씨가 유씨를 계승한 것이니 순리로 순리를 지킨 것이라고 한다.'

🔺 조비에 이어 황제에 오른 유비

술버릇 못 고친 장비가 비명횡사하다

"폐하! 이제 역적 조비를 치는 것은 천하의 대의를 밝히는 것이니 민심이 모두 폐하께 향할 것이지만, 사사로운 원한으로 손권을 치면 천하의 민심을 어떻게 수습 하겠습니까? 그러므로 손권을 치는 일은 뒤로 미루어야만 합니다."

"짐이 아우를 위해 원수를 갚지 못한다면 비록 만리 강산을 얻는다 한들 무슨 가치가 있겠느냐?"

유비가 군사를 일으켜 동오를 치려 하자 조운이 막아섰습니다. 그러나 유비는 조운의 간청을 듣지 않고 출동 명령을 내렸습니다.

한편 장비는 낭중에서 관우가 손권에게 피살되었다는 소식을 듣고 술로 화를 풀었습니다. 거슬리는 것이면 장수건, 사병이건 닥치는 대로 매질을 하여 맞아 죽는 사람이 많이 생겼습니다.

유비는 장비를 거기장군(車騎將軍)으로 삼았습니다. 장비는 당장 동오로 쳐들어가지 않는 것이 억울하고 분통이 터질 지경이었습니다.

하지만 제갈량을 비롯한 모든 신료들은 동오 정벌을 말렸습니다. 조금 마음이 돌아설 즈음, 장비가 찾아와 대성통곡을 하며 유비의 마음에 다시 불을 지폈습니다.

"다른 사람들이 어떻게 우리의 맹세를 알겠습니까? 만약 폐하께서 출정하지 않는다면 신은 목숨을 버려 둘째 형님의 원수를 갚겠습니다. 만약 원수를 갚지 못한다면 차라리 죽을지언정 폐하를 뵙지 않을 것입니다."

"짐도 경과 함께 갈 것이다. 그러니 수하 병사들을 데리고 낭중에서 나오라. 짐은 정예병을 거느리고 출정할 것이므로 강주(江州)에서 만나자. 함께 동오를 쳐부수어 관우의 한을 반드시 풀어야겠다."

모종강은 장비가 동오를 치자고 한 것에 대하여 다음과 같이 평했습니다.

'장비가 오를 먼저 치자고 한 것은 그가 형제의 의리만 앞세우고 군신의 의리를 몰라서가 아니다. 그가 오를 치자고 한 뜻은 오는 위의 당(黨)이므로 그 역시 한적(漢賊)이기 때문이다. 예로부터 잔학한 것들을 쓸어낼 때에는 반드시 먼저 그 당부터 잘라버렸다. 가령 은(殷)이 걸(桀)을 치기 앞서 먼저 위(韋)를 치고, 고(顧)를 치고 곤오(昆吾)를 쳤다든지, 주(周)가 주(紂)를 치기 앞서 먼저 숭(崇)을 치고 밀(密)을 친 것 등이 바로 이것이다. 따라서 형제를 위해서도 오를 먼저 쳐야 하고, 군신을 위해서도 오를 먼저 쳐야만 했던 것이다.'

유비는 결심을 굳혔습니다. 이제 신료들의 간청도 소용없었습니다. 종사제주(從事祭酒) 진복이 재차 아뢰었지만 겨우 죽음만 모면했을 뿐입니다. 제갈량이 다시 표문을 올렸지만 땅바닥에 뒹구는 휴지가 되어버렸습니다. 황제에 오른 지 얼마 안 된 유비이건만, 오직 동오를 공격하여 관우의 원수를 갚는 것 외에는 아무것도 생각하지 않았습니다. 유비는 75만 명의 병력을 일으켜 동오로 진군했습니다.

한편 낭중으로 돌아온 장비는 사흘 안에 백기(白旗)와 백갑(白甲)을 만들라고 군중에 명을 내렸습니다. 하급 장교인 범강과 장달이 시일이 촉박하니 조금 늦춰 달라고 했습니다. 장비가 호통을 쳤습니다.

"나의 복수는 한시가 급하다. 내일 당장 역적 놈들은 공격하지 못하는 것이 한 스러운데, 네가 어찌 감히 나의 명령을 어기려 하느냐? 저 두 놈을 당장 끌어내다 50대씩 치도록 해라! 그리고 내일까지 준비해 놓지 못하면 너희 두 놈부터 목을 베어 본때를 보여 주겠다."

장비는 평소에도 술에 취하면 병사들을 마구 대하는 버릇이 있었습니다. 유비는 항상 장비의 술버릇이 걱정이었습니다. 그래서 이번에도 특별히 주의를 주었습니다. 그럼에도 불구하고 장비는 부하 장교들이 피를 토할 때까지 매질을 했습니다. 그러니 장교들의 마음은 어떠하겠습니까.

"오늘 형벌을 받고 내일까지 어떻게 마련할 수 있겠나? 장군의 성미가 불처럼 난폭하니 내일까지 준비해 놓지 못하면 자네와 나는 죽은 목숨이나 다름없을 것일 세."
"그렇다면 우리가 죽기 전에 먼저 그를 죽이는 것이 낫겠네."
"우리 두 사람이 죽을 꽤가 아니라면 그는 분명 술에 취해 곤드레가 되어 있을 것이고, 그렇지 않다면 그는 취하지 않은 채 있을 것일세."

장비는 그날 밤도 술에 떡이 되어 자고 있었습니다. 두 사람은 품었던 단도를 꺼내어 장비의 배를 깊이 찔렀습니다. 장비는 외마디 소리를 크게 지르며 죽었습니다. 참으로 어처구니없는 죽음이었으니, 이때 그의 나이는 55세였습니다.

急兄仇
張飛遇害 乙酉春
華雄畫

고약한 술버릇 때문에
부하에게 죽는 장비

小闘張
爭先鋒
印乙酉春
葉雄畫

⬆ 유비 앞에서 형제를 맹세하는
  장포와 관흥

안희현에서 독우를 때렸다고 하더니	安喜曾聞鞭督郵
황건적 소탕하고 한나라 살리려 애썼네.	黃巾掃盡佐炎劉
호뢰관의 명성은 이미 진동했고	虎牢關上聲先震
장판교에서는 강물도 역류했네.	長坂橋邊水逆流
엄안을 놓아 주어 서촉을 보듬고	義釋嚴顏安蜀境
지혜로 장합 속여 중원을 장악했네.	智欺張郃定中州
오나라 치기 전에 몸이 먼저 죽으니	伐吳未克身先死
가을 풀은 낭중 땅에 한으로만 남았네.	秋草長遺閬地愁

손권을 치기도 전에 장비까지 잃자 유비는 또다시 통곡을 했습니다. 한날 한 시에 죽겠노라는 맹세에도 불구하고 두 아우를 잃은 유비는 평정심을 찾을 수 없었습니다. 이제 대의(大義)는 오나라를 치는 것뿐이었습니다. 진진이 청성산에 사는 도인 이의를 불러 그 도인의 말로 유비를 진정시키고자 했습니다. 어렵게 모셔온 이의는 천수(天數)라며 가르쳐주지 않았습니다. 유비가 재삼 가르쳐달라고 청하자 종이와 붓을 달라고 하여 그림을 그렸습니다.

이의는 병마(兵馬)와 무기 등을 40여 장 그리더니 일일이 찢어버렸습니다. 그 다음엔 거인 한 사람이 땅 위에 누워 있고 그 옆에서 한 사람이 땅을 파고 묻으려고 하는 그림을 그렸습니다. 그러고는 그림 위에 커다랗게 '白' 자를 쓰고는 유비에게 조아리며 떠났습니다. 유비는 몹시 언짢아하며 신하들에게 말했습니다.

"그는 미친 늙은이다. 믿을 만한 것이 못되니 즉시 태워버려라!"

한편 손권은 유비가 대군을 이끌고 쳐들어온다고 하자 매우 걱정이 되었습니다. 이때 제갈근이 다시 나서서 청했습니다.

"원하옵건대 제가 목숨을 걸고 촉주를 만나 뵙고, 시국을 설명하고 잘 달래서 양국이 다시 화친하고 힘을 합쳐 역적 조비를 토벌하여 죄를 묻자고 하겠습니다."

손권은 크게 기뻐하며 즉시 제갈근을 사자로 보내 유비와의 화친을 성사시키라고 했습니다. 과연 이번에는 제갈근이 성공할까요?

모종강은 장비의 죽음이 유비로 하여금 더욱 오를 공격하게 했다고 평했습니다. 그의 평을 살펴보겠습니다.

'유비는 장비가 죽은 것을 보고 오를 치려는 계획을 더욱 확고하게 굳혔다. 장비가 죽은 것은 관우를 위하다 죽은 것이고, 관우를 위해 죽었다면 또한 손권이 죽인 것과 같은 것이다. 한 아우를 죽인 원수도 그냥 둘 수 없는데, 두 아우를 죽인 원수를 어떻게 참을 수 있단 말인가. 관우가 일신의 사사로운 은혜를 위해 조조를 놓아 준 것을 질책하지 않는다면, 유비가 세 사람의 의리를 위해 손권을 토벌하려는 것도 비방하지 말아야 한다.'

만리 강산을 얻은들 무슨 소용이 있는가

유비는 대군을 이끌고 장강을 따라 내려와 백제성(白帝城)에 군사를 주둔시키고 있었습니다. 유비는 손권이 보낸 제갈근을 만나려 하지 않았다가 황권의 설득에 제갈근을 만났습니다. 유비를 만난 제갈근은 관우가 혼사를 허락하지 않은 일, 여몽과의 사이가 나빴던 일을 말하고, 형주와 함께 손부인과 항복한 장수들도 돌려드릴 테니 다시 손을 잡고 조비를 물리치자고 말했습니다. 이 말을 들은 유비가 노해서 소리쳤습니다.

"내 아우를 죽인 원수와는 같은 하늘 아래서 살 수 없는데, 어찌 짐에게 전쟁을 그만두라는 말이냐? 이 전쟁은 내가 죽어야만 그만둘 것이다. 승상을 생각하지 않았다면 네 머리부터 먼저 베었을 것이다. 어서 돌아가서 손권에게 목이나 씻고 칼받을 준비나 하라고 해라!"

↑ 손권의 참모 장소

제갈근은 유비가 전쟁을 멈출 생각이 없음을 알고 강남으로 돌아왔습니다. 이때 손권의 참모인 장소는 제갈근이 오나라를 배반하고 촉나라로 가서 돌아오지 않을 것이라고 했습니다. 하지만 손권의 생각은 달랐습니다.

"나와 제갈근은 죽어도 변치 않을 맹세를 했소. 내가 그를 배반하지 않는 한, 그도 나를 배반하지 않을 것이오. 옛날에 그가 시상에 있을 때 제갈량이 왔었는데 내가 그를 시켜 제갈량을 잡아두려고 하였소. 그러자 그가 말하길, '아우는 유비를 섬기고 있으니 두 마음은 갖지 않을 것입니다. 아우가 변하지 않는 것은 제가 변하지 않는 것과 같습니다.'라고 했는데, 그 말은 나와 신명(神明)이 통하는 말이었소. 이런 그가 오늘 어찌 촉에 항복하겠소? 나와 제갈근은 신교(神交)라 할 만하니 다른 사람이 이간시킨다고 갈라지는 사이가 아니오."

손권이 말을 마치자마자 제갈근이 도착했습니다. 장소는 수치심에 얼굴이 뻘게진 채 물러갔습니다. 제갈근은 유비가 화친할 의향이 없다고 알렸습니다. 손권도 대비를 했습니다. 먼저 중대부(中大夫) 조자를 사신으로 삼아 신(臣)이라 칭하는 표를 써서 위나라로 보냈습니다. 조비는 손권을 오왕(吳王)에 봉하고 구석(九錫)을 덧붙여 주었습니다. 모종강은 조비가 손권에게 구석을 준 것에 대해 다음과 같이 평했습니다.

'위왕도 구석을 받고 오왕도 구석을 받았다. 위왕이 구석을 받자 사람들은 조조가 황제에 오르려 한다고 비방하고, 오왕이 구석을 받자 사람들은 손권이 황제가 되려고 하지 않는다고 비웃는다. 무슨 이유인가? 차라리 닭의 주둥이가 될지언정 소의 항문이 안 되려고 한후(韓侯)는 스스로 분투했다. 강동의 땅이 어찌 한(韓)나라보다 작겠는가? 게다가 위에 항복하는 것이 오에게 유익하다면 그럴 수 있다. 그러나

오에 유익하지도 않은데 공연히 무릎을 꿇는 치욕만 당하면 이는 또 얼마나 한탄스러운 일인가?

조조의 구석은 조조 자신이 준 것이고, 손권의 구석은 위가 준 것이다. 그래서 스스로 가진 것과 남이 준 것에는 많은 차이가 있다. 조조의 구석은 천자가 감히 주지 않으면 안 되었던 것이고, 손권의 구석은 위가 주는 것을 손권이 감히 받지 않으면 안 되었던 것이다. 그래서 감히 주지 않을 수 없었던 것과 주는 것을 감히 받지 않을 수 없었던 것에는 또한 큰 차이가 있다. 또 한(漢)의 구석을 받았다면 이는 영광스러운 일이지만, 위(魏)의 구석을 받았다면 이는 치욕스러운 일이다. 한나라를 찬탈하기 위해 한나라의 구석을 받았다면 강자라고 인정하겠지만, 위에 항복하며 위의 구석을 받았다면 약자라고 선언하는 것이다. 손권을 위해서도 매우 안타까운 일이 아닐 수 없다.'

대부 유엽이 조비에게 이참에 오를 협공하면 열흘 안에 무너뜨릴 수 있다고 했습니다. 그러자 조비가 말했습니다.

"손권은 이미 예를 갖춰 짐에게 항복하였다. 짐이 이제 공격한다면 천하의 항복하려는 자들의 마음을 꺾는 것이 되니 항복을 받아들이는 것이 옳은 것이다."

조비의 생각은 어느 쪽도 돕지 않고 두 나라의 싸움을 지켜보는 것이었습니다. 그러다가 한 나라가 망하고 한 나라가 남으면 그때 가서 그 나라를 제압하는 것이었습니다. 일단 편안하게 앉아서 촉오의 전쟁을 지켜보는 것입니다.

한편 손권은 손환과 주연, 이이와 사정으로 하여금 촉군과 싸우도록 했습니다. 촉군의 선봉은 오반이었고 좌우는 관흥과 장포가

↑ 오나라의 장수 한당

➡ 위나라 조비에게서 오왕의
　작위를 받는 손권

맡았습니다. 전투는 처음부터 치열했습니다. 그러나 원수를 갚으려는 관흥과 장포의 한 서린 칼과 활을 막을 수가 없었습니다. 손환은 크게 패하여 수하의 장수와 많은 병사를 잃고 이릉성으로 달아났습니다. 손권은 한당과 주태를 구원병으로 보냈습니다.

초반 전투에서 승리한 유비는 장강의 무협에서 이릉까지 70여 리에 40개의 영채를 세웠습니다. 그리고 관흥과 장포가 세운 공을 높이 치켜세웠습니다.

"오랫동안 짐을 따르던 여러 장수들이 모두 늙고 쇠약해서 걱정이 많았는데, 다시 두 조카가 이렇게 영웅답게 싸우니 짐이 손권을 걱정할 일이 있겠느냐?"

이때 한당과 주태가 쳐들어왔다는 보고가 들어왔습니다. 그러자 노장 황충이 대여섯 사람을 이끌고 나갔습니다. 유비의 말을 듣고 자신이 늙지 않았다는 것을 보여 주려고 싸우러 나간 것이었습니다. 유비는 관흥과 장포를 불러 황충을 도와주도록 했습니다. 노장 황충은 과연 혼자서 적들을 물리칠 수 있을까요?

모종강은 손권이 제갈근을 신교(神交)로 사귀는 장면에 있어서 이렇게 평가했습니다.

'손책은 태사자를 의심하지 않았고, 손권은 제갈근을 의심하지 않았으니 두 경우는 같은 것인가? 그렇지 않다. 손책은 당시 군세(軍勢)가 점점 강력하던 때였으니 태사자를 믿기 쉬웠지만, 손권은 당시 나라의 형편이 어렵던 때였으니 제갈근을 믿기가 힘들었다. 그렇다면 방덕은 형이 촉에 있었는데도 위를 배반하지 않았고, 제갈근은 아우가 촉에 있었는데도 오를 배반하지 않았으니 두 경우는 같은 것인가? 이 또한 아니다. 방덕은 마초를 배반하였으니 방덕의 의리는 의리라고 할 수 없고, 제갈근은 한결같이 손권을 섬겼으니 제갈근의 충성은 참된 충성이라고 할 것이다. 또한 제갈근은 옛날 '자신이 가지 않는 마음처럼 아우도 머물지 않을 것'이라고 믿었듯이 손권도 제갈근의 아우가 그랬던 것처럼 제갈근도 촉으로 가지 않을 것이라고 굳게 믿었던 것이다.'

유비 말실수에 황충을 잃다

> "오랫동안 짐을 따르던 여러 장수들이 모두 늙고 쇠약해서 걱정이 많았는데, 다시 두 조카가 이렇게 영웅다우니 짐이 손권을 걱정할 일이 있겠느냐?"

황충은 유비의 이 말에 심기가 불편했습니다. 곧장 말을 타고 이릉의 영채로 달려갔습니다. 황충은 동오의 선발대 반장이 왔다는 것을 알고 말을 박차고 나갔습니다. 반장은 부하 장수 사적을 데리고 나왔습니다. 사적은 황충이 늙은이라고 깔보고 달려들었습니다. 그러나 채 3합을 버티지 못하고 황충의 칼에 목이 잘렸습니다. 반장이 관우가 쓰던 청룡도를 휘두르며 덤벼들었습니다. 하지만 당해내지 못하자 말머리를 돌려 달아났습니다. 황충은 기세를 몰아 한바탕 몰아치며 승리를 거두고 돌아왔습니다.

관흥과 장포가 황충을 만나 유비의 말을 전했습니다. 황충은 다음 날도 분연히 혼자 싸웠습니다. 관흥과 장포가 도우려고 했지만 허락하지 않았습니다. 반장은 몇 합 싸우지 않고 다시 도망쳤습니다. 황충이 30여 리를 추격했을 때, 사방에서 함성이 진동하며 주태, 한당, 능통이 황충을 에워싸고 덤벼들었습니다. 반장도 다시 공격해 왔습니다. 황충은 서둘러 퇴각했습니다. 이때 산언덕에서 마충이 쏜 화살이 황충의 어깨를 맞혔습니다. 황충이 위기에 빠진 순간, 관흥과 장포가 나타나서 적군을 무찌르고 재빨리 황충을 구해냈습니다. 황충은 쇠약한 데다가 화살을 맞아 병이 위중했습니다. 유비가 직접 찾아와 말했습니다.

↑ 노익장의 대명사 황충

"짐이 실언을 하여 노장군이 다치게 되었구려!"
"신은 하나의 장수일 뿐입니다. 폐하를 만나 75세까지 살았으니 충분합니다. 부디 폐하께서는 대임을 잊지마시고 꼭 중원을 도모하소서."

말을 마치자 황충은 정신을 잃었고, 그날 밤 영채에서 숨을 거뒀습니다. 유비는 슬퍼하며 성도에서 성대히 장사지내라고 명했습니다.

노장 황충을 말하노라면	老將說黃忠
서천을 빼앗는 큰 공적 세웠는데	收川立大功
번쩍이는 철갑옷 껴입고	重披金鎖甲
철 화살을 두 손가락으로 당겼네.	雙挽鐵胎弓
담력은 하북을 놀라게 했고	膽氣驚河北
명성은 촉땅을 진압했다네.	威名鎮蜀中
죽을 적엔 머리도 하얘졌으니	臨亡頭似雪
오히려 영웅 모습 나타낸 것이네.	猶自顯英雄

關興深
山斬怨
乙酉
春兼雄

관우의 혼령에 놀란
반장을 죽이는 관흥

이제 오호대장은 두 명만이 남았을 뿐입니다. 유비는 곧장 효정(猇亭)으로 향했습니다. 한당과 주태가 맞았지만 유비의 기세를 꺾을 수 없었습니다. 장포와 관흥이 선봉에 서서 연전연승(連戰連勝)을 거뒀습니다. 감녕은 배 안에서 이질을 치료하고 있었습니다. 촉군이 몰려온다는 보고를 받고 급히 나왔다가 유비와 연합한 만병(蠻兵) 대장 번왕(藩王) 사마가와 마주쳤습니다. 감녕은 사마가의 대단한 기세에 질려 감히 맞서 싸우지 못하고 말머리를 돌려 달아났습니다. 사마가는 달아나는 감녕을 향해 활을 쏘았습니다. 날아간 화살은 정확하게 감녕의 뒷통수를 맞혔습니다. 감녕은 화살이 박힌 채 달아나다가 큰 나무 밑에 앉아 죽었습니다. 드디어 유비가 효정을 함락했습니다.

관흥은 오군과 격전을 펼치던 와중에 부친의 원수인 반장과 정면으로 마주쳤습니다. 그를 추격하여 산골짜기로 갔다가 밤이 되어 길을 잃었습니다. 다행히 노인이 사는 민가가 있어 들어갔습니다. 그런데 노인은 관우의 신상(神像)을 붙여놓고 공양하고 있었습니다. 관흥은 울면서 사실을 말하고 노인이 주는 음식을 배불리 먹었습니다.

이때 반장도 길을 잃고 노인의 민가로 찾아왔다가 관흥을 보고는 도망치려고 하였습니다. 그런데 바로 문밖에는 관우의 혼령이 지키고 있었습니다. 반장이 소스라치게 놀라는 사이, 관흥이 반장을 죽여 부친의 신상 앞에 올리고 제사를 지냈습니다.

한편 손권에게 투항했던 부사인과 미방은 군사들이 자신들을 죽이려고 하자, 관우를 사로잡았던 마충의 수급을 가지고 유비에게 바치며 죄를 용서해줄 것을 청했습니다. 하지만 이제 유비는 선량한 군주가 아니었습니다. 유비는 크게 노해 소리쳤습니다.

"짐이 손권을 공격한 이후 여태까지 너희 두 놈이 언제 죄를 청하러 오는지 기다렸다. 이제 형세가 위급하니까 다시 와서 씨도 먹히지 않는 말로 목숨을 부지하려 드느냐?

◀ 검을 뽑아들고 장수들을
호령하는 육손

내가 너희들을 용서해주면 죽어서 무슨 면목으로 관우를 볼 수 있겠느냐!"

유비는 손수 이들을 죽여 마충의 수급과 함께 관우의 위패 앞에 제사를 지냈습니다. 갑자기 장포가 울면서 자신의 부친 원수도 갚아달라고 애원했습니다.

"조카야! 걱정 말아라. 짐이 강남의 오나라 개들을 쓸어버리고 두 놈을 꼭 잡아 너에게 줄 것이니, 네 손으로 목을 베어 아비의 제사를 지내도록 해라."

유비의 위세가 대단하여 강남은 모두 간담이 서늘해졌습니다. 손권도 겁이 났습니다. 보즐이 계책을 냈습니다. 유비가 원한을 품은 사람들은 대부분 죽고, 이제 남은 것은 범강과 장달뿐이니 두 사람을 잡아 장비의 수급과 함께 보내고, 아울러 형주도 돌려주고 손부인도 돌려보낼 터이니 전처럼 화친하여 함께 위나라를 치자는 것이었습니다. 손권은 보즐의 말을 따라 효정으로 사자를 보냈습니다. 장포는 범강과 장달을 죽이고 아버지 영전에 제사를 지냈습니다. 하지만 유비의 노기는 식지 않았습니다.

"짐이 무찌를 첫번째 원수는 손권이다. 지금 화친한다는 것은 말도 안 되는 소리다. 내 이제 오를 짓밟은 후에 위를 무찌르겠다."

손권은 크게 놀라 어찌할 바를 몰랐습니다. 감택이 육손을 추천했습니다. 하지만 장소, 고옹, 보즐 등이 서생 육손은 나이도 어리고 적임자도 아니라고 반대했습니다. 감택은 자신의 전 가족의 목숨을 걸고 재차 추천했습니다. 손권도 육손이 기재(奇才)라는 것을 알고 있었던 터라 그를 대도독으로 삼고 군대의 통솔권을 주었습니다.

육손은 서성과 정봉을 호위로 삼아 즉시 출동했습니다. 하지만 전군은 수비에만 치중하고 절대로 싸우지 말 것을 통보했습니다. 한당과 주태 등 여러 장수들이 반면 서생 육손의 전략을 비웃었습니다. 육손은 장수들이 자신의 말을 비웃으며 동조하지 않자 엄하게 꾸짖었습니다.

"내 비록 일개 선비이지만 주상께서 이 일을 맡기신 것은 내가 조금이나마 나은 점이 있고 또한 큰일에 앞서 치욕을 참을 줄 알기 때문이다. 너희들은 각자 위치한 요충을 단단히 지키면서 함부로 경솔하게 움직이지 말라! 내 말을 어기는 자가 있으면 모두 처형하겠다!"

한편 유비는 효정에서 사천까지 7백 리에 걸쳐 군마를 포진시키고 있었습니다. 육손이 대도독이 되었다는 보고를 받자 더욱 얕보았습니다. 마량이 그렇지 않음을 아뢰었습니다.

"육손은 대단한 지략가입니다. 폐하께서는 봄부터 먼 원정길에 올라 이제 여름이 한창입니다. 저들이 숨은 채 나오지 않는 것은 우리 진영의 변화를 기다리는 것입니다. 부디 통촉하시옵소서."
"저들이 무슨 계책이 있다더냐? 겁이 나서 숨은 것뿐이다. 저들은 매번 패했는데 어찌 감히 싸울 마음이 들겠느냐?"

유비는 7백 리에 걸쳐 40여 곳의 영채를 수풀이 우거진 산기슭 냇가로 옮기도록 했습니다. 무더위를 피하고 가을이 되면 총력 진군하기 위해서였습니다. 이러한 사실은 곧 육손에게도 보고되었습니다. 드디어 부하장수들로부터도 일개 서생으로 치부되었던 육손이 전략을 펼칠 때가 다가왔습니다. 모종강은 육손이 등장하는 부분에 대해서 다음과 같이 설명했습니다.

'옛날부터 치욕을 참지 못한 자는 중책을 맡을 수 없다고 했다. 한신이 가랑이 사이로 기어가지 않았다면 어찌 한나라를 일으켜 세우고, 장량이 다리 아래로 벗어 던진 신발을 주워주지 않았다면 어찌 한(韓)나라에 보답하는 공을 세울 수 있었겠는가.
또한 중책을 맡을 수 없는 사람이 치욕을 참아낸 경우도 없다. 오자서는 자나깨나 초나라를 망칠 방법만 생각했기에 단양에서 빌어먹을 수 있었고, 범려는 자나깨나 오나라를 망칠 계책만 생각했기에 분연히 돌바닥에 무릎을 꿇었다. 예나 지금이나 스스로 노력하는 사람은 일생의 모든 역량을 중임을 맡는 데 집중하고, 다만 학문은 치욕을 참는 데 쓰고 있다. 한 권의 노자(老子)를 숙독했으면 곧바로 한 권의 음부경(陰符經)을 읽어야 하는 것이다.'

육손에 대패한 유비가 백제성으로 도망가다

유비가 7백 리에 걸쳐 40여 곳의 영채를 수풀이 우거진 산기슭으로 옮기자 육손은 대단히 기뻤습니다. 즉시 군사를 이끌고 직접 동정을 살폈습니다. 평지 둔덕에 허약한 군사들이 보였습니다.

주태가 가서 무찌르겠다고 하자 육손은 복병이 있음을 간파하고 허락하지 않았습니다. 촉군이 근처까지 와서 욕하며 꾸짖어도 움직이지 않았습니다. 결국 유비의 매복작전은 실패하고 말았습니다. 육손의 생각은 유비가 영채를 완전히 옮길 때까지 기다리는 것이었습니다. 그런데 부하장수들은 그의 생각을 도무지 이해할 수 없었습니다. 그래서 만약 유비의 영채가 완성되면 어떻게 무찌를 수 있겠느냐고 반문했습니다. 그러자 육손이 말했습니다.

"여러분은 병법을 모르시오. 유비는 이 세상의 누구보다도 사납고 야심찬 영웅인데다가 지략까지 가지고 있소. 그가 군사를 이끌고 왔을 때는 규율이 매우 엄했지만, 지금은 유비의 군사가 싸우고 싶어도 우리가 대응하지 않기 때문에 오랫동안 지키기만 하여 저들은 지치고 사기도 떨어져 있소. 그러니 지금이 바로 무찌를 때요."

유비는 효정에서 수군을 모두 일으켜 앞장세우고 장강을 따라 오나라 경계로 깊숙이 들어갔습니다. 황권이 만약에 대비해 퇴각하기 어려움을 들어 후진(後陣)에 남으라고 간청했습니다.

하지만 유비는 듣지 않았습니다. 군사를 둘로 나눠 강 북쪽은 황권에게 지휘토록 하고, 강 남쪽의 군사는 본인이 직접 지휘하며 진격했습니다. 이 소식을 접한 조비는 고개를 젖히고 웃으며 말했습니다.

"유비가 어찌 병법의 기본을 모른다더냐. 영채를 7백 리나 늘어놓고 싸우는 장수가 어디 있느냐? 병법에서 매우 꺼리는 일이 고원이나 습지 험한 곳에 군사를 둔치는 것이다. 유비는 반드시 육손의 손에 패할 것이다. 두고 보라. 열흘 안에 반드시 결과가 올 것이야."

여러 신하들은 믿지 않았습니다. 그래서 모두 군사를 파견하여 대비하라고 청했습니다. 조비는 이참에 명령을 내렸습니다.

"만약 육손이 유비를 물리치면 반드시 군사를 이끌고 서천으로 쳐들어 갈 것이다. 그렇게 되면 나라 안은 텅 빌 것이니, 짐이 그때 나서서 싸움을 도와주겠다고 핑계를 대고 일제히 사방으로 쳐들어가면 동오는 손쉽게 차지할 수 있을 것이다."

"조인은 유수(濡須)로 나가고, 조휴는 동정호(洞庭湖) 어귀로 나가고, 조진은 남군(南郡)으로 나가되, 모두 날짜를 맞추어 동시에 동오를 기습하도록 하라. 짐이 뒤따라 가서 지원하겠다."

한편 마량은 제갈량을 만나 유비의 진세(陣勢)를 그린 그림을 보여 주었습니다.

제갈량은 그림을 보다가 탁자를 내리치며 비명처럼 외쳤습니다.

"주상께 이렇게 영채를 치라고 한 자가 누군가? 당장 그의 목부터 쳐야겠다."
"다른 사람의 계책이 아니고 모두 주상께서 지시하신 것입니다."
"아, 이럴 수가! 이제 한나라도 끝났구나!"

동오의 육손은 촉군의 태만해진 모습을 보자 더 이상 방비를 하지 않았습니다. 이제 본격적인 공격에 나설 차례가 된 것입니다. 육손은 전투에 능숙하지 못한 순우단에게 촉군의 영채 하나를 뺏도록 명령했습니다. 용장인 서성과 정봉에게는 순우단이 패하고 올 때 구출만 해오도록 명령했습니다. 육손의 생각대로 순우단은 촉군에게 패하고 돌아왔습니다. 서성과 정봉이 걱정했지만 육손은 웃으면서 말했습니다.

"나의 계책을 꿰뚫어 볼 수 있는 사람은 오직 제갈량뿐이다. 그런데 그가 지금 이곳에 없으니 얼마나 다행한 일이냐. 이는 하늘이 나에게 큰 공을 세우라고 하는 것이다."

모종강은 육손이 순우단을 보내 일부러 패하게 한 것에 대해 다음과 같이 평했습니다.

'적의 사기를 꺾어 놓는 전략을 쓰는 사람은 본격적인 전투에 앞서 먼저 작은 전투에서 승리하여 적의 사기를 꺾어 놓는다. 이는 주유가 썼던 전략이다. 적을 교만하게 만드는 전략을 쓰는 사람은 본격적인 전투에 앞서 먼저 겁먹은 것처럼 하여 적으로 하여금 교만을 갖게 만든다. 이는 육손이 썼던 전략이다. 적이 처음 공격해 올 때는 당연히 그 예봉을 피하기 마련인데 오히려 그 예봉을 꺾어 놓았으니 이것이 기이했던 주유의 전략이고, 적이 매번 이긴 경우에는 그 교만을 무찔러야 하는데 오히려 그 교만을 부추겼으니 이것은 육손의 변화된 전술이다.'

육손은 동남풍이 불면 곧장 촉군의 영채에 불을 지르도록 명령했습니다. 그리고 유비를 잡을 때까지 밤낮으로 쉬지 말고 뒤따라 공격하도록 했습니다. 유비는 육손을 깔보고 그가 어떤 계략을 쓰는지는 생각도 하지 않았습니다. 참모인 정기가 간하였지만 무시했습니다. 유비는 이미 두 형제를 잃고 평정심과 리더십을 발휘하기가 힘든 상황이었습니다. 결국 육손의 맹공을 받고 괴멸되자, 유비는 조운의 용맹으로 겨우 목숨을 건져 백여 명의 부하들과 함께 백제성(白帝城)으로 피신했습니다. 일개 서생일 뿐이라고 조롱받던 육손이 유비의 대군을 괴멸시키자 후세 사람들이 그를 우러르는 시를 지었습니다.

화공으로 칠백 리 영채를 무찌르니	持矛擧火破連營
유비는 살기 위해 백제성으로 도망치네.	玄德窮奔白帝城
그 이름 하루아침에 촉과 위를 놀라게 하니	一旦威名驚蜀魏
오왕이 어찌 육손을 공경하지 않겠는가.	吳王寧不敬書生

한편 손부인은 유비가 효정에서 패하여 죽었다는 헛소문을 듣고는 즉시 수레를 몰고 강변으로 나왔습니다. 그리고 서쪽을 바라보고 곡을 하다가 강물에 몸을 던졌습니다. 후세 사람들이 시를 지어 탄식했습니다.

유비는 패잔병과 백제성으로 돌아가고	先主兵歸白帝城
손부인은 소문 듣고 홀로 생을 마감했네.	夫人聞難獨捐生
지금도 강가에는 비석이 여전하니	至今江畔遺碑在
대대로 열녀 명성 지금도 분명하네.	猶著千秋烈女名

대승을 거둔 육손은 승리의 여세를 몰아 추격을 계속했습니다. 한참을 뒤쫓다 보니 살기가 느껴졌습니다. 재삼재사(再三再四) 알아보게 했습니다. 그런데 그곳에는 수십 개의 돌무더기만 있을 뿐이었습니다. 육손은 제갈량의 속임수라 믿고 석진(石陣)을 통과하려고 했습니다. 순간, 일진광풍(一陣狂風)에 휩싸여 빠져나갈 수가

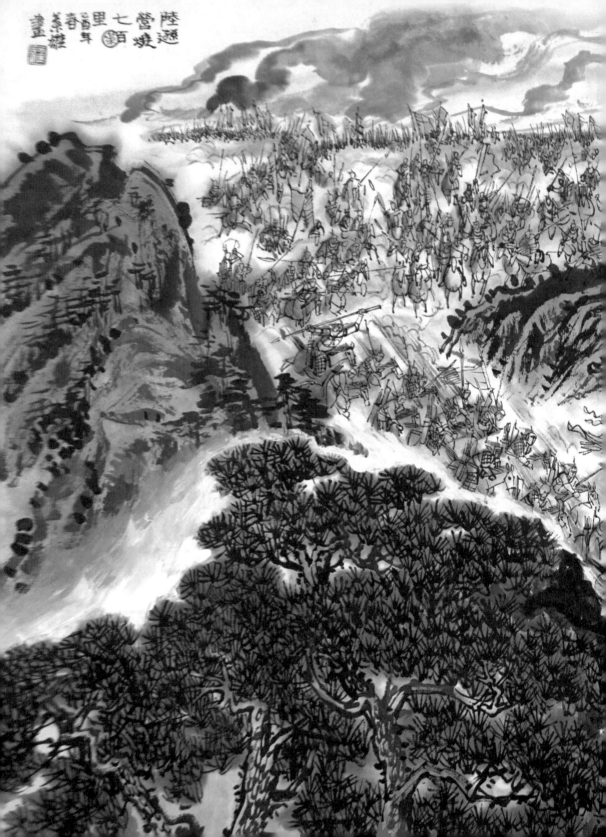

陸遜營燒七百里
乙酉年春葉雄畫

◀ 7백 리 영채가 화공에
무너진 채 도망치는 유비

없었습니다. 제갈량의 팔진도(八陣圖)에 걸려든 것입니다. 육손은 제갈량의 장인인 황승언의 도움으로 겨우 목숨을 구할 수 있었습니다. 제갈량을 존경했던 두보는 이 구절에서 시 한 수를 지어 자신의 마음을 표현했습니다.

공은 위촉오 삼국을 뒤덮고   功蓋三分國
이름은 팔진도로 드높였네.   名成八陣圖
강물이 흘러도 돌은 아니 구르니   江流石不轉
오를 무찌르지 못해 한이 된 것이네. 遺恨失吞吳

육손은 즉각 추격을 금지시키고 군대를 철수시켰습니다. 이제껏 두 나라의 싸움을 지켜보던 위나라의 조비가 기습해 올 것에 대비해야 했기 때문입니다. 육손이 군사를 물린 지 이틀이 되던 날, 세 곳에서 위군이 국경으로 몰려들고 있다는 급보가 날아왔습니다. 육손의 생각이 적중했던 것입니다. 육손은 어떻게 삼로로 몰려오는 위군을 막을 수 있을까요?

손권, 삼국 쟁투의 캐스팅 보트를 쥐고 있는 조연

이제 연의도 7권이 끝났습니다. 이번 책씻이는 손권에 대하여 알아보겠습니다. 손권은 형인 손책의 보살핌 아래 평탄한 코스를 밟아갔습니다. 그런데 손책이 허공의 자객에게 공격을 당해 횡사했습니다. '강동의 소패왕'으로 불린 손책은 부하들에게 손권을 부탁하고 손권에게는 자신의 인수(印綬)를 주며 다음과 같이 말했습니다.

"만약 강동의 군사를 일으켜 조조, 유비와 대치하며 천하를 다투는 일이면 내가 낫지만, 훌륭한 인재와 유능한 사람을 영입하여 정성껏 강동을 보호하는 일이라면 네가 더 잘할 것이다. 너는 아버지와 형이 어렵게 창업한 것임을 늘 잊지말고 스스로 잘 도모해야 한다."

손권은 18세에 강동을 이어받았습니다. 하지만 그에게 힘을 실어줄 신하들이 필요했습니다. 손권이 손책의 뒤를 이어 강동의 주인이 될 수 있도록 도와준 인물이 장소와 주유였습니다. 강동의 권력을 대표하는 이들 두 사람이 신하의 예로 손권을 대하자 모두가 손권을 인정하기에 이르렀습니다. 손권은 주유를 만나 물었습니다.

"이제 아버님과 형님이 물려주신 강동을 어떤 대책을 세워야 지킬 수 있겠소?"
"옛말에 '사람을 얻는 자는 창성하고 사람을 잃는 자는 망한다.'라고 하였습니다. 지금은 앞날을 내다볼 줄 아는 인재를 구하는 것이 우선입니다. 그런 후에야 강동을 지킬 수 있습니다."

"그런 인재라면 누가 있는지 경이 추천해주시오."

손권은 주유의 추천으로 노숙을 얻었습니다. 손권과 노숙의 만남은 유비와 제갈량의 만남처럼 수어지교(水魚之交)가 되었습니다. 손권은 노숙을 참모로 영입하면서 본격적으로 강동을 잘 다스릴 수 있게 됩니다. 손권은 사람을 보는 눈과 도량이 넓은 군주였습니다.

이러한 손권을 대변하는 말이 있으니, '의심스러우면 등용하지 않고, 일단 등용하면 의심하지 않았다'는 평가입니다. 손권이 사람을 고르고 씀에 있어서 매번 얼마나 신중하고 소중하게 했는지를 잘 보여 주는 대목이라고 할 것입니다. 연의에서는 이러한 손권의 풍모를 알려주는 것으로 제갈근을 신임하는 장면을 들 수 있습니다.

제갈근은 제갈량의 형으로 손권을 모셨습니다. 동생인 제갈량이 유비의 참모가 되자 언제부터인가 제갈근이 자신의 심복을 유비에게 보내 비밀리에 내통한다는 소문이 돌았습니다. 손권도 이를 들었지만 일축했습니다. 그런데도 소문은 잦아들지 않고 더욱 깊게 파고들었습니다. 급기야 육손이 나서서 진위를 밝힐 것을 요청했습니다. 그러자 손권이 말했습니다.

"제갈근과 나는 오랫동안 함께 일해 왔기에 누구보다 서로를 잘 알고 있소. 그는 바르지 않은 길은 가지 않고 대의에 어긋나는 언행은 하지 않을 사람이오. 그런데 저따위 소문으로 나와 제갈근을 이간시키려 한단 말이오?"

손권이 확신한 대로 소문은 얼마 후 사라졌습니다. 손권의 인재 영입과 신임이 이와 같았습니다. 손권은 이후에도 여몽과 육손을 발탁했는데, 이들은 주유와 노숙 이후의 동오 정권을 지키는 든든한 버팀목이 되었습니다. 연의에서 손권의 인재 영입에 대한 욕심을 보여주는 절정기는 맥성에서 사로잡힌 관우를 만나는 장면입니다. 손권은 형주를 공격하기 전에 관우에게 사신을 보내 자식들을 혼인시켜 동맹을 더욱 굳건히 하자고 하였습니다. 그런데 관우가 치욕적인 말로 거절해버렸습니다. 결국 관우가 방심한 틈을 타서 손권은 육손으로 하여금 형주를 빼앗게 하고 관우 부자마저 사로잡았던 것입니다.

↑ 동오의 황제 손권

　관우는 모두가 탐내는 장수였습니다. 조조도 관우를 부하로 삼기 위하여 부귀와 영화를 보장하는 등 각고의 노력을 기울였지만 결국 실패했습니다. 관우는 자신이 갈 곳이 없을 때 잘 보살펴 준 조조도 싫다고 했는데, 형주를 빼앗은 손권은 더 말할 필요가 있겠습니까. 특히 연의의 최고 주인공인 관우가 치욕을 당하매 곱게 끝낼 수는 없는 일입니다.

　　"운장은 세상의 호걸인 바, 나는 그를 깊이 아끼고 싶소. 이제부터라도 예를 다한다면 나에게로 귀순하지 않겠소이까?"
　　"이 파란 눈에 수염 붉은 쥐새끼야! 나는 유비와 의형제를 맹세했는데 한나라의 반역자인 네놈과 짝이 되라는 것이냐? 네놈의 간사한 계략에 빠졌으니 오직 죽음만이 있을 뿐이다. 여러 소리 지껄이지 마라."

　손권은 결국 관우를 처형하고 수급을 조조에게 보냈습니다. 그렇게 함으로써 자신에게 닥칠 재앙을 슬며시 조조에게 전가한 것입니다. 손씨 일가를 좋아한 모종강도 이 부분에서는 손권이 얼마나 미웠던지 다음과 같은 평을 남겼습니다.

'조조 역시 경의를 가지고 관우를 귀빈처럼 대해 주었는데, 손권은 관우를 사로 잡고 비웃다니 이게 어찌 있을 수 있단 말인가. 이것만 보아도 손권이 조조보다 훨씬 못된 인간이었음을 알 수 있다.'

손권은 유비, 조조와 함께 삼국의 주군이었지만 연의에서의 손권은 유비와 조조에 비하면 보잘것없는 존재일 뿐입니다. 이는 연의의 내용이 대부분 유비와 조조의 대결 양상으로 전개되기 때문입니다. 손권의 이러한 입지는 손책의 유언에서도 알 수 있듯이 조조와 유비의 대치상황을 보아가며 임기응변을 해야 하는 위치에 있습니다. 연의에서 손권의 입지가 빛나는 때는 유비와 손을 잡고 조조에게 대항할 때입니다. 하지만 노숙이 죽고 여몽이 후계자로 등장하면서 형주 영유권으로 촉오동맹이 깨지고 관우마저 최후를 맞습니다. 그러자 손권의 모습은 더더욱 축소되어 연의에서 자주 등장하지 않게 됩니다.

연의의 이전 단계인 평화에서의 주인공은 장비였습니다. 나관중이 연의로 발전시키면서 주인공을 관우로 바꿨습니다. 연의의 핵심 주인공인 관우를 죽인 자가 손권이었으니 나관중이 손권을 잘 그려줄 리가 없습니다. 내용도 유비, 조조에 비하여 대폭 줄였던 것입니다.

모종강은 나관중과 다르게 손견과 손책 등 손씨 일가를 미워하지 않았습니다. 그런데 손권에 이르러서는 모종강도 나관중과 마찬가지였습니다. 아니 더하면 더했지 결코 적지 않았습니다. 그리하여 '유비가 삼국의 주인이라면 손권은 손님일 뿐'이라고 했습니다.

손권은 위촉오의 삼국 분립 시대에 분명 캐스팅 보트를 쥐고 있었습니다. 하지만 이를 끝까지 잘 사용하지 못하여 순망치한(脣亡齒寒)의 어려움을 겪게 되었던 것입니다. 손권의 문제는 이것만이 아니었습니다. 그는 나이가 들면서 총명함도 사라졌습니다. 특히 황제에 즉위하고부터는 문무대신을 믿지 않고 자신의 아집만으로 정치를 하였습니다. 의심도 많아 충신들을 죽이고 태자를 폐하고 백성들까지 고통스럽게 만들었습니다. 손견과 손책이 쌓아놓고 자신이 기반을 공고히 한 오나라가 당대를 넘기지 못하고 기울기 시작한 것입니다. 게다가 손권 사후, 내부집단의 권력 암투로 인해 국력은 더욱 피폐해졌습니다. 손권의 말년부터 흔들거리던 오나라는 후계자 논쟁으로 국가 기강이 무너지기 시작하여 결국 손호라는 폭군을 황제로 내세움으로써 망국의 길로 치달았고 그와 함께 삼국시대도 끝났습니다. 오나라의 멸망이 손권에게서 비롯되었으니 그 책임도 결국 손권에게 있다고 할 수 있을 것입니다.

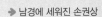 남경에 세워진 손권상

유비가 죽음으로 도원결의를 지킨 곳, 장강삼협과 효정

장강삼협 유람은 사천성(四川省) 중경(重慶)에서 출발합니다. 장강에는 세계최대의 수력 댐인 삼협(三峽)댐이 있습니다. 중국은 이 댐의 완성으로 2020년 여름의 대홍수를 큰 피해 없이 막을 수 있었습니다. 장강의 물은 댐으로 막혀 원래보다 175m나 상승했습니다. 이런 까닭에 많은 문화 유적이 수몰되거나 옮기거나 또는 방책을 쌓아야만 하였습니다.

유람선이 첫 번째로 도착한 곳은 운양(雲陽)의 장비묘입니다. 장비묘는 장강 변에 커다란 규모로 우뚝 솟아 있습니다. 특히 붉은 색 누각과 녹색 기와, 그리고 흰 색 담장은 푸른 산과 어울려 한껏 기세를 뿜내고 있는데, 그 기세가 마치 장비의 모습을 보는 듯합니다. 누각의 처마들이 오밀조밀 기대고 있는 공간을 지나니 도원결의를 상징하는 결의루(結義樓)가 눈에 들어옵니다. 돌계단을 오르면 정전(正殿)이 나오는데 갑옷을 입은 채 두 눈을 부릅뜬 장비의 형상이 거대합니다. 짙은 눈썹은 솟구치고 머리는 쭈뼛하게 선 것이 노기로 가득합니다. 관우의 죽음을 알고 금방이라도 원수를 갚으려는 심정이 잘 표현되어 있습니다.

그런데 장비묘가 왜 운양에 있는 걸까요? 이곳의 장비묘는 소설 이후의 설화(說話)를 간직하고 있습니다. 장비를 죽인 범강과 장달이 장비의 수급을 가지고 오나라로 가던 중, 손권이 유비에게 화친을 청했다는 소식을 듣게 되었습니다. 그러자 이들은 장비의 머리를 장강에 버리고 도망을 쳤습니다. 장비의 머리는 물살을 따라 흘러오다가 운양의 한 어부의 그물에 걸렸습니다. 놀란 어부가 다시 강물에 버렸는데 더 이상 떠내려가지 않았습니다. 오히려 어부의 꿈에 나타나 원수인 오나라로 흘러갈 수 없으니 내 머리를 건져 촉 땅에 묻어줄 것을 애원했습니다. 어부는 장비의 머리를 건져 비봉산(飛鳳山)에 묻어주고 마을 사람들과 사당을 지어 장비를 모셨는데, 오랜 세월이 흐르면서 지금과 같은 커다란 사당이 되었다고 합니다. 장강은 매년 거센 바람과 급한 물살로 많은 피해를 주는데, 이곳 운양에서만은 바람도 잔잔하고 물살도 순탄하다고 합니다. 그래서 여기에는 순탄한 항해를 기원하며 장비에게 제사지내는 조풍각(助風閣)도 오롯합니다.

백제성(白帝城)은 사천성(四川省) 봉절현(奉節縣)의 동쪽, 구당협의 입구에 있습니다. 여기는 호북성(湖北省)과 경계이기도 한데 백제성은 이곳 백제산 기슭에 있습니다. 백제성은 삼면이 장강 물로 둘러싸여 있는 천혜의 요새입니다. 왕망(王莽) 때 이곳에 있는 우물에서 흰 용이 나오는 것을 본 공손술이 한나라의 토덕(土德)을 자신이 이어받게 되었다며 스스로 백제(白帝)라 선포한 뒤 이 성을 쌓아서 붙여진 이름입니다. 유비는 이곳의 이름을 영안(永安)으로 고쳤는데, 자신이 이곳에서 죽을 줄 알았던 것일까요. 참으로 기묘한 일이 아닐 수 없습니다.

❦ 운양 장비묘

▲ 운양 장비묘의 결의루 　　　　　　　　　▲ 백제성

　　배에서 내려 들어서니 붉은 벽에 파란 기와, 날아오를 듯한 추녀가 고풍스러우면서도 단아한 모습의 백제성(白帝城)에 왔음을 알려줍니다. 백제성 편액 옆에는 이백이 한때나마 정치에 관여했다가 역적으로 몰려 도피하던 중에 사면(赦免)되었음을 듣고는 스스로 기쁜 마음을 표현한 '조발백제성(早發白帝城)' 시비가 있습니다. 그런데 필체가 독특합니다. 살펴보니 저우언라이[周恩來]가 쓴 것입니다.

　　사당 안을 들어서니 제일 먼저 탁고당(託孤堂)이 눈에 띕니다. 유비가 제갈량에게 아들을 부탁하는 장면을 실감나게 묘사해 놓았습니다. 사당 벽에는 임종을 맞이한 유비가 제갈량에게 뒷일을 부탁하는 '유비탁고도(劉備託孤圖)'가 처연하게 걸려 있습니다.

　　탁고당을 돌아가면 조그마한 정원을 끼고 무후사가 있습니다. 제갈량과 그의 아들, 손자의 조각상이 가지런합니다. 성안에는 이밖에도 제갈량이 밤에 별을 관찰했다는 관성정(觀星亭)도 있고, 장강삼협을 노래한 문인들의 비각을 모아놓은 삼협 최대의 비림(碑林)이 동서 회랑에 짝을 이루고 있어서 돌아보는 것만으로도 흐뭇하기만 합니다.

　　장강삼협으로 일컬어지는 구당협(瞿塘峽), 무협(巫峽), 서릉협(西陵峽)을 차례로 지나면 호북성(湖北省) 의창(宜昌)에 도착합니다. 의창 일대는 삼국지의 3대 대전인 이릉대전이 벌어진 곳입니다. 유비군의 진영이 7백 리였다는 데서도 알 수 있듯이 이릉대전은 넓은 지역에서 벌어졌는데, 최고의 전투 장소였던 효정고전장(猇亭

▲ 유비탁고 장면

▲ 효정고전장

古戰場)을 찾아갑니다. 이곳은 의창시 남동쪽의 장강 연안에 있는데 육손이 화공으로 유비의 대군을 괴멸시킨 출발점이 된 곳입니다. 효정의 원래 이름은 고로배(古老背)였습니다. 유비가 대군을 이끌고 이곳을 점거하자 제왕에 대한 존경을 표시하기 위해 '반룡와호정(盤龍臥虎亭)'을 세우도록 했습니다. 그런데 전쟁 중이어선지 서둘러서 정자를 완성하고 보니 호랑이와 비슷하기는 하지만 호랑이가 아닌 괴수 같았습니다. 그래서 효정(猇亭)이라 불렀다고 합니다. 그러나 정자도 이미 오래전에 없어졌고 지금은 지명만 전해져 옵니다. 효정고전장은 삼국의 자료와 유적을 고증하여 만들어놓은 일종의 역사공원입니다. 바람에 출렁이는 깃발들은 전쟁터의 군영 분위기를 자아냅니다. 입구의 정면에는 3층으로 지은 전각이 있는데 삼국의 인물들을 전시해 놓았습니다. 전각 아래에는 깎아지른 절벽이 도도히 흐르는 장강을 주시하고 있습니다. 커피색을 띤 장강 물 위로 역사도 영웅도 말없이 흘러갑니다.

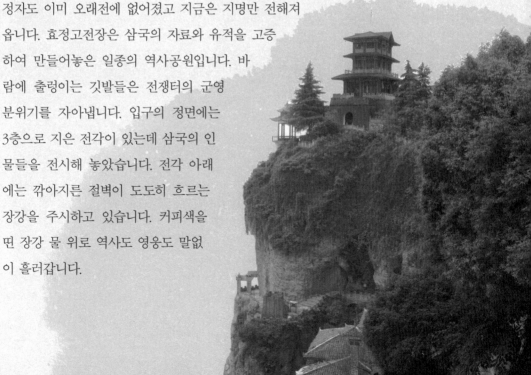

PART 8

85 유비가 제갈량에게 후주를 부탁하다

86 촉과 오가 다시 화친하다

87 남만왕 맹획이 반란을 일으키다

88 제갈량이 노수를 건너 맹획을 사로잡다

89 매번 풀어주는 제갈량, 그때마다 공격하는 맹획

90 제갈량이 칠종칠금 하니 맹획이 진정으로 항복하다

91 눈물로 출사표를 쓴 제갈량, 눈물을 머금고 낙향한 사마의

92 제갈량의 계략을 강유가 간파하다

93 강유가 제갈량의 후계자가 되다

94 복귀한 사마의, 제갈량과 진검승부를 펼치다

95 자만으로 가정을 잃은 마속, 목숨으로 빈 성을 지킨 제갈량

96 제갈량이 울면서 마속을 베다

유비가 제갈량에게
후주를 부탁하다

유비는 육손의 공격에 크게 패하고 백제성으로 도피했습니다. 마량이 성도에서 급히 돌아왔지만 이미 때는 늦었습니다. 유비도 승상의 말을 듣지 않은 것을 후회했습니다. 성도로 돌아가 여러 신하들을 볼 낯도 없었습니다. 그래서 백제성에 머물기로 하고 역관(驛館)을 고쳐 영안궁(永安宮)이라고 했습니다.

조비는 가후에게 촉과 오 중에서 어디를 먼저 공격해야 하겠냐고 물었습니다. 가후는 촉에는 제갈량이 있고 오에는 육손이 있으며, 요충지마다 군사들을 둔치고 있어 단시일에 쳐부수기는 어렵다고 했습니다. 가만히 지켜보면서 두 나라의 변화를 기다리다가 때를 보아 움직이는 것이 좋다고 했습니다.

조비가 오를 공격하기 위해 삼로(三路)로 군을 진군시켰다고 하자, 상서 유엽도

오의 육손이 이미 방비했을 것이라고 답했습니다. 조비가 언짢은 목소리로 말했습니다.

"지난번에는 오를 치라고 권하더니 지금은 어째서 안 된다고 하시오?"
"지금은 그때와 형편이 많이 다릅니다. 그때는 동오가 유비에게 여러 번 패해 군세가 크게 꺾였을 때여서 공격하라고 한 것이지만, 지금은 매번 이겨서 사기가 한껏 높기 때문에 공격하는 것은 무리입니다."

척후병이 달려와 동오가 대비를 하고 있다고 보고했습니다. 유엽은 현 상황에서 중지할 것을 청했지만 조비는 듣지 않고 군사를 이끌고 갔습니다. 동오는 여범에게는 조휴를 막게 하고, 제갈근에게는 남군에서 조진을 막게 하고, 주환에게는 유수에서 조인을 막도록 했습니다. 결국 조비가 보낸 군사들은 동오의 방어에 막혀 모두 패하고 말았습니다. 조비는 어쩔 수 없이 군사를 이끌고 낙양으로 돌아왔습니다. 이로부터 오와 위는 사이가 좋지 않았습니다.

한편 영안궁에 있는 유비가 병이 들어 앓아 누었습니다. 병세가 점점 위중했습니다. 비몽사몽(非夢似夢)간에 관우와 장비의 혼령과 만났습니다. 유비는 자신이 곧 죽을 것임을 알고는 성도로 사자를 보내 승상 제갈량과 상서령 이엄 등을 불렀습니다. 제갈량은 태자 유선에게는 성도를 지키게 하고 유비의 둘째, 셋째 아들인 노왕 유영과 양왕 유리를 데리고 영안궁으로 왔습니다.

"'새가 죽을 때에는 울음소리가 서글프고, 사람이 죽을 때에는 말이 착하다'고 하였네. 짐은 본래 경들과 함께 역적 조조를 섬멸하고 한나라를 지키기로 하였는데, 불행하게도 일을 끝내지 못하고 이별을 해야겠네. 수고롭지만 승상은 이 조서를 태자 선에게 전해주고, 특히 잊지 않고 유념할 수 있도록 모든 일을 잘 지도해 주기 바라네."
"폐하! 용체를 편히 하소서. 신 등은 견마지로(犬馬之勞)를 다해 폐하의 은혜를 잊지 않고 보답할 것입니다."

白帝城劉備托孤

乙酉春

葉雄畫

→백제성에서 제갈량에게
유언하는 유비

"승상의 재주가 조비보다 열 배는 뛰어나니 반드시 나라를 안정시키고 나아가 큰일을 이루어낼 수 있을 것일세. 만일 큰자식이 쓸 만하면 돕고, 그렇지 못하면 승상이 직접 성도의 주인이 되시게."

"신이 어찌 감히 고굉(股肱)의 힘을 다하지 않고 충정(忠貞)한 절의(節義)를 바쳐 대를 이어 충성하지 않겠습니까!"

"너희들은 명심해라! 짐이 죽으면 너희 삼형제는 모두 나처럼 승상을 섬기도록 해라. 절대 소홀해서는 안 될 것이다."

유비는 안도의 눈물을 흘렸습니다. 그리고 기쁜 마음으로 눈을 감았습니다.

유비가 오를 치고자 삼협으로 향하나	蜀主窺吳向三峽
애끓게도 죽은 곳은 영안궁이었네.	崩年亦在永安宮
황제의 깃발 빈 산 너머 펄럭이니	翠華想像空山外
옥빛 대궐도 공허한 들판 절에 있었구나.	玉殿虛無野寺中
낡은 사당 숲속에는 왜가리가 깃들고	古廟杉松巢水鶴
명절이면 촌로들만 이곳을 찾네.	歲時伏臘走村翁
무후의 사당이 언제나 옆에 있어	武侯祠屋長隣近
군신의 구별 없이 함께 제사 받드네.	一體君臣祭祀同

모종강은 유비가 제갈량에게 어린 아들을 부탁하는 장면에서 다음과 같이 평했습니다.

'유비가 제갈량에게 어린 아들을 부탁할 때를 돌아보면 동오 정벌이 중요한 것이 아니라, 위의 정벌이 중요하다는 것을 알 수 있다. 유비는 제갈량에게 "자네 재주는 조비보다 열 배는 낫다"고 말했다. 왜 손권보다 열 배는 낫다고 말하지 않았는가? 이는 한나라의 원수는 위나라이고, 자신의 상대는 조씨(曹氏)뿐이라고 생각했기 때문이다. 유비는 또 "세자는 도울 만하면 돕고, 그렇지 않으면 직접 그 자리를 차지하라"고 하였다. 이 말은 역적을 토벌할 만하면 돕고, 역적을 토벌할 만한 자격이 못 되면 직접 그 자리를 차지하라는 말이다. 역적 토벌 여부에 중심을 두고 있기 때문에 유선이 황제 자리를 잇는 것에 대해서는 별반 무게를 두지 않았다. 이것이 제갈량이 두 번의 출사표를 올리며 그만두지 못하게 한 것이 아니겠는가?'

서기 223년. 이릉대전에서 대패하고 백제성으로 피신한 유비는 병과 한이 깊어 63세의 나이로 붕어(崩御)했습니다. 제갈량은 영구를 성도로 모셔 혜릉(惠陵)에 장사지내고 소열황제(昭烈皇帝)로 추존했습니다. 이어 태자 유선을 황제로 세웠습니다.

조비는 유비가 죽었다는 말을 듣고 매우 기뻤습니다. 걱정거리가 없어졌으니 이참에 군사를 일으켜 공격할 생각이었습니다. 가후가 말렸습니다. 제갈량이 지키고 있기도 하지만 상란(喪亂) 중에 공격하는 것은 옳지 못하다고 했습니다. 그러자 사마의가 가후의 말에 반대하고 나섰습니다.

"이런 절호의 기회에 쳐들어가지 않으면 어느 때를 기다리겠습니까!"
"오! 어떤 계책이 좋겠는가?"
"중원의 군사들만으로는 단시일에 무찌를 수 없습니다. 반드시 오로(五路)에서 대군들이 협공하여야 제갈량이 앞뒤에서 구원할 수 없을 것이니, 그때 도모할 수 있습니다."

조비는 사방으로 비밀리에 사람들을 파견하고 조진에게는 10만 명의 군사를 거느리고 양평관을 공격하게 했습니다. 이러한 움직임은 곧장 촉에도 알려졌습니다. 후주 유선은 크게 놀라 제갈량을 불렀습니다. 그러나 병이 들어 나오지 못했습니다. 모두가 갈피를 못 잡고 우왕좌왕했습니다. 후주가 제갈량을 직접 만나러 그의 집을 찾아갔습니다. 그리고 그에게 다그쳐 물었습니다. 그러자 제갈량은 다음과 같이 대답했습니다.

"폐하! 무엇 하러 걱정하십니까? 강왕 가비능, 만왕 맹획, 반장 맹달, 위장 조진, 이들이 들어오는 사로(四路)의 군마는 신이 이미 물리쳤습니다. 다만 손권이 남아

丞相府后主問計乙酉春葉雄畫

◀ 위의 공격에 대비하고 후주를
안심시키는 제갈량

있지만 이미 신은 물리칠 계책을 세워 놓았으나 적임자가 생각나지 않아 그 사람을 찾아내고자, 곰곰히 생각하고 있었습니다."

"상부(相父)의 계책은 귀신도 알 수 없을 것이오."

후주는 제갈량을 만나자 걱정이 사라졌습니다. 제갈량은 손권에게 보낼 사자로 등지를 생각하고 그에게 한나라를 중흥시키려면 어느 나라를 먼저 공격해야 하느냐고 물었습니다. 그러자 등지가 자신의 생각을 밝혔습니다.

"제 생각에는 위는 비록 한나라의 역적이지만 지금은 세력이 너무 강해서 당분간 흔들기는 어려우니 천천히 도모해야 합니다. 지금은 주상께서 보위에 오르신지 얼마 안 되어 민심이 안정되지 않았으니 동오와 손을 잡고 순치(脣齒) 관계를 맺어 선제 때의 원한을 깨끗이 정리해야만 합니다. 이것이 장래를 위한 계책이라고 여겨지는데, 승상의 뜻은 어떠신지 모르겠습니다."

제갈량은 등지의 말을 듣고 크게 웃었습니다. 그리고 동오 설득사(說得使)로 임명하여 손권에게 보냈습니다. 등지의 어깨가 무거워졌습니다. 그는 어떻게 예전처럼 촉오동맹을 맺을 수 있을까요?

촉과 오가 다시 화친하다

손권은 육손이 유비를 물리친 데 이어 위군까지 물리치자 육손을 보국장군(輔國將軍)으로 삼고 강릉후에 봉했습니다. 아울러 형주목을 겸임하게 하였습니다. 병권(兵權)도 모두 육손이 지휘하게 되었습니다. 조비가 사마의의 계략을 받아들여 오로(五路)로 공략하기로 하고 손권에게도 사람을 보냈습니다. 함께 촉을 공격하여 무너뜨린 후, 촉의 영토를 반반씩 나누어갖자는 조건이었습니다. 손권은 육손을 불러 의견을 물었습니다. 그러자 육손은 우선 승낙하고 사로(四路)의 전투상황을 보다가 제갈량이 불리하면 즉각 군사를 진격시켜 성도를 함락하고, 사로의 군사가 패한다면 다시 상의하도록 했습니다. 손권은 그 말을 따르기로 하고 각 곳에 사람을 보내 상황을 알아보게 했습니다. 네 곳이 모두 패하거나 물러나고 말았습니다. 그러자 손권은 군사를 움직이지 않은 것을 다행으로 생각했습니다.

끓는 기름 솥도
두려워하지 않는
등지

鄧芝出使和吳蜀之和春秦雄畫

이때 촉에서 등지가 사신으로 왔습니다. 장소는 등지가 세객(說客)으로 온 것으로 믿고 손권에게 대응 방법을 말했습니다.

"우선 전각 앞에 큰 세발솥(鼎)을 설치하십시오. 그곳에 기름을 붓고 불을 피워 끓이면서 우락부락하고 건장한 무사 1천 명에게 칼을 들게 하여 전상(殿上)까지 곧장 늘어세운 다음 그에게 오라고 하십시오. 그가 입을 떼기도 전에 먼저 역이기는 제나라를 달래려다가 기름 솥에 빠져죽었다고 꾸짖고 그가 뭐라고 대답하는지 살펴보소서."

손권은 장소의 말대로 준비하고 등지를 불렀습니다. 등지가 궁문 앞에 이르러 이 광경을 보고는 그 뜻을 알아차렸습니다. 조금도 두려움 없는 모습으로 고개를 뒤로 젖히고 유유히 걸어 들어갔습니다. 기름 솥을 보고는 코웃음을 쳤습니다. 전각 앞에 이르자 손권이 준비한 말로 꾸짖었습니다. 그러자 등지가 크게 웃으며 말했습니다.

"사람들이 모두 동오에는 훌륭한 사람이 많다고 하더니만 이제 보니 일개 서생을 이토록 무서워할 줄은 꿈에도 몰랐습니다."
"내가 어찌 하찮은 놈을 무서워하겠느냐?"
"나는 촉의 한 서생으로 특별히 오나라의 이해(利害)를 알려드리러 왔는데, 이렇게 무사를 늘어세우고 기름 솥까지 끓이면서 한 명의 사신조차 막고 있으니 이렇게 속 좁은 통이니 어떻게 남을 용납할 수 있겠습니까?"

손권은 당황하고 부끄러워 무사들을 물리치고 등지를 전각 안으로 들어오도록 했습니다. 등지는 손권에게 촉오동맹의 필요성과 시급성을 설명했습니다. 손권은 답례인사로 중랑장(中郞將) 장온을 사신으로 삼아 등지와 함께 촉으로 보냈습니다. 후주와 제갈량은 장온을 후하게 대접했습니다. 장온이 다시 등지와 귀국하여 손권에게 후주와 제갈량의 덕망을 설명하고 이제 영원한 우호로 맺어지기를 바란다고 보고했습니다. 손권은 연회를 열어 등지를 대접하며 물었습니다.

"만일 우리 두 나라가 마음을 합쳐 위를 쓸어내고 천하태평을 이룩한 후 두 임금이 나누어 다스린다면 이 또한 즐겁지 않겠소?"

"하늘에는 두 해가 없고 백성에게는 두 임금이 없습니다. 만일 위를 멸망시키면 그 다음의 천명은 어떻게 돌아갈지 누구도 알 수 없습니다. 다만 임금이 되는 자는 덕을 쌓고, 신하가 되는 자는 충성을 다한다면 전쟁은 없을 것입니다."

"그대는 참으로 성실한 사람이구려!"

한편 조비는 촉과 오가 우호관계를 맺은 사실을 알고 많이 화가 났습니다. 두 나라가 손잡고 위를 공격할 것이 분명하기 때문입니다. 조비는 촉오가 공격해오기 전에 먼저 선공을 하기로 했습니다. 사마의가 오를 치기 위해서는 배가 필요함을 말하고 전선(戰船)을 선발하여 공격하는 것이 상책이라고 했습니다. 조비는 그 말을 따라 길이 20여 장(丈)이나 되는 용주(龍舟) 10척을 만들었습니다. 3천 척의 전선을 모아 강남으로 향했습니다.

손권은 소식을 듣고 문무 관료들을 불러 상의했습니다. 육손은 형주를 지키고 있어서 가벼이 움직일 수 없었습니다. 고옹이 촉과 우호를 맺었으니 제갈량으로 하여금 한중으로 출격하여 위군을 공격하게 하도록 요청하자고 했습니다. 이때 서성이 나섰습니다.

▲ 합비의 영웅 장료

"신이 비록 재주는 없지만 한 무리 군사를 이끌고 나가서 위군을 막겠습니다. 만일 조비가 직접 장강을 건너온다면 신이 꼭 사로잡을 것이며, 만일 장강을 건너오지 않는다 해도 위군을 절반쯤 목을 베어 감히 다시는 동오를 똑바로 쳐다보는 것조차 못하게 하겠습니다."

손권은 서성을 안동장군(安東將軍)으로 삼아 건업과 남서의 군마를 총독하게 했습니다. 서성은 곧바로 군관들을 불러 명령을 내렸습니다.

"무기들과 깃발들을 여기저기 많이 설치하고 강변을 철저하게 지킬 수 있도록 만전을 다하라!"

"대왕께서 장군에게 중책을 맡도록 한 것은 위군을 무찌르고 조비를 잡으라는 것이오. 그런데 장군은 왜 먼저 군마를 이끌고 강을 건너가 회남지방에서 적을 공격하지 않으십니까? 여기서 조비의 군사를 기다리다가는 위군을 잡기는커녕 구경도 못할 것입니다."

오왕의 조카인 손소가 반문했습니다. 서성은 조비의 군사가 강대하니 동오군이 강을 건너는 것은 불가하고 위군이 북쪽 강기슭에 모일 때까지 기다렸다가 공격할 것이라고 했습니다. 하지만 손소는 자신이 지리를 잘 알고 있으니 3천 명의 군사로 강을 건너가 공격하겠다고 했습니다. 서성은 계속 손소가 고집을 부리며 명령을 따르지 않자 무사들에게 손소를 끌어내 목을 베라고 명령했습니다. 손권이 이 소식을 듣고 부랴부랴 달려왔습니다.

"대왕께서 신을 도독에 임명하여 군사를 이끌고 위를 막으라 하셨는데, 양무장군 손소가 군법을 어기고 명령을 따르지 않으니 이는 참형감입니다. 대왕께서는 무슨 까닭으로 용서해주시옵니까?"

"손소가 자기 혈기만 믿고 쓸데없이 군법을 어겼으니 너그러이 용서해주면 좋겠소이다."

"법은 신이 만든 것도 아니고, 대왕께서 세우신 것도 아닙니다. 바로 국가의 전형(典刑)입니다. 만일 친하다고 용서해준다면 어떻게 많은 백성들을 다스릴 수 있겠습니까?"

"손소가 법을 어겼으니 장군이 처치하는 대로 따라야만 하오. 하지만 어쩌겠소. 그가 형님의 자식이기 전에 오나라를 위해서 공적을 많이 세웠소. 지금 그를 죽이면 나는 형님과의 의리를 저버리는 것이 되는 것이외다."

"대왕의 체면을 보아 형 집행은 미뤄두겠습니다."

↑ 동오의 안동장군 서성

그날 밤, 손소는 자신의 정예병 3천 명을 이끌고 강을 건너갔습니다. 서성은 혹시 실수라도 있으면 손권을 뵐 면목이 없게 될 것이라는 생각에 즉시 정봉에게 3천 명의 군사와 비밀지시를 내려 장강을 건너가게 했습니다. 서성의 마음도 편할 리가 없었습니다.

조비는 장강을 따라 순탄하게 오다가 서성이 강가 성루에 세워 놓은 수많은 허수아비를 보고 진짜인 줄 알고는 간담이 서늘해졌습니다. 이때 급히 파발마가 달려와 '조운이 군사를 이끌고 양평관으로 나와 곧장 장안을 공격하려 한다'는 소식을 전했습니다.

조비는 보고를 받자 얼굴빛이 하얗게 변했습니다. 즉시 철군을 명령한 그때, 손소가 몰아쳐 들어왔습니다. 조비는 힘을 다해 빠져나갔습니다. 30리를 갔을 때 또다시 불길이 치솟았고, 용주(龍舟)가 불길에 휩싸였습니다. 조비는 허둥지둥 말로 갈아타고 달아났습니다. 이때 정봉이 공격해 왔습니다. 장료와 서황이 조비를 구원하여 달아났습니다. 손소와 정봉은 위군을 무찌르고 많은 전리품을 노획했습니다. 손권은 서성에게 후한 상을 내렸습니다.

한편 조운은 군사를 이끌고 양평관을 나오던 중 갑자기 승상의 편지를 받았습니다. 익주군의 늙은 족장 옹개가 만왕 맹획과 반란을 일으켰으니 양평관은 마초에게 맡기고 속히 돌아오라는 내용이었습니다. 조운은 서둘러 군대를 성도로 돌렸습니다. 제갈량은 직접 남정(南征)을 준비했습니다. 이제 본격적인 남만 정벌이 시작되었습니다.

제갈량이 후주를 모시며 통치한 지 3년, 농사는 풍년이고 백성들은 태평세월을 보냈습니다. 창고는 군량이 풍족했고 재화도 넘쳐났습니다. 이러한 때, 익주군에서 급보가 날아왔습니다.

"만왕(蠻王) 맹획이 10만 명의 병력을 일으켜 국경을 넘어 약탈을 자행하고 있습니다. 건녕태수(建寧太守) 옹개가 맹획과 손잡고 반란을 일으키자 장가태수(牂牁太守) 주포와 월수태수(越嶲太守) 고정은 항복하였고, 영창태수(永昌太守) 왕항만이 성을 지키고 있습니다. 그러자 옹개, 주포, 고정 세 사람의 부하 인마가 모두 맹획과 함께 길잡이가 되어 영창군을 공격하고 있는데, 왕항은 공조(功曹) 여개 및 백성들과 함께 힘을 합쳐 성을 지키고 있으나 형세가 매우 위급합니다."

南蠻王初戰蜀軍 三國演義插圖之一百三十乙酉年春日 葉雄畫

촉군을 공격하는 남만군의 맹획

제갈량은 후주에게 국가를 위해 직접 대군을 거느리고 토벌하겠다고 했습니다. 후주와 신하들이 반대했습니다. 국가의 중책을 맡고 있으니 원정은 불가하다는 것이었습니다. 그러자 제갈량이 설득했습니다.

"남만 땅은 우리와 아주 멀리 떨어져 있고 사람들이 왕화(王化)를 깨닫지 않아 굴복시키기가 어렵소. 그래서 내가 직접 나서야만 정벌이 가능하오. 고삐를 당기고 늦추고 조정하면서 별도로 고려해야만 하는 것이니 쉽사리 누구에게 부탁할 수 있는 일이 아니오."

익주군에 도착한 제갈량은 먼저 고정의 선봉인 악환을 잡아서 다독였습니다. 고정이 옹개에게 현혹되지 말고 속히 귀향하는 것이 화를 면하는 것이라며 살려주었습니다. 옹개는 제갈량이 반간계를 쓰는 것이라며 고정을 질책했지만 고정은 알 수 없었습니다. 제갈량은 사로잡은 부하군사들도 모두 살려주며 반간계를 이어갔습니다. 결국 고정과 옹개의 군사들은 옹개와 주포의 수급을 베어 제갈량에게 항복했습니다.

제갈량은 고정을 익주태수(益州太守)로 삼아 3개 군을 도맡아 다스리게 하고 악환을 아장(牙將)으로 삼았습니다. 영창태수(永昌太守) 왕항이 제갈량을 만나서 여개를 추천했습니다. 여개는 제갈량에게 자신이 그린 '평만지장도(平蠻指掌圖)'를 주었습니다. 제갈량은 크게 기뻐했습니다. 이때 마속이 후주의 칙령을 받들어 군사들에게 술과 옷감을 나누어 주려고 왔습니다. 제갈량은 마속에게 남만을 평정할 계책을 물었습니다.

"남만은 그들이 사는 땅이 우리와 멀고 험하다는 것을 알기에 오랫동안 복종하지 않고 있습니다. 비록 오늘 그들을 무찔러도 내일이면 또다시 배신할 것입니다. 지금 승상께서 대군을 거느리고 가시면 그들은 반드시 평정될 것입니다. 하지만 군사를 철수시켜 돌아오면 남만의 병사들은 금방 배신하여 쳐들어올 것입니다. 남만을 공략하는 것은 그들의 마음을 공략하는 방법을 상책으로 삼고, 성을 공격하는 방법을 하책으로 삼아야 할 것입니다.

심리전이 가장 좋은 전략이고, 군사를 투입하여 싸우는 것이 가장 나쁜 전략입니다. 바라건대 승상께서는 틀림없이 그들의 마음을 굴복시킬 것입니다."

"그대가 내 속을 훤히 꿰뚫어보고 있네."

한편 맹획은 제갈량이 계책으로 옹개 무리를 무찔렀다는 보고를 받자 즉시 세 부족의 대장들을 불러 상의를 했습니다. 세 부족의 지도자는 금환삼결, 동도나, 아쾌남이었습니다. 맹획은 세 사람에게 각각 삼로로 군사를 진격시켜 제갈량을 무찌르라고 했습니다. 승리하는 자에게는 추장자리를 주겠다고 약속했습니다. 금환삼결이 가운데로, 동도나는 왼쪽을, 아쾌남은 오른쪽을 맡아 각각 5만 명을 이끌고 전진했습니다.

보고를 받은 제갈량은 조운과 위연을 불러놓고 다시 왕평과 마충을 불러 이들에게 좌우의 적을 막도록 했습니다. 그러고 나서 장의와 장익을 불러 중로의 적을 막도록 했습니다. 조운과 위연은 제갈량이 자신들을 불러놓고 지리를 몰라 쓰지 못한다는 말을 듣고는 화가 잔뜩나서 표정이 굳었습니다.

"내가 두 분을 안 쓰는 것이 아니라 지리를 모르는 험지로 갔다가 만병들의 계책에 빠지면 군의 사기가 꺾일까봐 걱정되기 때문이오."

"만약 우리가 지리를 안다면 어쩌시겠습니까?"

"그래도 두 분은 조심하셔야 하오. 가벼이 움직이면 안 될 것이오."

조운이 위연을 막사로 불러 상의했습니다. 자신들이 선봉임에도 지리를 핑계로 후배들에게 임무를 맡기는 창피를 당한 것을 참을 수 없었습니다. 위연의 말에 따라 둘은 만병을 몇 명 잡아와서 술과 음식으로 대접하며 주변 상황을 알아냈습니다.

조운과 위연은 새벽녘에 5천 명의 정예병을 이끌고 영채를 급습했습니다. 조운이 금환삼결과 마주쳤습니다. 그러자 조운은 단 1합에 그의 목을 베어들었습니다. 이를 본 만병들은 도망치기 바빴습니다. 위연은 즉시 군사를 반으로 나눠

적의 퇴로를 막으며 동도나 영채로 달려가고 조운은 나머지 군사를 이끌고 아쾌남의 영채로 달려갔습니다. 조운과 위연이 각각 영채를 급습할 무렵, 이미 왕평과 마충이 공격하고 있었습니다. 협공을 마친 조운과 위연이 돌아와 제갈량에게 금환삼결의 수급을 바치자 제갈량은 생포한 동도나와 아쾌남을 보여 주었습니다. 모두가 놀라서 의아해하자 제갈량이 설명했습니다.

"나는 여개가 준 지도로 이미 저들이 어디에 영채를 세우고 어디로 도망칠지를 알았소. 그래서 말로 조운과 위연이 분전하도록 한 것이오. 두 장수가 아니면 이런 임무는 맡을 수가 없기 때문이오. 장의와 장익에게는 저들이 도망치는 길에 매복시켜 두었다가 사로잡도록 한 것이오."

"승상의 계략은 귀신조차도 모를 것입니다."

제갈량은 사로잡은 동도나와 아쾌남에게 술과 음식을 주고 각자 돌아가 착하게 살라며 살려주었습니다. 그리고 맹획이 올 것을 대비하여 조운과 위연, 왕평과 관색에게 지시를 내렸습니다. 맹획은 세 대장이 모두 패하고 도망갔다는 보고를 받고는 크게 화가 났습니다. 직접 만병을 이끌고 쳐들어왔습니다. 먼저 왕평이 맹획과 싸우다 달아났습니다. 맹획은 군사를 몰아쳐 진격했습니다. 이번엔 관색이 나섰다가 또 달아났습니다.

맹획이 20여 리를 추격하여 덮치려는 순간, 함성이 울리며 좌우에서 장의와 장익이 군사를 이끌고 나와 퇴로를 끊었습니다. 달아나던 왕평과 관색이 다시 말을 돌려 협공했습니다. 맹획은 죽기로 싸워 포위망을 뚫고 도망쳤습니다. 정신없이 달아나던 중 조운이 앞길을 가로막았습니다. 맹획은 놀라 10여 기만 이끌고 산골짜기로 달아났습니다. 한참을 도망가서 겨우 숨을 돌릴 즈음, 둥둥둥 북소리가 울리며 위연이 기다리고 있었습니다. 맹획은 꼼짝 못하고 사로잡혔습니다. 그의 병사들도 모두 항복했습니다.

제갈량은 영채에서 잔치 자리를 마련하고 군사들을 맞이했습니다. 항복한 병사들의 결박을 모두 풀어주라고 하고 좋은 말로 다독였습니다.

꽁꽁 묶인 채 제갈량 앞에 끌려온 맹획

"너희는 모두가 착한 백성들이다. 그런데 맹획에게 예속되어 이런 불행한 꼴을 당했구나. 내가 생각하기에 너희의 부모형제, 처자들은 오늘도 대문에 기대어 너희가 돌아오기만 애타게 기다리고 있을 것이다. 만약 싸움에 졌다는 풍문이라도 들으면 애간장이 끊어져 녹아내리고 두 눈은 피눈물이 흐를 것이다. 내 너희들을 모두 살려서 보낼 터이니 모두 돌아가 집안을 안정시키도록 하라!"

제갈량은 맹획을 압송해 꿇어앉히고 꾸짖었습니다.

"우리 선제께서 너를 박대하지 않았건만 너는 어찌 배반했느냐?"
"양천(兩川)의 땅을 네 주인이 모두 빼앗아 스스로 황제라고 할 뿐이다. 나는 대대로 이곳에서 살아왔는데 너희들이 무례하게 남의 땅을 쳐들어와서 어찌 나에게 배반했다고 할 수 있느냐?"
"내 지금 너를 사로잡았으니 이제 진심으로 항복하겠느냐?"
"후미진 산골길에서 네게 잘못 걸려든 것뿐이다."
"네가 항복하지 않으면 내 너를 다시 풀어주겠다."
"나를 놓아준다면 나는 다시 군마를 정돈하여 너와 한판 겨루겠다. 만일 그때도 잡힌다면 항복하겠다."

제갈량은 맹획의 결박을 풀어주고 술과 음식을 대접한 후 돌려보냈습니다. 맹획과 제갈량의 두 번째 싸움은 어떻게 될까요?

제갈량이 노수를 건너 맹획을 사로잡다

제갈량이 맹획을 살려 보내자 여러 장수가 남만을 평정할 수 있는 기회를 놓친 것에 대하여 아쉬워했습니다. 그러자 제갈량이 그 이유를 알려주었습니다.

"내가 맹획을 잡는 것은 일도 아니오. 그가 마음으로 항복해야 진정 평정하는 것이기 때문이오."

장수들은 제갈량의 말을 믿지 않았습니다. 풀려난 맹획은 패잔병들이 모여드는 노수(瀘水)로 갔습니다. 병사들은 맹획을 보자 너무 기뻤습니다. 맹획은 10여 명을 죽이고 말까지 뺏어 탈출했다고 속였습니다.

맹획은 그들을 거느리고 노수를 건너 영채와 목책을 치고는 부근의 추장들을 불러 병사를 모았습니다. 금방 10여 만 명이 모였습니다. 동도나와 아쾌남도 맹획에게 돌아왔습니다. 그러자 맹획이 명령을 내렸습니다.

"나는 이미 제갈량의 계략을 간파하였다. 그는 속임수를 쓰니 싸우면 안 된다. 저들은 먼 길을 와서 힘든 데다 날씨까지 더우니 오래 버티지 못할 것이다. 우리는 험한 노수가 막고 있으니 배와 뗏목을 모두 기슭에 매두고 주변에 토성을 쌓도록 해라. 고랑을 깊이 파고 보루를 높이 쌓으면 제갈량도 어쩌지 못할 것이다."

모두 맹획의 계책을 따랐습니다. 이어 적루 위에는 활과 쇠뇌, 돌덩이 등을 설치하고 방비에 만전을 기했습니다. 군량까지 확보한 맹획은 느긋하게 있었습니다. 노수에 도착한 제갈량은 상황을 파악한 후, 병사들을 숲이 우거진 산자락에서 쉬도록 했습니다. 강에서 1백 리 떨어진 곳에는 여개를 보내 두 개의 영채를 짓도록 했습니다. 참군 장완이 살펴보고 와서 말했습니다.

"제가 보기에 여개가 지은 영채는 매우 안 좋은 위치에 있어서 적들이 화공으로 기습하면 구원하기 어렵습니다."
"하하하. 공은 아무 걱정하지 않아도 되오. 내게 좋은 생각이 있소이다."

제갈량은 마대를 불러 노수를 건너가서 맹획의 군량 수송로를 끊어 혼란에 빠지게 만들라고 했습니다. 마대는 노수의 하류가 얕은 것을 알고 뗏목을 타지 않고 옷들을 벗은 채 건너라고 했습니다. 그런데 강 가운데 이르자 군사들이 맥없이 피를 토하며 죽었습니다. 보고를 받은 제갈량이 길잡이에게 물었습니다.

"지금은 한창 더운 시기라 낮에는 노수에 독기가 많습니다. 이때는 누구나 중독되고 물을 마시면 반드시 죽습니다. 깊은 밤이 되면 물이 차가워져 독기가 사라지니 배불리 먹은 후 건너면 괜찮습니다."

제갈량은 즉시 뗏목을 만들어 밤중에 노수를 건넜습니다. 마대는 2천 명의 군사와 함께 군량수송 길목인 협산곡(夾山谷)을 점령하고 군량을 실어오던 수레를

맹획에게 촉군 영채를
보여 주는 제갈량

孔明携孟獲巡營乙酉春
素雄

모두 뺏었습니다. 맹획은 술타령을 벌이다가 보고를 받았습니다. 하지만 느긋하기만 했습니다. 한 추장이 걱정스럽게 말했습니다.

"강가 모래밭은 얕아서 만일 촉병들이 몰래 건너온다면 어찌합니까? 군사를 나누어 지키셔야 합니다."

"너희는 이곳 토박이들인데 어찌 그렇게 지리에 어두우냐? 나는 그들이 건너오기를 기다리고 있는 것이다. 건너오다가 반드시 물속에서 죽을 게 아니냐?"

"누군가가 가르쳐주면 어찌합니까?"

"우리 쪽에 있는 사람이 어찌 적을 도와주겠느냐?"

마대가 협산곡으로 달려온 맹획의 망아장을 죽였습니다. 그러자 맹획은 동도나를 보내고 아쾌남에게는 노수를 지키도록 했습니다. 마대는 동도나를 보자 은혜를 배반한 못된 놈이라고 큰소리로 욕했습니다. 동도나는 수치심에 얼굴이 뻘개져서 싸우지도 않고 물러갔습니다. 맹획은 동도나가 싸우지도 않고 온 것을 알고 죽이려고 했지만 여러 추장이 말려서 곤장 1백 대를 맞았습니다. 많은 추장들이 동도나를 위문하러 찾아와서 말했습니다.

"우리는 변방에 살지만 중국을 침범한 적이 없고 중국도 우리를 침범한 적이 없소. 지금 맹획이 무력으로 눌러 반역을 했지만 제갈량의 계책을 어찌 당해내겠소? 하물며 그가 우리를 살려주었는데 은혜도 못 갚고 있으니 맹획을 죽여 그에게 항복해야 백성들이 고생하지 않고 살 수 있지 않겠소?"

"여러분 생각은 어떤지 모르겠소."

"모두 따르겠소."

이에 동도나는 1백여 명과 함께 칼을 들고 맹획의 영채로 달려갔습니다. 맹획은 술에 취해 있었고, 부장들도 찬성하여 그를 잡아 꽁꽁 묶어서 제갈량에게 데려갔습니다. 제갈량은 동도나와 추장들을 모두 돌려보내고 도부수들에게 맹획을 끌어오도록 했습니다. 제갈량이 이제 항복하겠냐고 물었지만 맹획은 자신의 부하들에게 잡힌 것이기에 항복할 수 없다고 했습니다. 제갈량은 다시 맹획을 묶은 오랏줄을 풀어주고 그와 술을 한잔 마시며 여태껏 싸워서 모두 물리친 것을 이야기했습니다. 맹획이 묵묵부답(默默不答)으로 있자 그를 데리고 나가서 영채와 방어목책, 군량과 무기들을 볼 수 있게 했습니다. 이를 본 맹획은 항복하고 싶어도 추장들이 동의하지 않기 때문이라며 이제는 그들을 잘 설득해서 귀순하겠다고 약속했습니다. 제갈량은 흡족해하며 맹획을 돌려보냈습니다.

영채로 돌아온 맹획은 동도나와 아쾌남을 불러 미리 매복시킨 도부수에게 죽이도록 했습니다. 맹획의 아우인 맹우가 제갈량을 찾아와 황금과 진주 등 보물을 예물로 바쳤습니다. 제갈량은 그들에게 주연을 베풀었습니다. 이 소식을 들은 맹획은 3만 명의 병사를 준비시키고 한밤중에 습격하기로 했습니다.

그러나 맹획이 촉군의 영채로 쳐들어갔을 때 영채는 텅 비어 있었고 술 취한 맹우와 만병들은 약이 든 술을 마시고 쓰러져 있었습니다. 맹획이 계략에 빠진 것을 알고 맹우 일행을 구해 빠져나가려고 할 때 왕평이 한 무리의 군사를 이끌고 덮쳤습니다. 겨우 빠져나오자 위연과 조운이 기다리고 있었습니다. 혼자 노수로 도망친 맹획은 배를 타고 있는 만병이 보이자 황급히 소리쳤습니다. 하지만 그 배에는 마대가 만병으로 위장하고 기다리고 있었습니다. 맹획은 다시 꽁꽁 묶인 채 잡혀왔습니다. 제갈량이 웃으며 거짓 항복의 죄를 묻고 항복하라고 했습니다. 그러자 맹획이 또 변명했습니다.

↑ 제갈량의 후임자가 되는 장완

"이번은 내 아우의 식탐 때문에 너의 독수에 걸려든 것뿐이다. 내가 직접 와서 아우에게 군사를 지원하게 했다면 성공했을 것이다. 하늘이 지게 만든 것이지 내가 무능해서 잡힌 것이 아니니 나는 항복할 수 없다."

"벌써 세 번이나 잡히고도 어찌 항복하지 않느냐?"

"……."

"하하. 내 다시 너를 보내주겠다."

"승상께서 나를 돌려보내주면 믿을 만한 장정들을 수습해서 한바탕 크게 싸우겠소. 그리하고도 잡히면 체념하고 항복하겠소."

제갈량은 즉시 맹획과 잡혀온 만병들을 모두 풀어주었습니다. 후세 사람들이 시를 지어 제갈량을 찬양했습니다.

오월에 군사 일으켜 불모지로 들어가니	五月驅兵入不毛
달 밝은 노수에는 독기가 피어나네.	月明瀘水瘴煙高
삼고 은혜 부응하여 큰 계획 맹세하였으니	誓將雄略酬三顧
남만정벌 수고로운 칠종도 어찌 꺼리겠는가.	豈憚征蠻七縱勞

제갈량은 삼군에게 큰 상을 내렸습니다. 맹획은 세 번이나 사로잡히는 수모를 당하자 몹시 화가 났습니다. 즉시 심복부하를 시켜 보물을 가지고 8개 부족으로 가서 싸울 수 있는 병사 수십 만 명을 빌려오도록 했습니다. 정해진 날짜에 맞춰 구름처럼 몰려온 인마가 맹획의 지시를 기다렸습니다. 척후병이 이 사실을 제갈량에게 보고했습니다. 제갈량은 웃으며 말했습니다.

"나는 만병들이 모두 모여들기를 기다렸다. 이제 나의 능력을 보여 줄 때가 왔도다!"

제갈량이 이번에는 또 어떤 계책으로 맹획의 코를 납작하게 만들까요?

↑ 남만왕 맹획

매번 풀어주는 제갈량, 그때마다 공격하는 맹획

제갈량이 기병과 함께 사륜거를 타고 와서 지형을 살폈습니다. 앞에는 서이하(西洱河)라는 강이 있는데 물살은 느리고 뗏목은 없었습니다. 뗏목을 만들어서 건너려했지만 나무가 모두 물속으로 가라앉았습니다. 여개가 서이하 상류에 대나무가 많으니 그것으로 다리를 놓고 건너는 게 좋겠다고 했습니다. 제갈량은 3만 명의 병사를 보내 부교를 만들었습니다. 그리고 이를 문으로 삼아 흙을 쌓아 보루를 만들고 건너편에도 세 개의 큰 영채를 만들었습니다.

맹획은 원한과 분노로 가득 차 수십만 명의 만병을 이끌고 달려왔습니다. 맹획은 곧장 영채 앞으로 달려와 싸움을 걸었습니다. 제갈량은 급히 본영으로 퇴각하라 명령하고 사방의 문을 단단히 닫은 채 나가서 싸우지 못하도록 했습니다.

만병들은 모두 벌거벗은 알몸으로 와서 욕설을 퍼부었습니다. 이를 본 장수들이 화가 나서 죽든 살든 나가서 한바탕 싸우길 청했습니다. 제갈량은 광기가 어느 정도 가라앉기를 기다렸다가 공격한다고 알려주었습니다.

이리하여 며칠 동안 굳게 지키기만 하였습니다. 제갈량은 높은 언덕에 올라 만병들이 많이 게을러진 것을 보고는 즉시 출전을 명령했습니다. 장수들이 기뻐서 서로 먼저 나가려고 했습니다. 제갈량은 조운과 위연을 불러 계책을 주어 보내고, 이어 왕평과 마충도 불러 계책대로 처리하도록 했습니다. 그리고 마대와 장익을 불렀습니다.

"나는 세 개의 영채를 버리고 강 북쪽으로 물러갈 것이다. 마장군은 우리가 물러가거든 이 부교를 끊어 하류로 옮겨 설치하고, 조운과 위연의 군마가 건너와 지원할 수 있도록 하라."

"장장군은 우리가 물러가면 영채 안에 등불을 많이 밝히고, 맹획이 우리가 달아난 줄 알면 추격해 올 것이니 즉시 퇴로를 끊도록 하라."

지시를 받은 군사들은 신속하게 움직였습니다. 하지만 만병들은 영채에 등불이 밝혀져 있자 감히 쳐들어오지 못했습니다. 다음 날 새벽, 맹획이 대부대를 이끌고 곧장 촉군의 영채로 달려들었습니다. 그런데 세 개의 영채가 덩그러니 비어 있었습니다. 군량과 말먹이도 버려져 있었습니다. 맹획은 오나 위가 쳐들어왔기 때문에 제갈량이 군량과 말먹이도 버려둔 채 달아난 것이라고 믿고 급히 뒤쫓아 갔습니다. 맹획은 선봉군을 몰고 곧장 서이하로 갔습니다. 강 건너편 기슭에 영채와 깃발들이 정연하게 꽂혀 있었습니다. 만병들이 이 광경을 보고는 모두 먼저가려고 하지 않았습니다. 맹획이 맹우에게 말했습니다.

"제갈량이 내가 추격할 것이 두려워 잠시 머물러 있는 것이다. 틀림없이 이틀 안에 모두 달아날 것이다."

제갈량을 잡으려다가
함정에 빠진 맹획

맹획은 대나무로 뗏목을 만들어 강을 건널 준비를 하라고 했습니다. 그런데 모진 바람이 부는가 싶더니 사방에서 불길이 치솟고 북소리 요란히 촉군이 쳐들어왔습니다. 만병은 자기들끼리 밟고 밟혔습니다. 맹획은 곧장 옛 영채로 달아났습니다. 그러자 조운이 가로막고 있었습니다. 허겁지겁 서이하로 돌아가려고 산골로 접어들자 이번에는 마대가 지키고 있었습니다. 겨우 10여 기만 남아 도망가는데 동쪽을 빼고는 모두 흙먼지가 일었습니다.

동쪽으로 달리다보니 숲이 나타났는데 그곳에는 수레에 앉아있는 제갈량이 기다리고 있었습니다. 제갈량이 웃으며 또다시 패한 것을 추궁하자 맹획은 화가 나서 통째로 박살내라고 소리치며 달려들었습니다. 그런데 바로 앞에서 우당탕 처박히고 말았습니다. 미리 파놓은 함정에 빠진 것입니다. 위연이 군사를 이끌고 와서 단단히 묶었습니다. 제갈량은 맹우를 불러 잘 타이르고 살려주었습니다. 다시 맹획을 압송해 왔습니다.

"네놈은 또 내게 사로잡혔다. 그래도 또 할 말이 있느냐?"
"나는 오늘 속임수에 잘못 빠졌으니 원통해서 죽어도 눈을 못 감을 것이오!"
"내가 너를 네 번이나 풀어주었건만 너는 어째서 아직도 항복하려고 하지 않느냐?"
"나는 승상처럼 속임수에 의지하지는 않소. 그러니 내가 어찌 항복할 수 있겠소?"

제갈량은 웃으면서 다시 풀어주었습니다. 맹획은 감사하다고 인사를 하고 돌아갔습니다. 맹획 형제는 다시 만나 원수를 꼭 갚자고 다짐했습니다. 맹우는 우리가 숨어 나오지 않으면 촉군은 더위에 지쳐 자연히 물러갈 것이라고 했습니다. 그래서 독룡동(禿龍洞)의 타사대왕에게 가기로 했습니다. 맹획이 이제까지의 일을 이야기하자 타사가 계책을 내었습니다.

"이쪽으로 오는 길은 두 군데밖에 없으니 대왕이 오신 길은 나무와 돌을 쌓아 막으면 백만 대군도 들어올 수 없고, 한 곳은 험한 산길에 독사와 전갈이 많고 저녁이면 안개가 짙게 끼어 다니기도 어려울 뿐 아니라 마실 물도 없어 인마가 다니기 어려운 곳입니다. 게다가 네 개의 독샘이 있어서 그 물을 마시면 열흘 안에 죽게 될 테니 아무 걱정이 없습니다."

"오늘에야 아무 걱정 없이 쉴 수 있겠소이다."

제갈량이 초병에게서 맹획이 독룡동으로 숨어든 것을 보고받았습니다. 제갈량은 항복한 만병에게 길을 안내하게 하여 산길로 접어들었습니다. 샘이 나타나자 서로가 다투어 마셨습니다. 갑자기 말들을 못하자 제갈량은 새소리도 없는 섬뜩한 산세를 느꼈습니다. 제갈량은 동네 노인을 만나 안락천(安樂泉)의 샘물로 해독을 시키고 해엽운향(薤葉芸香)이라는 풀을 입에 물게 해서 나쁜 기운이 몸으로 스며들지 못하게 했습니다. 이러한 치료를 할 수 있게 도와준 사람은 맹획의 형 맹절이었습니다. 제갈량은 소스라치게 놀랐습니다. 맹절은 아우를 대신해서 죄를 청했습니다. 제갈량은 속으로 한탄하며 맹절에게 감사함을 표했습니다.

고매한 선비 문 닫고 홀로 살고 있는 곳   高士幽栖獨閉關
제갈량이 이곳에서 모든 만을 무찔렀다네.   武侯曾此破諸蠻
지금은 고목만 우거지고 인적조차 없는데   至今古木無人境
스산한 안개는 아직 옛 산을 감싸 도누나.   猶有寒烟鎖舊山

제갈량은 군사들에게 샘을 파라고 지시했습니다. 20여 길을 파도 물은 구경도 할 수 없었습니다. 연달아 10여 곳을 팠지만 모두 같았습니다. 군사들이 당황해 술렁였습니다. 제갈량이 밤중에 향을 사르고 하늘에 기도를 올렸습니다. 다음 날 새벽에 살펴보니 우물마다 단물이 가득했습니다. 제갈량의 기도가 또다시 신통력을 발휘한 것입니다. 촉군의 군사와 말들이 힘을 얻어 곧장 독룡동 앞에 영채를 세웠습니다. 이 사실은 맹획에게도 보고되었습니다.

술을 권하다 맹획 형제를 잡는
양봉의 아들들

"촉군들이 전혀 이상한 기색 없이 여기까지 온 것을 보면 샘들이 모두 효과가 없는 모양이오?"

"그럴 리가 없는데, 내가 직접 살펴봐야만 하겠소."

타사가 맹획과 함께 산에 올라 살펴본 촉군의 영채는 멀쩡해서 머리털이 쭈뼛하고 소름이 쫙 끼쳤기에 귀신들의 병사라고 하였습니다. 맹획이 촉군과 목숨을 걸고 싸우기로 하자 타사는 큰 상을 주어 만병들이 촉군 영채로 돌격하게 만들었습니다. 이때 은야동(銀冶洞) 양봉이 3만 명의 군사를 이끌고 도우러 왔습니다. 맹획은 크게 기뻤습니다. 맹획은 크게 주연을 열어 양봉과 다섯 아들을 위로했습니다. 술이 취할 무렵, 양봉이 두 아들을 시켜 맹획과 맹우에게 술잔을 올리게 하였습니다. 두 사람이 막 마시려고 할 때였습니다. 양봉이 호통을 치자 그의 두 아들이 번개처럼 맹획과 맹우를 사로잡았습니다. 타사대왕도 달아나려 했지만 양봉에게 사로잡혔습니다. 맹획이 반항하자 양봉이 말했습니다.

"나의 형제와 조카들은 모두 승상 덕에 살아났는데 그 은혜를 갚지 못하였다. 지금 네가 계속 배반을 일삼고 있으니 어찌 그냥 둘 수 있겠느냐?"

양봉은 맹획과 맹우를 제갈량의 영채로 압송했습니다. 제갈량이 양봉에게 크게 상을 내리고 맹획에게 웃으며 물었습니다.

"이번에는 진심으로 항복하겠느냐?"

"네 손으로 직접 잡은 것이 아니니 항복할 수 없다. 빨리 죽여라!"

"내 너를 다시 살려주겠다. 병마를 정돈해서 승부를 가려보자. 그때도 사로잡혀서 항복하지 않으면 구족(九族)을 없애버리겠다."

맹획은 두 번 절하고 돌아갔습니다. 제갈량은 맹우와 타사대왕도 풀어주고 술과 음식으로 진정시켜 주었습니다. 두 사람은 고개를 숙인 채 감히 똑바로 쳐다보지도 못했습니다. 다시 살아난 맹획은 어떻게 제갈량과 한판 승부를 치를까요?

제갈량이 칠종칠금 하니 맹획이 진정으로 항복하다

맹획은 밤새 은갱동으로 돌아왔습니다. 은갱동 바깥은 세 강이 합류하는 곳으로 그 주변은 온통 들판이어서 온갖 농산물이 생산되었습니다. 또한 소금이 나는 우물도 있어서 살기에 좋은 곳이었습니다. 3백 리 떨어진 곳에는 산으로 둘러싸인 양도동(梁都洞)이 있는데 그 산에는 은광석이 많아 은갱산이라고 부릅니다. 만왕은 그 속에 궁전과 누대(樓臺)를 짓고 살았는데, '가귀(家鬼)'라는 조상을 모시는 사당을 지어놓고 사계절 소와 말을 잡아 제사를 지냈습니다. 이들은 매년 촉 사람을 비롯 외지사람들을 잡아 제물로 바쳤습니다. 병이 나도 약을 먹지 않고 무당에게 빌게 했습니다. 다스리는 형법이 없어서 죄를 지으면 목을 베었고, 남녀가 장성하면 함께 계곡에서 목욕하며 짝을 찾았습니다. 비가 알맞으면 벼를 심었고, 흉년이 들면 뱀으로 국을 끓이고 코끼리를 삶아 밥으로 먹었습니다.

이들은 우두머리를 동주(洞主)라고 불렀고, 매달 초하루와 보름날에 삼강성(三江城)에 모여 물물교환을 하며 살았습니다.

맹획이 동족(同族) 1천여 명을 모아놓고 그동안의 치욕을 갚아주자고 외쳤습니다. 이때 그의 손아래 처남인 대래동주가 목록대왕(木鹿大王)을 추천했습니다. 그는 코끼리를 타고 다니는데 법술(法術)에 통달하여 비와 바람을 마음대로 부르고, 호랑이와 표범, 이리와 승냥이, 독사와 전갈들을 항상 몰고 다녔습니다. 수하 병사 3만 병도 건장하고 용맹하여 신병(神兵)으로 불렸습니다. 맹획은 기뻐하며 대래동주에게 편지를 전하게 하고 타사대왕에게는 삼강성을 지키도록 했습니다.

한편 제갈량이 삼강성에 도착하여 지세를 살펴보았습니다. 삼면이 강으로 둘러싸이고 한쪽만 육지와 통했습니다. 즉시 위연과 조운에게 육지 쪽으로 가서 성을 공격토록 했습니다. 촉군이 다가가자 만병은 활과 쇠뇌에 독을 묻혀 쏘아댔습니다. 제갈량은 영채를 몇 리 후퇴시켰습니다. 그러자 만병들은 촉군이 겁을 먹고 물러간 것을 알고 크게 웃으며 축하했습니다. 그래서 야간근무도 하지 않고 순찰도 돌지 않았습니다. 제갈량도 영채를 닫아걸고 닷새를 나가지 않았습니다. 닷새째 석양이 질 무렵, 산들바람이 불자 제갈량이 명령을 내렸습니다.

"군사들은 모두 옷깃 한 폭씩을 가지고 모여라!"
"군사들은 모두 옷깃에 흙을 싸가지고 대기하라!"
"군사들은 모두 싼 흙을 가지고 삼강성 밑으로 집합하라!"
"군사들은 흙을 쌓아 계단을 만들라. 성으로 올라가는 자가 일등공신이다!"

↑ 남만정벌에서 많은 공을 세운 위연

군사들은 제갈량의 연이은 명령에 일사불란(一絲不亂)하게 움직였습니다. 촉군 10여만 명과 항복한 군사 1만여 명은 갖고 온 흙을 일제히 성 밑에 쏟아 붓자 삽시간에 성까지 닿았습니다. 공격 신호가 울리자 촉군은 모두 성으로 올라갔습니다. 만병들은 서둘러 쇠뇌를 쏘려 했지만 이미 늦었습니다. 그들은 성을 버리고 달아났고 타사대왕은 전사했습니다. 맹획은 크게 놀라 허둥거렸습니다. 그 사이 촉군은 강을 건너 맹획의 영채 앞에 이르렀습니다.

"남자가 되어 어찌 그렇게 꾀가 없으시오. 내 비록 여자이지만 당신과 함께 나가서 싸우겠소!"

맹획의 아내 축융부인이 외쳤습니다. 부인은 비도(飛刀)를 잘 던졌는데 그야말로 백발백중(百發百中)의 솜씨였습니다. 맹획은 부인과 함께 5만 명을 이끌고 나왔습니다. 촉군 장수 장의가 맞섰습니다. 그러자 축융부인이 말을 타고 달려와 싸움을 걸었습니다. 몇 합을 겨루고 축융부인이 달아났습니다. 장의가 추격할 때 비도가 날아왔습니다. 장의가 급하게 손으로 막으려 했지만 왼쪽 팔뚝에 꽂혔습니다. 말 밑으로 떨어진 장의는 만병들에 잡혀 끌려갔습니다. 마충이 구원하러 달려왔다가 역시 사로잡히고 말았습니다. 축융부인은 즉시 두 사람을 목 베어 죽이라고 했지만, 맹획은 제갈량을 잡은 다음에 함께 죽이자며 승리에 도취되어 웃고 마시며 떠들썩하게 즐겼습니다.

소식을 들은 제갈량은 마대, 위연, 조운을 불러 각각 계책을 주었습니다. 다음 날, 조운이 먼저 싸움을 걸었습니다. 이번에도 축융부인이 나섰습니다. 조운은 몇 합 겨루다가 말머리를 돌려

↑ 등갑군을 반사곡에서 무찌른 마대

달아났습니다. 부인은 매복이 있을 것을 걱정하여 군사를 돌려 돌아오려고 했습니다. 이때 위연이 와서 싸움을 걸었습니다. 부인은 말을 달려 맞싸웠습니다. 그러자 위연이 패한 척 달아났습니다. 부인은 뒤쫓지 않았습니다. 다음 날, 조운이 다시 와서 전날처럼 싸웠습니다. 위연도 와서 전날처럼 싸웠습니다. 부인은 분을 못이겨 위연을 뒤쫓아 갔습니다. 위연이 후미진 산골 좁은 길로 달아나고 있을 때 뒤쫓던 부인이 '억!' 하는 소리와 함께 말에서 떨어져 거꾸로 처박혔습니다. 마대가 이곳에 숨어 있다가 말을 걸어 넘어뜨리고 부인을 결박했습니다. 만병들이 구원하려고 했지만 조운에게 크게 당하고 모두 달아났습니다.

제갈량은 부인의 결박을 풀어주고 술로 놀란 가슴을 진정시켜 주었습니다. 맹획에게 사자를 보내 장의와 마충 두 장수를 보내면 부인을 돌려보내겠다고 제안했습니다. 맹획은 즉시 두 장수를 놓아주었습니다. 부인도 맹획에게 돌아갔습니다. 맹획은 부인을 보자 기쁘기도 하고 화가 나기도 하는 게 반반씩이었습니다. 이때 목록대왕이 도착했습니다. 맹획은 연회를 베풀고 지난날의 일들을 하소연했습니다. 목록대왕이 크게 원수를 갚아주겠노라고 약속하자 맹획은 너무 기뻤습니다.

다음 날, 조운과 위연이 목록대왕의 술법과 야수들의 공격에 패하고 돌아왔습니다. 제갈량은 목록대왕의 술법을 무찌를 비책을 공개했습니다. 나무로 만든 거대한 동물인데 오색 털실로 털을 만들고 강철로 이빨과 발톱을 만들었으며, 열 사람씩 탈 수 있었습니다. 1백 마리의 기계에 1천여 명의 정예병을 태우고 연기와 불꽃을 일으키는 물건들을 장전했습니다. 트로이의 목마요, 거북선과도 같은 형상이었습니다. 촉군이 다시 쳐들어온다는 보고를 받은 목록대왕은 이번에도 자신만만하여 맹획과 함께 나왔습니다. 하지만 목록대왕의 술법도 제갈량의 거수기(居獸機)에 놀란 맹수들이 거꾸로 덮쳐들어 죽이자 크게 패하고 말았습니다. 목록대왕은 전사했고, 맹획은 산꼭대기를 기어 넘어 도망쳤습니다.

제갈량은 은갱동을 점령하고 맹획을 잡을 준비를 하였습니다. 이때 맹획의 처남인 대래동주가 맹획과 축융부인 및 수백 명을 잡아 오고 있다는 보고가 들어왔습니다. 제갈량은 즉시 장의와 마충을 불러 계책을 전달하고 그들을 기다렸습니다. 드디어 대래동주가 도부수를 이끌고 맹획 등 수백 명을 압송해 와서 절을 하였습니다. 제갈량이 호통쳤습니다.

"저놈들을 모두 잡아라!"

양쪽에서 정예병들이 쏟아져 나와 모두 결박했습니다. 제갈량은 그들의 몸을 수색해서 숨긴 칼들을 찾아냈습니다. 맹획은 제 꾀를 자신하여 또다시 잡히고 말았습니다. 제갈량이 항복할 것을 묻자 또다시 둘러대었습니다.

"이것은 우리가 제 발로 걸어와서 잡힌 것이지 네가 잡은 것이 아니다. 그러므로 진심으로 승복할 수 없다."

제갈량은 또다시 맹획을 풀어주었습니다. 하지만 자신의 소굴을 뺏기자 갈 곳이 없었습니다. 칠백 리 떨어진 곳인 오과국(烏戈國)에 가서 올돌골(兀突骨)을 만나 두 번 절하고 복수를 부탁했습니다. 올돌골은 딱딱한 비늘을 덮고 있어서 칼과 화살이 무용지물(無用之物)이었습니다. 부하들도 등나무로 만든 갑옷을 입고 있어서 마찬가지였습니다. 이들은 등갑군(藤甲軍)으로 불렸습니다. 맹획은 등갑군을 이끌고 제갈량과 맞섰습니다. 위연이 군사를 이끌고 쇠뇌를 퍼부었지만 소용이 없었습니다. 촉군은 패하여 달아났습니다. 제갈량은 주변을 순찰한 후 마대를 불러 준비해온 무기들을 반사곡(盤蛇谷) 양쪽 어귀에 배치토록 했습니다. 조운과 위연, 장의와 장익에게도 각각 계책을 주었습니다.

먼저 위연이 싸우다가 패하길 보름 동안 열다섯 번을 반복하고 일곱 개의 영채를 버렸습니다. 만병들은 숲이 아니면 마음껏 진격했습니다. 드디어 열엿새

七縱七擒
得人心着
楽雄畫

➥ 제갈량의 칠종칠금에
    진심으로 항복하는 맹획

되는 날, 만병은 또 위연을 뒤쫓아 반사곡까지 왔습니다. 골짜기 중간쯤에 검은 궤짝 수십 대의 수레가 길을 막고 있었습니다. 올돌골과 맹획은 촉군의 군량으로 알았습니다. 그들이 추격을 재촉하여 골짜기 출구에 이르렀을 때, 계곡 위에서 통나무와 돌들이 쏟아졌습니다. 길이 막히는 순간 횃불들이 쏟아져 검은 수레에 들어있던 화약을 터뜨렸습니다. 계곡은 순식간에 온통 화염에 휩싸였습니다. 등갑군은 모두 반사곡에서 타죽었습니다. 맹획은 승전보를 확인하러 반사곡에 왔다가 제갈량에게 잡혔습니다. 제갈량의 신기(神技)와 마술적인 계략에 맹획은 더 이상 저항하지 못하고 육단사죄(肉袒謝罪)하며 항복했습니다.

> "일곱 번 잡고 일곱 번 놓아준 것은 일찍이 없었던 일이오. 내 비록 변방에 살고 있지만 예의는 알고 있소. 어찌 염치가 없겠소이까. 이제 공은 우리에게 황제의 위엄을 보이셨으니, 이곳 사람들은 결코 배신하지 않을 것이오."

제갈량은 맹획을 용서하고 그동안 정복한 모든 지역을 그에게 주며 다스리도록 했습니다. 모든 사람이 제갈량의 은덕에 감복하여 사당을 세우고 자부(慈父)라고 부르며 따랐습니다.

윤건에 깃털부채 들고 수레에 앉아	羽扇綸巾擁碧幢
일곱 번 사로잡으니 만왕이 스스로 항복하네.	七擒妙策制蠻王
지금도 남만 땅에는 위엄과 덕 기리기 위해	至今溪洞傳威德
높은 언덕 선별해서 사당을 세웠다네.	爲選高原立廟堂

제갈량은 군사들을 배부르게 먹인 후 군사를 성도로 철수시켰습니다. 앞장섰던 위연이 노수 가에서 강을 건너려고 할 때, 갑자기 검은 구름이 사방에서 모여들며 수면에서 한바탕 모진 바람이 일어나더니 모래를 날리고 자갈을 굴리며 휘몰아쳐서 군사들이 강을 건널 수가 없었습니다. 제갈량은 즉시 맹획을 불러 그 이유를 물었습니다. 이제 제갈량에게 진심으로 승복한 맹획이 어떻게 제갈량을 도와줄지 궁금합니다.

눈물로 출사표를 쓴 제갈량, 눈물을 머금고 낙향한 사마의

"귀신이 소동을 일으켜 해코지를 할 때면 온 나라에서 마흔 아홉 덩이의 사람 머리와 검은 소와 흰 양을 바쳤습니다. 그러면 풍랑도 가라앉고 풍년도 들었습니다."

"나는 이제 평정을 끝냈소. 어찌 함부로 사람을 죽일 수 있겠소?"

맹획이 귀신을 달래야 한다는 말을 듣고 제갈량은 주방 책임자를 불러서 소와 말을 잡고 밀가루 반죽 속에 고기를 넣어 사람 머리처럼 빚으라고 했습니다. 그리고 이름을 '만두(饅頭)'라고 했습니다. 제갈량은 그날 밤 노수에 나와서 직접 제사를 지내고 만두를 제물로 바쳤습니다. 다음 날, 제갈량은 대군을 이끌고 노수의 남쪽 기슭으로 갔습니다. 구름과 안개가 걷히고 바람도 없어 물결이 고요했습니다. 촉군은 아무 일 없이 노수를 건너서 성도로 왔습니다. 후주는 제갈량을 성대하게 맞이했습니다. 태평연회(太平筵會)를 베풀고 전군에 큰 상을 내렸습니다. 이제 먼 나라에서도 공물을 바치러 성도로 몰려들었습니다.

　한편 조비는 견황후와의 사이에 조예라는 아들 하나를 두었습니다. 조예는 어려서부터 총명하여 조비에게 무척 사랑을 받았습니다. 조비는 또 곽영의 딸을 귀비로 삼았는데, 곽귀비는 견부인이 조비의 사랑을 잃자 자신이 황후가 되기 위해 총애하는 신하 장도와 상의를 했습니다. 장도는 조비가 몸이 아픈 것을 기회로 견황후 궁중에서 파냈다며 오동나무로 만든 인형을 바쳤습니다. 조비가 보니 천자의 사주에 저주를 한 흔적이 있었습니다. 조비는 크게 노하여 견부인을 죽이고 곽귀비를 황후로 세웠습니다. 곽귀비는 자식이 없었기에 조예를 양자로 삼아 아들처럼 키웠습니다.

　조예는 15세가 되자 활솜씨와 말솜씨가 능숙해졌습니다. 어느 따뜻한 봄날, 조비는 조예를 데리고 사냥을 나갔습니다. 어미 사슴과 새끼 사슴이 뛰어나오자 조비는 단번에 어미 사슴을 쏘아 죽였습니다. 새끼 사슴이 조예 앞으로 달려가자 외쳤습니다.

　　"얘야! 쏘지 않고 뭐 하느냐?"
　　"폐하! 이미 어미가 죽었는데 차마 새끼까지 죽이지는 못하겠습니다."
　　"내 아들이 참으로 어질고 덕 있는 임금이 되겠도다!"

　조비는 즉시 조예를 평원왕(平原王)에 봉했습니다. 조비는 병세가 점점 더해지고 백약이 무효였습니다. 조비는 조진, 진군, 사마의를 불러 조예를 잘 부탁했습니다. 조비는 재위 7년 만에 40세의 나이로 죽었습니다.

　조예가 황제가 되어 문무관료들을 승진시키고 대사면을 단행했습니다. 이때 사마의는 표기장군(驃騎將軍)이 되었습니다. 그런데 때마침 옹주(雍州)와 양주(涼州)를 지키는 사람이 없었던 터라 사마의가 표를 올려 자신이 지키게 해달라고 요청했습니다. 조예는 즉시 사마의를 옹주와 양주의 군사를 총괄하게 했습니다.

↑ 만두를 빚어 노수에
제사지내는 제갈량

이 소식을 들은 제갈량이 깜짝 놀랐습니다.

"조비는 이미 죽고 그 아들 조예가 즉위했으니 다른 것은 염려할 것이 없다. 다만 사마의는 지략이 깊은 자로 이제 옹주와 양주의 군사를 총괄하게 되었으니 만약 훈련을 끝내면 반드시 우리의 커다란 걱정거리가 될 것이다. 내가 먼저 군사를 일으켜 쳐야겠다."

"사마의가 비록 위의 대신일지라도 조예는 오래전부터 그를 의심하고 꺼렸습니다. 은밀히 사람을 낙양과 업성으로 보내 그가 모반을 하려고 한다는 소문을 퍼뜨리는 한편, 사마의가 천하에 포고하는 것처럼 여러 곳에 방문(榜文)을 붙여 놓으면 조예는 반드시 그를 죽일 것입니다."

제갈량은 마속의 계책을 따라 즉시 시행에 옮겼습니다. 역시 이를 안 조예는 크게 의심이 드는 바가 있어서 신하들에게 물었습니다. 화흠과 왕랑이 다음과 같이 아뢰었습니다.

"사마의가 표를 올려 옹주와 양주를 지키겠노라고 자청한 것도 바로 그 때문입니다. 전에 태조 무황제께서 계실 때 신에게 말씀하시길, '사마의는 매처럼 노려보고 이리처럼 돌아보는 자이니 병권을 맡겨서는 안 된다. 먼 후일에는 반드시 국가에 큰 화가 될 것이다.'라고 하셨습니다. 오늘 모반하려는 것을 알았으니 속히 처단해야 합니다."

"사마의는 육도삼략을 터득했고, 병기도 꿰뚫고 있으며 애초부터 큰 뜻을 품고 있습니다. 지금 일찌감치 없애지 않으면 나중에는 반드시 칼을 들이댈 것입니다."

대장군 조진은 촉오의 첩자들이 반간계를 써서 자중지란으로 몰아갈 수 있으니 깊이 통찰해야 한다고 말렸습니다. 사마의는 억울한 누명을 쓰자 조예에게 달려와 울면서 사정했습니다. 그러나 화흠이 강력히 반대하자 조예는 그의 말을 따라 사마의의 관직을 떼고 고향으로 돌려보냈습니다.

제갈량은 계략대로 사마의가 좌천되어 고향으로 돌아가자 위나라를 공격하기 위하여 즉시 후주에게 출사표를 올리고 전군을 출동시켰습니다. 선봉은 조운과 등지였습니다. 조예도 제갈량이 쳐들어온다는 소식을 듣고 대책 회의를 열었습니다. 하후연의 아들 하후무가 아버지의 원수를 갚겠다고 나섰습니다. 왕랑이 반대하고 나서면서 이렇게 말했습니다.

"안 됩니다. 하후 부마는 전쟁 경험도 없는데 곧바로 큰 임무를 맡긴다는 것은 잘못된 것입니다. 더구나 제갈량은 계략이 많은 데다 육도삼략(六韜三略)을 통달하고 있으니 가벼이 대적해서는 안 됩니다."

"사도! 제갈량과 손잡고 내응이라도 하려는 게요? 나도 어려서부터 아버지께 육도삼략을 배우고 깨달아 병법에 정통하오. 그대는 지금 내 나이가 어리다고 깔보는데 내가 만약 제갈량을 잡아오지 못한다면 맹세코 돌아와 천자를 뵙지 않을 것이오."

하후무는 큰소리로 장담하고 장안으로 갔습니다. 20여 만 명의 군사를 출동시켜 제갈량과 싸우러 갔습니다. 과연 그의 말대로 제갈량을 사로잡을 수 있을까요?

모종강은 제갈량이 후주에게 출사표를 올리며 눈물을 쏟은 것에 대하여 다음과 같이 설명했습니다.

'제갈량이 북벌을 추진할 때 남쪽 걱정은 안 해도 되니 이는 무후의 즐거움이고, 무후가 밖에서 정벌을 하면서 끝내 후주에 대한 걱정에서 벗어나지 못했으니 이는 무후의 두려움이다. 왜 그런가? 만이(蠻夷)를 평정한 이후 걱정거리는 남쪽이 아니라 안에 있었고, 그것은 바로 후주였기 때문이다. 그래서 출사표에서도 "표를 올리려니 눈물이 앞을 가린다."라고 적고 있다. 모름지기 위를 정벌하는 것은 군사를 출동시켜 승리하는 것뿐인데 무엇 때문에 울어야 하겠는가? 바로 이때 촉의 형편은 실로 존망의 기로에 선 위급한 처지에 있었건만, 후주는 이를 모른 채 취생몽사(醉生夢死)하는 형편이었던 것이다. '아비만큼 아들을 잘 아는 사람은 없다'는 말이 있지만 스스로 '임금만한 신하가 없다'고 취한 말이 끝내 참말이 되었으니 어

두 아들과 함께
낙향하는 사마의

찌된 일인가? 이리하매 제갈량은 직접 대군을 이끌고 출정하지 않을 수 없었고, 쉴 때에도 근심과 걱정에서 벗어날 수 없었다. 이 때문에 엄한 아버지가 되어 간곡히 일깨우기도 하고 인자한 어머니같이 당부하기도 한 것이다. 아마 무후가 표를 올리며 눈물을 쏟은 것은 후주에게 매우 난처한 무엇이 있었기 때문일 것이고, 한나라 역적과 양립할 수 없음 때문은 아니었을 것이다. 요즘 사람들은 단지 이 표가 역적을 토벌하기 위한 의리 때문으로만 알고 그가 임금을 생각하고 보위하려는 충정인 줄은 모른다. 그러니 어찌 무후를 안다고 말할 수 있는가.'

🔺 서예가 무산 윤인구의 '제갈량 출사표' 일구(一句)

제갈량의 계략을
강유가 간파하다

제갈량이 대군을 거느리고 면양(沔陽)으로 갔습니다. 하후무가 관중(關中)의 각 곳에서 병마를 이끌고 오고 있다는 보고가 들어왔습니다. 위연은 자신이 선봉이 되어 자오곡(子午谷)으로 들이닥치면 열흘 안에 장안(長安)까지 진격할 수 있노라고 장담했습니다. 하지만 제갈량은 안전한 계책이 아니라며 따르지 않았습니다. 오히려 농우(隴右) 쪽의 평탄한 길을 따라 병법대로 진격하겠다고 했습니다. 위연은 자신의 계책이 채택되지 않자 매우 불만스러웠습니다. 제갈량은 조운에게 선봉에서 진격할 것을 명령했습니다.

하후무는 장안에서 여러 방면의 군마를 불러 모았습니다. 서량대장(西涼大將) 한덕은 개산대부(開山大斧)를 잘 썼는데 만부부당지용(萬夫不當之勇)의 장군이었습니다.

趙子龍老當益壯
乙酉春日 杜葉雄 畫

한덕의 네 아들 모두를
죽이는 조운

그에게는 아들 넷이 있었습니다. 한영, 한요, 한경, 한기였는데 모두 무예에 정통하고 궁마(弓馬)에 뛰어났습니다. 한덕은 네 아들과 8만 명의 군사를 이끌고 봉명산(鳳鳴山)으로 와서 촉군과 마주쳤습니다. 조운이 창을 뻗쳐 들고 달려 나오자, 맏아들 한영이 뛰어나왔습니다. 하지만 채 3합도 싸우기 전에 조운의 창에 찔려 말밑으로 떨어졌습니다. 둘째 한요가 덤벼들었으나 당해낼 수 없었습니다. 셋째 한경과 넷째 한기가 조운을 에워싸며 덤볐습니다. 그러나 곧 한기가 말밑으로 떨어졌고, 한경은 조운의 활을 맞고 죽었습니다. 나아가 조운은 한요를 사로잡아 놓고 적진 속으로 뛰어들었습니다.

네 아들을 한꺼번에 잃은 한덕은 간담이 내려앉아 진(陳) 속으로 달아났습니다. 조운은 필마단창(匹馬短槍)으로 무인지경처럼 적군을 무찔렀습니다. 후세 사람들도 시를 지어 조운의 무공을 기렸습니다.

그 옛날 상산 조자룡을 돌아보면   憶昔常山趙子龍
칠십에도 펄펄 날아 기이한 공 세웠네.   年登七十建奇功
혼자 네 장수 베고 적진을 휘저으니   獨誅四將來沖陣
당양에서 후주 구하던 그때 그 모습이로다.   猶似當陽救主雄

한덕이 크게 패하자 하후무가 군사를 이끌고 나왔습니다. 조운이 창을 들고 말을 달려 나갔습니다. 한덕이 원수를 갚겠다고 곧장 조운에게 덤벼들었습니다. 하지만 채 3합도 싸우기 전에 조운의 창이 번쩍 하더니 한덕을 찔러 말밑으로 떨구었습니다. 실력이 안 되는 장수가 분으로만 덤빈 결과였습니다. 조운은 그대로 하후무에게 달려들었습니다. 하후무도 기겁을 하고 도망갔습니다. 위군은 또다시 크게 패하고 후퇴했습니다.

하후무는 조운을 무찌를 방도가 생각나지 않았습니다. 정욱의 아들인 정무가 진언했습니다.

"제가 보기에 조운은 용기뿐이지 꾀는 없습니다. 그러니 걱정하실 필요가 없습니다. 내일 도독께서 군사를 이끌고 출정하기 전에 미리 군사를 좌우에 매복시켜 두소서. 그리고 도독께서는 진으로 나갔다가 먼저 후퇴하여 조운을 그곳으로 유인하시고, 곧바로 산으로 올라가 모든 군마를 몰아쳐서 몇 겹으로 에워싸면 조운도 어쩌지 못하고 사로잡힐 것입니다."

하후무는 그 말을 따랐습니다. 다음 날, 하후무가 조운에게 싸움을 걸었습니다. 조운이 말을 타고 뛰쳐나갔습니다. 등지가 조운에게 계략을 조심하라고 말했습니다. 조운은 듣지 않고 질풍처럼 말을 달려 나갔습니다. 조운이 한참을 추격했을 때입니다. 사방에서 함성이 울리며 적군이 쳐들어왔습니다. 등지는 적은 군사로 조운을 구할 수가 없었습니다. 조운은 완전히 포위되어 곤란한 처지에 빠졌습니다. 위군의 포위망은 점점 좁혀오고 아침부터 저녁까지 쉬지 않고 싸웠지만 포위망을 뚫기가 쉽지 않았습니다. 조운은 탄식했습니다.

"아! 내가 늙었다는 것을 믿으려 하지 않으려다가 결국 이곳에서 죽는구나!"

↑ 장비의 아들 장포

바로 그때, 위군의 한쪽이 우르르 무너졌습니다. 장포와 관흥이 제갈량의 명을 받아 조운을 도우러 온 것이었습니다.

"승상께서는 혹시 노장군께서 실수하실까봐 특별히 군사를 이끌고 가서 지원하라고 하셨습니다."
"두 장군이 이미 기이한 공을 세웠는데 이 기세를 몰아 이제 하후무를 잡고 대사(大事)를 결정짓도록 해야 하지 않겠는가?"

조운은 다시 힘을 내어 장포, 관흥과 함께 군사를 이끌고 하후무를 잡으러 갔습니다. 등지는 뒤에서 지원했습니다. 하후무는 지략이 없고 나이도 어렸으며 전쟁 경험도 없었습니다. 군사들이 혼란에 빠지자 부하 1백여 명만 이끌고 남안군(南安郡)으로 달아났습니다. 위군의 시체가 들판을 덮고 피는 하천을 이뤘습니다. 조운 등은 남안성을 포위하고 공격했습니다. 열흘을 공격했지만 함락할 수 없었습니다. 제갈량이 도착하여 성을 살펴보고는 작전을 지휘했습니다.

바로 남안성을 빌미로 천수와 안정을 공략하는 것이었습니다. 제갈량은 천수태수(天水太守) 마준과 안정태수(安定太守) 최량이 군사를 이끌고 남안군의 하후무를 구원하도록 하여 그들이 군사를 이끌고 성을 나오는 순간에 공략하려고 했습니다. 안정태수 최량이 걸려들어 위연이 안정을 차지했습니다. 제갈량은 최량을 풀어주어 남안성에 들어가 항복하도록 했습니다, 하지만 최량은 하후무와 이를 역이용하여 제갈량을 사로잡기로 했습니다. 신출귀몰한 제갈량이 이를 모를 리 없겠지요. 장포와 관흥을 보내 사전에 격파하고 하후무를 사로잡았습니다. 남안성도 제갈량의 손아귀에 들어왔습니다.

이제 천수만 남았습니다. 천수태수 마준은 하후무가 남안성에 갇혀 곤란을 겪고 있다는 소식을 듣고 즉시 문무관원을 불러 상의했습니다.

"하후 부마는 금지옥엽(金枝玉葉)입니다. 만약 그가 잘못되면 우리는 앉아서 구경만 한 죄를 피하기 어려울 것입니다. 태수께서는 속히 병사를 이끌고 구원하러 가셔야만 합니다."

"태수께서는 제갈량의 계략에 속으면 안 됩니다."

천수태수 마준이 군사를 일으키려 할 때 중랑장(中郎將) 강유가 말렸습니다. 강유는 어려서부터 온갖 서적을 두루 탐독했고 병법과 무예도 통달하지 않은 것이 없었습니다. 어머니를 지극한

↑ 제갈량의 계략을 간파한 강유

효도로 받들어 고을 사람들에게 존경도 받았습니다. 그런 그가 제갈량의 계략을 꿰뚫어보고 말했습니다.

　　"최근에 듣자 하니 제갈량이 하후무를 공격해서 남안성으로 몰아넣고 단단히 에워싸고 있다던데, 어떻게 엄중한 포위망을 뚫고 사람이 나올 수 있겠습니까? 또한 배서는 이름도 모르는 하급 장교로 얼굴도 모르는 자입니다. 더욱이 안정에서 왔다는 파발꾼은 공문도 없었습니다. 이로 미루어 볼 때, 이자는 지금 태수를 속여 성 밖으로 유인하려는 것입니다. 그리하면 성안은 비게 될 것이니 그 틈을 타고 한 무리의 군사를 근처에 숨겨 두었다가 천수를 빼앗으려는 것이 분명합니다."

　　"그대가 가르쳐 주지 않았더라면 내가 간계(奸計)에 속아 성을 뺏길 뻔했소."

　　"태수께서는 걱정 마소서. 제게 한 가지 계책이 있으니 이참에 제갈량을 잡고 남안의 위기를 해결할 수 있을 것입니다."

　　태수는 크게 기뻐하며 강유의 말을 따르기로 했습니다. 제갈량이 자신의 후계자로 지목한 강유. 강유는 제갈량에게 어떤 모습을 보여 주어 그의 후계자가 되었을까요?

강유가 제갈량의 후계자가 되다

"제갈량은 반드시 우리 군영 뒤에 군사를 숨겼다가 우리가 계략에 빠져 군사를 이끌고 나가면 그 틈을 노려 기습할 것입니다. 제게 정예병 3천 명을 주시면 중요한 길목에 숨어있겠습니다. 태수께서는 군사를 이끌고 성을 나오되 30리쯤 가다가 즉시 돌아오십시오. 불이 붙는 것을 신호로 협공을 하면 반드시 큰 승리를 거둘 것입니다. 만약 제갈량이 직접 나선다면 반드시 저의 계략에 걸려 잡힐 것입니다."

제갈량이 천수군을 공격하자 천수태수의 부장인 강유는 제갈량의 전략을 간파하고 조운마저 무찔렀습니다. 이에 깜짝 놀란 제갈량은 강유를 '한 마리의 봉황'으로 평가하며 그를 투항시키기 위하여 반간계를 썼습니다. 즉 천수태수 마준으로 하여금 강유가 촉한과 내통한다는 의심을 갖게 만들어 운신의 폭을 좁히면 이로 인해 진퇴양난에 빠진 강유는 어쩔 수 없이 촉으로 귀순할 것이기 때문입니다. 결국 제갈량의 계략대로 강유는 제갈량에게 항복했습니다. 그러자 제갈량은 강유의 손을 잡으며 말했습니다.

"내가 출사한 이후로 천하에 두루 현명한 자를 구하여 일평생 쌓은 학문을 전해주려 했지만 아직도 흡족한 인물을 구하지 못했는데, 오늘 그대를 만나니 내 오랜 숙원이 이루어진 것 같소."

강유는 제갈량의 말에 너무 감복하여 크게 기뻐하며 감사의 절을 올렸습니다. 이로부터 제갈량은 강유를 후계자로 신임하고 그에게 중요한 일들을 맡기게 됩니다. 제갈량은 계속해서 천수와 상규를 빼앗을 계책을 상의했습니다. 그러자 강유가 말했습니다.

"천수성의 양서와 윤상은 저와 매우 가깝습니다. 밀서 두 통을 써서 성으로 들여보내면 그들은 자중지란에 빠질 것이니 그때 성을 차지할 수 있을 것입니다."

제갈량은 그 말을 따랐습니다. 강유는 밀서 두 통을 성안으로 보내 손쉽게 천수성을 차지했습니다. 상규는 항복한 양서의 친아우인 양건이 지키고 있었습니다. 그리하여 양서가 양건을 투항시켰습니다. 제갈량은 양서를 천수태수, 윤상을 기성현령, 양건을 상규현령으로 삼고 다스리도록 했습니다.

제갈량은 군마를 정돈하여 기산(祁山)으로 전진했습니다. 마침내 위수(渭水) 서쪽에 이르렀습니다. 위의 조예도 이 소식을 듣고 조회를 열었습니다. 사도(司徒) 왕랑이 나섰습니다.

"신이 뵈오니 선제께서는 언제나 대장군 조진을 기용하셨는데 가는 곳마다 이겼습니다. 이제 폐하께서도 조진을 대도독으로 삼아 촉군을 물리치소서."
"신은 재주도 없고 지혜도 부족해서 그 직책을 맡기가 힘듭니다. 다만 곽회를 부장으로 임명해 주시면 힘써 싸우도록 하겠습니다."

姜伯約歸降

孔明乙酉春秦雄畫

◀ 제갈량에게 항복하는 강유

↑ 제갈량의 호통에
기가 막혀 죽는 왕랑

조예는 즉시 조진을 대도독으로 삼았습니다. 그리고 곽회를 부도독, 왕랑을 군사로 삼아 낙양과 장안의 군사 20만 명을 선발하여 주었습니다. 조진은 조준을 선봉으로 삼고 탕구장군(盪寇將軍) 주찬을 부선봉으로 삼은 다음, 위수에 영채를 세웠습니다. 조진이 촉군을 물리칠 계책을 협의하자 왕랑이 말했습니다.

"내일 대오를 삼엄하게 늘어세우고 깃발들을 크게 펼친 다음, 노부가 먼저 나가서 말 한마디로 제갈량이 손을 들고 항복하도록 만들겠습니다. 그러면 촉군은 싸움 한번 못하고 제풀에 물러갈 것입니다."

다음 날, 왕랑이 자신 있게 제갈량에게 말했습니다. 천수(天數)가 변하고 신기(神器)도 바뀌어 덕 있는 위나라에게 돌아갔으니, 이는 곧 하늘의 뜻이요 사람들의 소망이니 억지로 천리를 거스르고 인심을 배반하는 일을 하지 말고 항복하라고 했습니다.

그러자 제갈량이 크게 웃으며 대꾸했습니다.

"나는 한나라의 원로대신이라기에 훌륭한 논의가 있을 것으로 여겼는데 어찌 이런 속되고 천박한 말만 늘어놓느냐? 나는 원래부터 네가 한 짓을 잘 알고 있다. 너는 역적을 도와 함께 황제 자리를 찬탈하였으니 그 죄악이 깊고 무거워 천지가 용납하지 않고 천하 사람들이 네 고기를 먹고자 하고 있다. 너는 권력에 빌붙어 아첨이나 하는 몸인데 잘 숨어서 목을 움츠리고 먹고살기나 할 일이지 어찌 감히 대오 앞에 나서서 망령되이 천수 운운하느냐? 이 늙은 놈아, 배반한 역적 놈들에게 나와 승부나 가리라고 해라!"

왕랑은 제갈량의 말을 듣자 기가 막히고 가슴 속으로 분이 차올랐습니다. 곧바로 외마디 소리를 크게 지르며 말밑으로 떨어져 머리를 땅에 처박고 그 자리에서 죽었습니다.

후세 사람이 시를 지어 제갈량을 칭찬했습니다.

병마가 서쪽 진 땅으로 나가니	兵馬出西秦
큰 재주는 만인을 대적하네.	雄才敵萬人
세 치 혀를 가볍게 놀려	輕搖三寸舌
늙은 간신 호통을 쳐서 죽였네.	罵死老奸臣

모종강은 제갈량이 왕랑을 꾸짖어 죽게 만든 장면을 다음과 같이 평했습니다.

'사람들은 역적을 토벌하고자 하면 마땅히 그 괴수를 먼저 처단해야 한다고 알고 있을 뿐, 그 종(從)을 먼저 처단해야 한다는 것은 모른다. 왜 그런가? 가윤과 성제가 없으면 사마의 부자가 함부로 흉악한 짓을 못했을 것이고, 화흠과 왕랑이 없었다면 조조 부자가 멋대로 흉포한 짓을 못했을 것이기 때문이다. 따라서 조조를 욕하고 화흠을 욕하지 않으면 조조의 혼을 완전히 부순 것이 아니고, 조비와 조예를 욕하면서 왕랑을 욕하지 않으면 조비와 조예의 혼을 완전히 부순 것이 아니다. 조조를 욕한 것은 진림의 격문이 있고 의대조(衣帶詔)가 있고 한중왕이 등극할 때 올린 글도 있지만, 조비를 욕한 것은 없다. 제갈량의 출사표가 있을 뿐이고 역적 토벌을 알리는 천하 포고문에 없다는 것이 참으로 한스럽다.'

조진은 왕랑의 시신을 관에 넣어 장안으로 보냈습니다. 부도독 곽회가 계책을 냈습니다.

"제갈량은 분명 우리가 군중에서 장례를 치를 것이라고 믿고 오늘 밤 우리 영채를 기습하러 올 것입니다. 군사를 나누어 두 갈래는 후미진 지름길로 진격한 후 빈틈을 이용해 촉군 영채를 기습하고, 두 갈래는 우리 본영 밖에 숨어 있다가 좌우에서 공격하도록 하소서."
"내 생각도 그대와 똑같소!"

조진은 대단히 기뻐하며 곽회의 계책대로 군사를 이동시켰습니다. 제갈량은 이들의 계략을 역이용하여 하룻밤 사이에 대승을 거두었습니다. 첫 전투에 패한 조진은 걱정했습니다. 그러자 곽회가 다시 계책을 냈습니다.

　"싸움은 이길 수도 질 수도 있는 것이니 크게 걱정할 일이 아닙니다. 저에게 또한 가지 계책이 있습니다. 촉군의 앞뒤를 끊어 서로가 구원할 수 없게 만들면 저들은 제풀에 물러갈 것입니다."

　곽회가 이번엔 제대로 된 계책을 낼지 두고 볼 일입니다.

복귀한 사마의, 제갈량과 진검승부를 펼치다

북경

천수
가정 · 장안   낙양
기산   · 허창   건업
한중 · 면양 · 완성
· 성도   형주
백제성

대리 곤명 곡정

곽회는 제갈량에게 패한 것을 갚기 위해 조진에게 다시 계책을 말했습니다. 그 계책은 서강(西羌)의 왕인 철리길(徹里吉)로 하여금 군사를 일으켜서 촉군의 배후를 기습하게 하는 것이었습니다. 위군과 서강군이 촉군의 앞뒤에서 협공하여 무찌르는 것이었습니다. 조진은 부하에게 편지를 주고 밤을 도와 서강으로 달려가도록 했습니다. 서강의 철리길은 조조 때부터 조공을 바쳐왔습니다. 그는 아단 승상과 월길 장수의 보좌를 받았습니다. 아단이 철리길에게 조진의 편지와 계책을 전하자 이를 본 철리길이 아단에게 의견을 물었습니다.

"우리와 위나라는 평소부터 서로 연락을 취해왔습니다. 이제 조도독이 구원을 바라며 화친을 청하니 승낙하시는 것이 좋습니다."

철리길은 아단의 말을 따라 월길에게 강병 25만 명을 이끌고 조진을 돕도록 하였습니다. 강병들은 모두 활과 쇠뇌, 칼, 창, 질려(蒺藜), 비추(飛鎚) 등의 무기를 익숙하게 다루는 병사들이었습니다. 게다가 철편(鐵片)으로 둘러친 전차도 있었습니다. 이를 일러 철차군(鐵車軍)이라고 불렀습니다. 아단과 월길은 군사를 이끌고 촉군이 있는 서평관(西平館)으로 쳐들어갔습니다. 보고를 받은 제갈량은 서강 출신인 마대에게 길을 안내하게 하고 장포와 관흥에게 5만 명의 정예병을 이끌고 대응토록 했습니다. 강병들과 마주친 관흥은 산비탈에서 적군의 동태를 살펴보았습니다. 강병의 영채는 둥그렇게 구축되었는데 무기가 조밀하게 배치되어 성이나 마찬가지였습니다. 쳐들어갈 곳이 없자 마대가 일전을 벌여 강병의 허실을 알아보기로 했습니다.

다음 날, 관흥, 장포, 마대는 세 길로 나누어 전진했습니다. 강병들이 이들을 무섭게 덮쳤습니다. 장포도 밀리고 관흥도 위태로웠습니다. 월길이 관흥을 추격하여 절벽까지 쫓아왔습니다. 월길이 철추로 관흥을 내리쳤습니다. 절체절명의 순간, 간신히 피했지만 대신에 타고 있던 말이 맞아 죽었습니다. 관흥은 절벽 아래 물속으로 쳐박혔습니다.

바로 그때였습니다. 월길이 말을 탄 채 까닭 없이 절벽 밑으로 곤두박질치며 물속으로 떨어졌습니다. 관흥이 물속에서 일어나 보니, 한 대장이 계곡 위에서 강병을 몰아쳐 쫓고 있었습니다. 관흥이 칼을 들고 월길에게 달려들자 월길은 그대로 도망쳤습니다. 관흥은 월길의 말을 타고 자신의 목숨을 구해준 장수에게 감사인사를 드리려고 달려갔습니다. 관흥이 가까이 다가가자 장수의 모습이 보였습니다.

▲ 사마의가 선봉으로 추천한 장합

그 대장은 녹색 전포에 황금 갑옷을 입고 있었는데, 청룡도를 들고 적토마에 앉아 한손으로는 긴 수염을 쓰다듬고 있었습니다. 관흥이 보기에 분명한 아버지 관우였습니다. 관흥은 깜짝 놀랐습니다. 그러자 관공이 동남쪽을 가리키며 말했습니다.

"아들아! 속히 이 길로 가거라. 네가 영채로 돌아갈 때까지 내가 보호해 주겠다."

관흥은 홀린 듯 동남쪽으로 말을 달렸습니다. 한밤중에 군사를 이끌고 오는 장포를 만났습니다. 장포도 관우의 도움으로 살아나서 관흥을 만나게 해주었던 것입니다. 겨우 영채로 돌아온 두 사람은 마대와 상의하여 승상 제갈량의 도움을 받기로 했습니다. 제갈량이 강병의 영채를 둘러보고는 마대와 장익 관흥과 장포에게 계책을 지시했습니다. 그리고 영채를 비우고 강유에게 공격을 하라고 명했습니다.

한겨울이라 큰 눈이 내렸습니다. 강유와 월길이 만났습니다. 월길이 전차군을 이끌고 나오자 강유는 즉시 달아났습니다. 강병이 영채 앞까지 뒤쫓아 왔습니다. 강유는 또 영채 뒤로 달아났습니다. 월길이 살펴보니 촉군 영채는 텅 빈 채 거문고 소리와 북소리만 들렸습니다. 월길은 의심이 들어 진격하지 못했습니다. 그러자 아단이 나섰습니다.

▲ 조비의 뒤를 이어 황제가 된 조예

"이것은 제갈량이 군사를 숨겨 놓은 것처럼 꾸미는 속임수가 틀림없소. 지금 공격해야 하오."
"촉군이 산 뒤편에 나타났습니다."
"몇 명 안 되는 복병이다. 두려울 게 무엇이라더냐!"

월길은 군마를 몰아치며 도망치는 촉군을 뒤쫓았습니다. 눈 덮인 산길은 들녘처럼 평탄해보였습니다. 월길은 급하게 군마를 다그쳐 앞으로 달려갔습니다. 그런데 갑자기 땅이 꺼지는 듯한 소리가 나면서 강병들이 우르르 함정에 빠졌습니다. 비탈길이어서 철갑수레를 세울 수도 없었습니다. 서로가 뒤엉켜 우왕좌왕할 때 관흥과 장포, 장익과 강유, 마대가 강병을 공격했습니다. 월길은 도망치다가 관흥에게 죽었고 아단은 마대에게 사로잡혔습니다. 제갈량은 아단의 결박을 풀어주고 술을 주어 놀란 가슴을 진정시켰습니다. 그리고 좋은 말로 다독였습니다.

"우리 주인은 바로 대한(大漢)의 황제이시다. 지금 내게 명하시어 역적을 토벌 중인데 너는 어째서 역적을 돕고 있느냐? 이제 너를 놓아줄 터이니 너는 주인에게 가서 전하라. 우리나라는 너희 나라와 이웃하고 있으며 영원한 우호를 맺을 것이니 다시는 역적과 손잡지 말도록 하라."

한편 조진은 이러한 사실을 모른 채 강병의 소식만을 기다리고 있었습니다. 이때 촉군이 영채를 거두어 떠날 준비를 하자, 강병이 쳐들어와서 물러가려는 것으로 착각했습니다. 결국 촉군을 추격한 위군은 선봉 조준과 부선봉 조찬이 위연과 조운의 창칼에 죽고 위군은 위수의 영채까지 빼앗겼습니다. 조진은 조예에게 구원병을 요청하는 장계(狀啓)를 올렸습니다.

장계를 받은 조예는 신하들을 불러 모아 논의했습니다. 화흠은 조예가 친정(親征)을 해야만 한다고 아뢰었습니다. 그러자 종요가 조예에게 계책을 아뢰었습니다.

"전날에 제갈량이 군사를 일으켜 우리의 국경을 침범하고 싶었으나 이 사람이 두려웠기 때문에 유언비어(流言蜚語)를 퍼뜨렸던 것인데 폐하께서 이에 속아서 그를 버리셨습니다. 그래서 제갈량이 아무런 걱정없이 쳐들어온 것입니다. 이제라도 그를 부르시면 제갈량은 제풀에 물러갈 것입니다."

조예는 즉시 조서를 내려 사마의를 다시 불러들였습니다. 그의 관직인 표기대장군을 복직시키고 평서도독(平西都督)까지 겸하게 했습니다.

善變孟達失算計
三國演義插圖二
百四十一
乙酉年春日
蒹葭畫
於滬上

▲ 신탐의 창에 찔려 죽는 맹달

한편 제갈량은 맹달이 위의 내부에서 모반을 일으킬 테니 밖에서 공격해주기를 바란다는 기쁜 소식을 받았습니다. 이와 함께 조예가 사마의를 다시 복직시켰다는 걱정거리도 보고받았습니다. 제갈량은 사마의가 움직이면 맹달이 당해 낼 수 없음을 알고 가벼이 움직이지 말고 만전을 기하라는 밀서를 보냈습니다. 그러자 맹달이 답신을 보내왔습니다.

'방금 편지를 받았나이다. 어찌 감히 하루라도 게으르하겠습니까? 제 생각에는 사마의에 관한 한 무서워할 필요가 없는 듯합니다. 완성에서 낙양까지는 8백 리고, 신성까지는 1천2백 리입니다. 만약 내가 거사한다는 것을 사마의가 알면 그는 먼저 위주에게 표주(表奏)해야 하는데, 이는 족히 한 달은 걸립니다. 그 기간이면 저의 성은 이미 튼튼하고 여러 장수와 군사는 모두 깊고 험한 곳에 있을 것이니, 사마의가 쳐들어온 들 겁낼 것이 무엇이겠습니까? 승상께서는 아무 걱정 마시고 승전보나 기다리소서.'

"병법에 '방비가 없을 때 공격하고 생각하지 못할 때 진군한다'고 했는데 어찌 한 달이라는 기간을 정하고 있느냐? 이미 조예는 사마의에게 적을 제거하도록 위임했건만 무엇 하러 다시 아뢰고 명령을 기다리겠느냐? 만약 맹달이 모반한 줄 알면 사마의는 열흘도 안 되어 공격할 것이 분명한데, 아! 어리석은 맹달이 어찌 손이나 쓸 수 있겠느냐?"

사마의는 맹달이 모반을 일으킨다는 첩보를 듣자, 바람처럼 진군하여 속전속결로 맹달의 허를 찔렀습니다. 결국 맹달은 손 한번 제대로 써보지도 못하고 제갈량의 예측이 빗나가지 않았음을 깨달으며 죽었습니다. 맹달을 제압한 사마의는 조예에게 선봉으로 장합을 추천했습니다. 사마의는 장합과 함께 군사를 이끌고 제갈량의 촉군을 대항하러 출격했습니다. 이제 본격적인 제갈량과 사마의의 대결이 시작되었습니다.

자만으로 가정을 잃은 마속, 목숨으로 빈 성을 지킨 제갈량

조예는 사마의가 장합을 추천하자 그를 선봉으로 삼아 촉으로 정벌군을 보냈습니다. 사마의는 20만의 정예병을 이끌고 촉군과의 결전을 대비하여 영채를 세웠습니다. 그리고 선봉 장합을 불러 계책을 전했습니다. 제갈량은 조심성이 많아서 경솔하지 않고 매사에 모험을 하지 않아 실수가 없다고 알려주고 따라서 제갈량과 맞설 때에는 조심하고 또 조심할 것을 당부했습니다. 아울러 자신의 전략을 말했습니다.

"그는 반드시 야곡으로 나와 미성(郿城)을 치려고 할 것이오. 미성을 치려면 반드시 군사를 나누어 한 무리는 기곡(箕谷)을 공격할 것이오. 그래서 이미 조진에게 격문을 보내 촉군이 쳐들어오면 절대로 나가 싸우지 말고 단단히 지키라고만 했고, 손례와 신비에게는 기곡 어귀를 막아 섰다가 촉군이 오면 기병을 몰아쳐서 쳐부수라고 했소."

"도독의 지략이 귀신과 같습니다."

"장군은 선봉이 되었으니 경솔히 나가서는 안 되오. 산 서쪽 길을 조심히 가면서 멀리까지 잘 살펴보고 복병이 없으면 뒤따라 오라고 여러 장수에게 전하시오. 만일 이를 태만히 하거나 소홀히 하면 반드시 제갈량의 계략에 걸려들 것이오."

한편 제갈량은 사마의가 이틀 길을 하루에 달려 맹달을 처치했다는 첩보를 받고 깜짝 놀랐습니다. 맹달이 주도면밀(周到綿密)하지 못했으니 당연한 결과라면서 사마의가 출동한 것에 대해 매우 걱정했습니다. 그리고 사마의는 반드시 가정으로 와서 촉군의 중요한 길목을 끊으려 할 것이니 가정을 지키는 것이 급했습니다. 이에 마속이 자청했습니다.

"가정은 작지만 대단히 중요한 곳이다. 그러므로 가정을 잃는다면 우리 대군도 끝장나는 것이다. 자네가 계책에는 밝지만 그곳은 성곽도 없고 의지할 험한 지역도 아니니 지키기가 매우 어려울 것이다."

"저는 어려서부터 병서를 수없이 읽어 병법을 깊이 깨닫고 있습니다. 어찌 가정 하나도 못 지키겠습니까?"

"사마의는 보통 사람이 아니다. 게다가 선봉 장합은 위의 명장이다. 아마도 자네가 감당하기에는 너무 벅찰 것이다."

"사마의와 장합은 고사하고 조예가 직접 온다고 한들 무엇이 두렵겠습니까? 제 가족 전체의 목을 걸고 출정하겠습니다. 만일 제가 실수를 하면 전 가족의 목을 베소서."

"군중에서 농담은 용납되지 않는다!"

제갈량은 마속에게 2만5천 명의 정예병을 주고 다시 상장(上將) 왕평을 불러 중임을 맡겼습니다. 가볍게 처결하지 말고 조심하고 또 조심하여 처리할 것을 당부했습니다. 제갈량은 그래도 불안했습니다. 고상을 불러 1만 명의 군사를 이끌고 가정에서 조금 떨어진 열류성(列柳城)에 주둔하다가 가정이 위태로우면 돕도록 했습니다. 고상을 보내고도 마음이 편하지 않자, 위연을 불러 가정 뒤편에서 있

馬謖拒諫失街亭 春蕣雄畵

↑산에 식수가 없어 무너지는 마속의 병사들

다가 가정을 지원하고 양평관(陽平關)으로 들어오는 길목을 막도록 했습니다. 제갈량은 위연을 보내놓고 마음이 조금 놓였습니다. 하지만 편안하지는 않았기에 다시 조운과 등지를 불렀습니다.

"이제 사마의가 군사를 지휘하게 되었으니 지난날과는 사정이 달라졌소. 두 분은 각각 한 무리의 군사를 데리고 기곡으로 나가 공격할 것처럼 하시오. 그래서 위군을 만나면 싸우기도 하고 싸우지 않기도 하면서 그들에게 겁을 주어 묶어두시오. 나는 직접 대군을 이끌고 야곡을 지나 미성을 공격하겠소. 만약 미성을 함락하면 장안도 무찌를 수 있을 것이오."

마속은 왕평과 가정에 도착해서 지세를 살펴보고는 후미진 산골에 위군이 올 리 없음을 알고 제갈량의 계책을 비웃었습니다. 왕평이 길목에 영채를 치고 방책을 만들어 대비하자고 했지만, 마속은 길 복판이 아니라 산 위에 군사를 둔치려고 했습니다. 그러자 왕평이 다시 말했습니다.

"잘못 생각하신 것이오. 길을 막고 군사를 주둔시킨 다음 방책을 쌓는다면 설령 10만 대군이 쳐들어온다 해도 우리가 능히 지킬 수 있지만, 이 중요한 길목을 버리고 산 위에 군사를 주둔시켰다가 갑자기 적군이 쳐들어와서 사방으로 에워싼다면 무슨 수로 지켜내겠소?"

마속은 왕평의 조언을 비웃으며 듣지 않았습니다. 왕평은 따로 군사 5천 명을 이끌고 10리 떨어진 기슭에 영채를 세웠습니다. 사마의는 사마소를 보내 정탐을 하게 했습니다. 가정에 군사가 있음을 알고는 한탄하다가 마속이 산 위에 영채를 세운 것을 알고는 매우 기뻐했습니다. 다음 날 새벽, 사마의는 장합을 선봉으로 세워 대군을 이끌고 마속을 공격했습니다. 마속이 이끄는 촉군은 위군의 기세에 겁을 먹고 감히 공격할 엄두를 내지 못했습니다. 오히려 군사들이 산을 내려가 위군에 항복했습니다. 마속은 후퇴할 수밖에 없었습니다. 위연이 추격하는 위군을 막았습니다. 위연과 왕평, 고상은 가정을 다시 찾으려고 분투했지만 중과부적(衆寡不敵)이었습니다. 열류성마저 조진에게 빼앗기고 허겁지겁 양평관으로 돌아왔습니다.

제갈량은 가정으로 여러 장수를 보냈지만 그래도 불안했습니다. 이때 왕평이 가정의 진지와 주변 지세를 그린 지도가 도착했습니다. 제갈량은 지도를 보다가 깜짝 놀라 책상을 내리치며 말했습니다.

> "마속, 이 무지한 놈이 나의 군사를 죽음으로 몰아넣었구나!"
> "승상께서는 어찌 그리 놀라십니까?"
> "이 지도를 보니 중요한 길목은 지키지 않고 산을 차지하여 영채를 쳤다. 만약 위군이 들이닥쳐 사방을 에워싸면 식수가 막혀 이틀을 못 가서 자중지란에 빠져들 것이다. 만약 가정을 잃는다면 우리가 어찌 앞으로 나갈 수 있겠느냐?"

제갈량의 걱정대로 가정과 열류성을 모두 잃었다는 비보가 도착했습니다. 제갈량은 촉군을 안전하게 한중으로 철수시켜야만 했습니다. 관흥과 장포에게는 무공산(武功山)에 매복하여 위군에게 의병을 써서 놀라 도망가도록 하게 했습니다. 장익에게는 검각을 보수하도록 했고, 대군은 은밀하게 철수 준비를 하도록 지시했습니다. 마대와 강유에게는 후방을 막도록 했습니다. 제갈량의 군령을 받은 장수들이 모두 군사를 이끌고 떠났습니다. 바로 이때, 파발마가 달려왔습니다. 사마의가 15만 명의 대군을 이끌고 제갈량이 있는 서성을 향해 진군해오고 있다는 것이었습니다. 제갈량은 난감했습니다. 제갈량 주위에는 대장도 없고 군사도 2천5백 명 정도뿐이었습니다. 관리들도 얼굴빛이 모두 흙빛이 되었습니다. 제갈량은 명령을 내렸습니다.

> "즉시 깃발을 모두 내리고 모든 군사는 각자 성위의 구역을 잘 지키도록 하라. 만일 멋대로 돌아다니거나 큰소리로 떠드는 자가 있으면 그 자리에서 목을 베라. 모든 대문은 활짝 열어젖히고 문마다 20명의 군사를 백성으로 위장시켜 물을 뿌리면서 길을 쓸도록 하라. 만일 적군이 오더라도 놀라지말고 함부로 움직이면 안 될 것이다. 나에게 생각해 둔 계책이 있노라."

孔明撫
琴退仲達圖
乙酉春
蕉雄畵

➜ 성문을 열고 공성계를
펼치는 제갈량

지시를 마친 제갈량은 학창의(鶴氅衣)를 입고 윤건(綸巾)을 쓰더니 성 위의 적루에서 향을 피우고 거문고를 탔습니다. 사마의의 척후병이 이 광경을 보고 사마의에게 보고했습니다. 사마의가 직접 확인하고는 크게 의심이 들었습니다. 전군을 북쪽 산길로 후퇴시켰습니다.

세 자 거문고가 대군보다 세구나.	瑤琴三尺勝雄師
제갈량이 서성에서 적을 물리칠 때로다.	諸葛西城退敵時
십오 만 군사가 말을 돌리던 곳을	十五萬人回馬處
그곳 사람들 지금도 가리키며 갸우뚱거리네.	土人指點到今疑

아들 사마소가 의아해했습니다. 그러자 사마의가 말했습니다.

"제갈량은 매사를 세심하고 신중하게 처리하였고 여태껏 단 한 번도 모험을 한 적이 없다. 지금 성문을 활짝 열어 놓고 있는 것을 보면 매복이 있는 것이 틀림없다. 만일 우리 군사가 들어갔다가는 그의 계략에 걸려들 것이다. 너희들이 그것을 어찌 알겠느냐? 어서 물러나기나 해라!"

사마의의 군사가 물러가자 제갈량이 손뼉을 치며 웃었습니다. 관리들은 자신들의 눈앞에서 벌어진 일을 해괴하게 여기지 않는 사람이 없었습니다. 모두가 궁금하지 않을 수 없었습니다.

"사마의는 위의 명장입니다. 그런데 지금 15만 정예병을 거느리고 달려왔다가 승상을 보고는 왜 즉시 물러갔습니까?"
"이 사람은 내가 여태껏 모든 일을 세심하고 신중하게 처리한 것을 알기 때문에 모험을 하는 것이 아니라고 여기고는 복병이 있을 것이라고 여겨서 물러간 것이다. 나는 원래 모험을 하는 사람이 아니지만 상황이 그렇게 만들었기 때문에 했을 뿐이다."

모든 사람이 놀라 탄복했습니다. 제갈량은 즉시 한중(漢中)으로 철수했습니다.

제갈량이 울면서
마속을 베다

사마의는 촉군이 한중으로 철수하자 다시 대군을 이끌고 서천을 공격하려고 했습니다. 조예는 기뻐서 즉시 군사를 일으키도록 했습니다.

그러자 상서 손자가 계책을 올렸습니다.

"지난날 태조께서 장로를 토벌하실 때에도 위험한 고비를 여러 번 넘겨가며 가까스로 평정하셨습니다. 그래서 여러 신하들에게 '남정은 참으로 천옥(天獄)이었다'고 말씀하셨습니다. 야곡 길은 수백 리에 걸쳐 돌밭이니 힘을 쓸 수 있는 곳이 아닙니다.

이제 천하의 군사를 모두 출동시켜 촉을 친다면 동오가 뒤를 침범해 올 것이니, 그보다는 군사를 대장들에게 나누어 줌으로써 요충지를 지키게 하는 것이 낫습니다. 몇 해가 못가서 우리는 더욱 강성해질 것이고, 오와 촉은 반드시 서로 싸우게 될 것입니다. 그때 둘 사이를 보아가며 도모한다면 어찌 이길 수 있는 계책이 없겠습니까?"

사마의도 손자의 말에 찬성하자 조예는 여러 장수를 배치하여 요충을 지키게 했으며, 삼군에게 크게 상을 내리고 낙양으로 돌아갔습니다.

한편 제갈량은 한중으로 돌아와 군사를 점검했습니다. 조운과 등지는 철군하는 와중에도 위군을 무찔러 병사 한 명, 말 한 마리, 군수품 하나도 잃지 않았습니다. 제갈량은 조운을 치하하며 황금 50근과 비단 1만 필을 주었습니다. 그러자 조운이 사양하며 말했습니다.

"삼군이 한 치의 공도 세우지 못했거늘 그 죄는 우리 모두가 각각 나누어야 할 것입니다. 그런데 도리어 상을 받는다면 이는 승상의 상벌이 공정하지 못한 것이 됩니다. 우선 국고에 넣어 두셨다가 다가오는 겨울에 여러 장수에게 주셔도 늦지 않을 것입니다."
"선제께서 살아 계실 때면 언제나 자룡의 덕을 칭찬하셨는데 오늘 보니 과연 그 말이 맞구려!"

이러할 때, 마속과 왕평, 위연과 고상이 도착했습니다. 제갈량은 왕평을 막사로 불러 마속을 타일러 함께 가정을 지키지 못한 것을 꾸짖었습니다. 왕평은 마속이 화를 내며 말을 듣지 않은 사연과 가정전투의 상황을 소상하게 보고했습니다. 제갈량은 다시 마속을 불렀습니다. 마속은 몸을 스스로 결박하고 들어와 꿇어앉았습니다. 제갈량은 낯빛을 바꾸며 말했습니다.

"너는 어려서부터 병서를 읽어 전략을 술술 외고 있다고 떠들지 않았느냐? 나는 몇 번씩이나 가정은 우리의 중요한 요충이라고 신신당부하며 경계하였다. 너는 전 가족의 목숨을 걸고 그 중책을 받았다. 네가 만일 왕평의 말을 따랐더라면 이런 화는 당하지 않았을 것이다. 지금 싸움에 지고 장수를 꺾이고, 영토를 잃고 성을 함락당한 것은 모두 너로 인한 것이다. 그러니 군법을 적용하지 않으면 어떻게 많은 군사를 지휘하겠느냐? 너는 법을 어겼으니 나를 원망하지 말라! 너의 가족에게는 매월 녹미(祿米)를 지급할 테니 죽어서도 걱정할 필요 없다."

▲ 마속의 잘못된 전략을 말린 왕평

제갈량은 좌우에게 끌어내다 목을 베어 죽이라고 명령했습니다. 장완이 제갈량에게 마속을 살려줄 것을 요청했습니다. 그러자 제갈량이 눈물을 흘리며 대답했습니다.

"옛날에 손무가 천하를 항복시키고 승리를 거둘 수 있었던 것도 법을 엄격하게 집행했기 때문이오. 지금은 천하가 갈라져 싸우고 있고 전쟁은 이제 막 시작되었소. 그런데 만약 법을 집행하지 않는다면 어떻게 역적을 토벌할 수 있겠소? 그러니 죽이는 것이 당연하오!"

마침내 마속은 처형되어 그의 수급이 바쳐졌습니다. 제갈량은 큰 소리로 울었습니다.

가정을 못 지킨 죄 가벼울 수 없으니	失守街亭罪不輕
마속이여! 어리석은 병법만 논하였구나.	堪嗟馬謖枉談兵
원문에서 목 베어 엄한 군법 보이나니	轅門斬首嚴軍法
눈물을 흘뿌리며 선제 혜안 생각하네.	拭淚猶思先帝明

周魴
斷髮
賺曹休

머리카락을 잘라 계책을
이루는 주방

장완은 제갈량이 군법대로 처리하고 난 후에도 우는 것에 대해 이해하지 못했습니다. 울음을 그친 제갈량이 말문을 열었습니다.

"나는 마속 때문에 우는 것이 아니요. 나는 선제를 생각하고 있소. 백제성에서 병이 위중하시어 내게 당부하길, '마속이 말은 잘하지만 실상은 못 미치니 크게 쓰면 안 된다'고 하셨는데 과연 그 말이 맞았소. 그래서 나의 어리석음을 깊이 한탄하다 보니 현명했던 선제가 생각나서 이렇게 우는 것이오."

제갈량은 후주에게 스스로 자신의 직책을 삼등 강등시켜 줄 것을 요청했습니다. 모종강은 이 부분에서 다음과 같이 평했습니다.

'유비가 마속을 알아본 것도 전쟁을 쉽게 말했기 때문이다. 마속의 경우를 보면 군사를 쓰는 사람들이 거울을 삼을 만하고, 사람을 등용하는 사람들의 거울이 될 만하다. 무후가 출사표를 쓸 때 후주를 생각하며 울었고, 무후가 죄를 벌할 때 선주를 생각하며 울었다. 그가 처음 출사할 때에는 첫째도 선제요 둘째도 선제였는데, 그가 패하여 돌아올 때도 역시 첫째도 선제고 둘째도 선제다. 마속을 죽인 것도 선제를 받들기 위해 죽인 것이며, 스스로 직위를 삼등이나 강등한 것 역시 선제를 받들기 위해 한 일이었다.'

제갈량은 한중에서 군사훈련을 독려하며 무술을 강의했습니다. 사마의는 학소를 추천하여 촉군이 나올 수 있는 진창길을 지키도록 했습니다. 이러한 때, 조휴가 표를 올렸습니다. 그 내용은 동오의 파양태수 주방이 은밀하게 투항할 의사가 있다는 뜻을 알려왔다는 것이었습니다.

조예와 사마의가 기뻐하고 있을 때, 건위장군(建威將軍) 가규가 말했습니다.

"동오 사람들은 거짓말을 잘하는 까닭에 쉽게 믿으면 안 됩니다. 주방은 지략 있는 사람으로 결코 항복하지 않을 것입니다. 이는 바로 우리 군사를 유인해 들이려는 속임수가 틀림없습니다."

"그 말도 옳습니다만, 그렇다고 기회 역시 놓쳐서는 안 될 것입니다."

조예는 사마의와 가규로 하여금 조휴를 돕도록 했습니다. 조휴는 대군을 이끌고 곧장 환성을 공격했습니다. 한편 손권은 주방이 속임수를 써서 조휴를 유인하여 무찌르는 것에 대하여 신하들과 논의했습니다. 고옹이 육손을 추천했습니다. 손권은 육손에게 전권을 주어 위군을 무찌를 것을 명했습니다.

한편 조휴는 주방의 마중을 받고 주방이 속임수를 쓰는지 떠보았습니다. 그러자 주방은 크게 통곡하며 칼을 뽑아 자결하려고 했습니다. 조휴가 이를 말렸습니다. 결국 주방은 자신의 머리카락을 잘라 조휴의 신임을 얻는 데 성공했습니다. 그러자 가규가 다시 조휴에게 주방의 말을 믿지 말 것을 요청했습니다. 조휴는 크게 노하여 오히려 가규를 죽이려고 했습니다. 가규의 말을 무시한 조휴는 결국 주방의 속임수에 빠져 대패하고 겨우 목숨을 건져 돌아왔습니다. 사마의도 조휴가 패전했다는 소식을 듣고는 군사를 이끌고 물러났습니다. 모종강은 주방이 속임수를 써서 조휴를 물리친 것에 대하여 이렇게 평가했습니다.

'동오는 황개, 감녕, 감택 다음에 주방이 있다. 어째서 남인들에게 속임수를 잘 쓴다고 하는가? 이것은 속임수가 아니라 충성심인 것이다. 적을 속이는 데 쓰면 속임수라 하고, 주인에게 보답하는 데 쓰면 충성이라 하니 "남인들은 속임수를 잘 쓴다"고 말하지 말고, "남인들은 충성심이 많다"고 말해야 한다. '남인이 재상이 되어서는 안 된다"는 말도 있는데, 이것은 송나라 때의 아무것도 모르는 학자들이 내뱉은 말일 뿐이다. 동오를 보라. 당시에 그 많은 인재들을 어떻게 다른 나라에서 구해올 수 있었겠는가.'

위연을 위한 변론,
거듭 반역의 표상으로 낙인찍힌 장수

8권의 책씻이로 위연에 대하여 살펴보겠습니다. 위연은 소설 삼국지에서 제갈량으로부터 두상(頭像)이 모반를 일으킬 반골을 가진 인물이라고 설정됩니다. 위연의 반골상은 제갈량의 유언대로 그가 죽자 곧바로 모반을 일으킵니다. 결국 제갈량의 계책에 의해 마대는 위연의 목을 벨 수 있었습니다.

이를 통해 소설은 뛰어난 예지력을 겸비한 제갈량을 맘껏 드높입니다. 위연이 모반을 일으킨 것은 제갈량 사후에 문신인 양의가 군을 통괄하는 것이 원인이었습니다. 위연과 양의는 앙숙 사이였습니다. 제갈량은 양의도 위연과 별반 다르지 않게 생각했습니다. 그런데 우리가 익히 읽은 소설(모종강본)에는 이러한 내용이 없습니다. 왜냐하면 이러한 내용은 나관중본에 있기 때문입니다. 마대가 갑자기 위연의 예하부대로 들어간 것도 이상한 일입니다. 마대도 위연과 같이 군사를 통솔하는 장수였기 때문입니다.

오늘은 용맹한 장수인 위연이 소설 속에서 모반을 일으키는 인물로 변모하는 과정을 살펴보겠습니다. 먼저 위연의 등장부터 알아볼까요?

위연은 신야에 있던 유비가 조조에게 쫓겨 양양으로 도망치는 장면에서 처음 나옵니다. 그런데 양양성의 유종이 유비를 들어오지 못하게 막자, 위연이 군사들을 베고 적교를 내려 유비를 맞아들이려고 합니다. 하지만 유비가 강릉으로 달아나자 위연은 장사태수 한현에게 투항합니다. 이후 등장은 관우가 장사에서 황충과 싸울 때입니다. 한현이 관우를 일부러 죽이지 않았다면서 황충을 죽이려고 할 때, 위연이 한현을 베고 황충과 함께 투항합니다. 관우가 황충과 위연을 유비에게 인사시킬 때, 함께 있던 제갈량이 위연은 모반할 상이라며 처형하라고 합니다. 유비가 공이 있는 장수는 죽일 수 없다고 하여 위연은 유비의 장수가 됩니다. 이상은 모두가 잘 알고 있는 내용입니다.

이제 소설에서 위연의 변모 과정을 살펴보겠습니다. 나관중이 『삼국연의』를 완성하기 전에 일반적으로 회자된 책이 『삼국지평화(三國志平話)』입니다. 여기에서는 제갈량이 금릉군을 공격하자 태수 김족이 황충으로 하여금 막도록 합니다. 이때 제갈량이 출전시킨 장수가 위연이었습니다. 『평화』의 내용은 이렇습니다.

'태수 김족이 한 장수를 출마시키자 군사는 깜짝 놀랐다. 방통이 말했다. "이 사람은 악군 사람으로 황충이며 자는 한승이오." 군사가 위연을 내보내자 두 사람이 서로 이틀 동안 싸웠으나 승패를 가리지 못하였다. 다시 장비를 보내 싸우게 했는데, 황충과 10합을 싸웠지만 역시 승패를 가리지 못했다. 이에 황충이 말했다. "나는 관우 밖에 모르는데, 장비와 위연을 어찌 알겠는가?"'

이후 관우까지 와서 3대1로 싸워도 승부를 낼 수 없었습니다. 결국 제갈량이 김족을 죽이고 달변으로 황충을 설득하자 항복하여 유비의 장수가 됩니다. 『평화』의 소략한 이야기가 문학적인 재미가 더해져서 지금의 소설로 변모한 것입니다.

↑ 촉군의 용장 위연

이 과정에서 황충의 뛰어난 무예는 가려지고 위연은 모반할 인물로 바뀌고 말았습니다. 대신 관우와 제갈량의 뛰어남이 부각되었는데, 이는 당시 두 사람의 폭발적 인기도를 반영한 것입니다.

비의가 제갈량의 편지를 가지고 손권을 만났을 때, 손권이 위연을 평가하는데 제갈량과 생각이 같았습니다. 그런데 나관중본에는 이때 손권이 양의도 같이 평가하는 부분이 있습니다. 그 내용을 함께 살펴보겠습니다.

> "승상은 군사를 부리는 법을 잘 아실 텐데 선봉은 누구를 쓰고 세우겠소?"
> "위연입니다."
> "공로와 군량은 누구에게 맡기셨소?"
> "장사 양의입니다."
> 손권이 웃으며 말했다.
> "짐이 비록 두 사람을 보지는 못했지만 그 행실을 들은 지는 오래요. 정말 소인배들이라 나라에 이익이 안 될 것이오. 어느 날 공명이 없으면 반드시 두 사람 때문에 망할 것인데, 경은 어찌하여 임금 앞에서 이를 깊이 의논하지 않으시오?"
> "폐하의 말씀이 옳습니다. 신이 돌아가서 엄하게 논의하겠습니다."
> "참으로 총명한 주인이구려. 이 두 사람을 내가 모르는 게 아니라 그 슬기와 용맹이 아까워 차마 죽이지 못하는 것이오."

▲ 위연과 원수지간인 양의

이처럼 나관중본에서의 제갈량은 위연뿐만 아니라 양의도 같이 제거하려고 합니다. 제갈량이 호로곡으로 사마의 부자를 유인할 때 그 임무를 위연에게 맡깁니다. 그리고 사마의 부자를 화공으로 죽이려고 했지만 소낙비가 쏟아져 실패하지요. 이때 위연도 같이 죽이려고 했습니다. 이 내용을 소설 속에서 살펴보겠습니다.

'제갈량의 명으로 위연이 사마의를 호로곡으로 유인하여 골짜기로 들어가 보니 뒤쪽이 꽉 막혔다. 위연이 하늘을 우러르며 탄식했다.

"내가 오늘 끝장나는구나!"

그런데 다행히 소나기가 내려 사마의 부자가 살아났는데, 이때 위연도 목숨을 건졌다. 전투가 끝난 뒤 위연이 제갈량에게 마대가 골짜기 출구를 막아 자칫하면 죽을 뻔했다고 말했다. 제갈량은 크게 노하여 마대를 꾸짖었다.

"위연은 나의 대장이다. 내가 처음에 너에게 계책을 줄 때 사마의만 태우라고 했거늘 어찌 위연까지 골짜기에 가두었더냐? 조정의 복이 커서 하늘에서 소나기가 내렸으니 망정이지 잘못됐으면 내 오른팔을 잃을 뻔했다. 무사들은 이 자를 끌어내 당장 목을 쳐라!"

장수들이 거듭 애타게 사정하자 제갈량은 마대의 갑옷을 벗기고 40대를 때리게 했다. 그리고 평북장군과 진창후 작위를 빼앗고 하급병졸로 만들었다. 마대가 영채로 돌아가자 제갈량은 번건을 은밀하게 보내서 마대에게 자신의 뜻을 전했다.

↑ 위연을 척살한 마대

"승상께서는 예전부터 장군이 충성스럽고 의롭다는 것을 아셔서 이 비밀 계책을 써서 이러러하게 하라고 하셨소. 뒷날 성공하면 장군의 공이 으뜸이오. 그러니 양의가 시켰다고 핑계를 대고 위연과 화해하시오."

마대는 계책을 받고 기뻐 다음 날 위연을 찾아가 사죄했다.

"이 대가 감히 그런 짓을 한 게 아니라 실은 장사 양의의 계략이었습니다."

위연은 양의가 미워 즉시 제갈량을 찾아가 마대를 부장으로 쓰고 싶다고 간청했다. 그러자 제갈량이 승락했다.'

어떻습니까? 여기까지 읽으면 소설 속에서 위연과 양의, 마대의 행동들이 확실하게 이해가 되지 않나요? 이처럼 나관중은 사건의 전개과정을 짜임새 있게 구성하였건만, 모종강이 삭둑삭둑 잘라버리는 통에 줄거리는 알지만 읽는 재미는 쏠쏠하지 않았던 것입니다. 모종강이 이렇게 여러 내용을 삭제한 것은 신묘(神妙)한 제갈량을 구축하기 위한 조치였습니다. 나관중의 이야기를 그대로 가져온다면 제갈량은 아군 장수들을 이간질 시켜 죽이는 형편없는 군사라는 불명예를 쓸 것이 뻔하기 때문이지요.

모종강은 자신이 소설을 각색하면서 위연은 반골이 있어 모반을 일으킬 상으로 설정하고, 마대에게 '위나라로 투항하자'는 말을 하게 하여 제갈량의 예언대로 모반을 일으킨 역적으로 완벽하게 처리했습니다. 양의는 제갈량이 직접 죽이면 안 되었기에 장완을 후임자로 지목하여 양의가 부끄러움에 스스로 죽게끔 만들었습니다. 제갈량을 드높이기 위한 소설적 설정이 모종강에 이르러 정점에 다다른 것입니다.

"지난날 승상이 돌아가셨을 때 내가 만약 전군을 이끌고 위에 투항했다고 해도 정녕 이렇게까지 적막하겠소?"

양의는 이 말로 자결을 하게 됩니다. 양의의 말을 곱씹어 보면 과연 위연과 양의 중에 누가 모반할 사람이었는가는 자명해집니다. 소설 삼국지는 역사에서의 원인과 전개과정을 고려하지 않고 결과만을 중시하다 보니 위연이 반역자가 되었고, '반골상', '모반의 대명사'로 낙인이 찍힌 채 1,800여 년을 이어져 오고 있습니다. 오늘은 소설 속 위연의 변모를 새롭게 살펴보았습니다.

제갈량이 맹획을 칠종칠금 하여
항복시킨 곳, 운남

제갈량이 남만의 왕인 맹획을 칠종칠금(七縱七擒) 한 곳은 지금의 운남성(雲南省)
입니다. 운남성은 춘성(春城)이라는 별칭을 가지고 있는데, 이는 일 년 내내 봄 날
씨와 같기 때문입니다. 운남성의 성도(省都)인 곤명에서 대리까지는 고속도로가
시원하게 뚫려 있습니다. 창밖으로 보이는 풍경이 온통 봄날 그 모습입니다. 아름
다운 풍경에 취하노라면 대리시가 코앞에 있는 것 같습니다.

대리시에서 보산(保山)으로 가는 국도를 가다보면 '강풍사(江風寺)'라는 조그만
사찰이 있습니다. 이곳에는 깨어진 것을 다시 붙인 자그마한 석비가 있는데, 거기
에는 '한제갈무후금맹획처(漢諸葛武侯擒孟獲處)'라고 쓰여 있습니다. 석비에는 제갈
량과 맹획에 대한 이야기가 세세하게 기록되어 있는데, 정작 칠종칠금에 대한 기
록은 보이지 않습니다. 석비가 만들어진 시기가 청나라 때인 것으로 보아 소설의
영향을 받은 것이 틀림없습니다. 제갈량은 5월에 노수를 건너서 가을에 4개 군
을 평정하고 그해 12월에 성도로 돌아왔습니다. 나관중은 이 기록을 가지고 칠
종칠금 이야기를 만든 것입니다. 노필(盧弼)은 그의 저서 『삼국지집해(三國志集解)』
에서 제갈량의 칠종칠금은 사실일 수 없다고 했습니다.

'칠종칠금 기록에 격찬하는 것이야말로 무식함이 지나친 결과이다. 만이(蠻夷)가
진실로 복종했다고 하지만 대장을 그렇게 잡아들였다가 풀어준다는 것은 어린애들

▲ 대리시 금맹획처 석비

▲ 제갈량과 맹획이 회맹한 장소

장난에서나 볼 수 있는 짓이다. 한두 번도 어렵거늘 어찌 일곱 번씩이나 그렇게 할 수 있단 말인가. 무엇보다 제갈량이 급했던 것은 남쪽을 빨리 안정시키고 북벌을 추진하는 일이었다. 그런데 어떻게 잡았다가 놓아주기를 반복하면서 시일을 미루는 여유가 있을 수 있었겠는가.'

　제갈량이 맹획을 사로잡기 위해 진을 쳤다는 수숭산(秀崧山)은 숭명(嵩明)시에 있습니다. 곤명에서 자동차로 한 시간 거리입니다. 제갈량은 이 산에 군량을 보관했는데 군량이 줄어들자 맹획을 사로잡는 데 더욱 분발했다고 합니다. 이것만 보아도 제갈량이 맹획을 일곱 번씩이나 놓아주며 여유를 부릴 틈이 없었던 것입니다.

　시내에 있는 숭명농업기술학교 안에는 한 사람이 겨우 들어갈 건물 틈 사이로 명나라 때 세워진 석비가 있습니다. 바로 '고맹대(古盟臺)'입니다. 그러고 보니 건물의

벽에도 두 개의 석비가 보입니다. 건물 벽으로 석비를 이용하다니 대단한 발상이 아닐 수 없습니다. 건물이 오래되어서 석비의 글씨도 많이 훼손되었지만 몇 글자는 희미하게 보입니다. '제갈량 칠종맹획○○○'. 두 개의 석비는 각각 명·청 시대에 만든 것입니다. 고맹대와 함께 있는 것을 보면 이곳이 제갈량과 맹획이 회맹을 한 곳으로 여겨집니다.

첨익(沾益)은 곡정(曲靖)에 있는 작은 도시로 제갈량이 맹획을 다섯 번째 사로잡은 곳입니다. 이곳에는 독수(毒水)바위가 있습니다. 송림진(松林鎭)에 도착하니 자동차는 더 이상 들어갈 수 없는 산골입니다. 가시밭과 풀밭 산길을 헤쳐 가니 좁다란 길섶에 '독수'라고 쓰인 바위가 있습니다. 소설 속 내용과는 다르게 물은 말라버린 지 이미 오래되었습니다.

↑ 독수바위

맹획의 고향은 곡정입니다. 곡정은 곤명에서 북동쪽으로 160km 떨어진 곳에 있습니다. 이곳에는 맹획의 고향임을 알려주는 거대한 부조물이 있습니다. 곡정 시 북쪽 6km 떨어진 곳의 인적 드문 도로 옆에 있는 60m 크기의 부조상에는 제갈량과 맹획이 새와 동물, 산천초목을 배경으로 한족과 소수민족이 지켜보는 가운데 결맹의 잔을 들고 있는 모습이 표현되어 있습니다. 그런데 맹획의 모습이 제갈량과 함께 득의양양(得意揚揚)합니다. 맹획의 고향이어서 이렇게 만들었을까요? 곡정 시내 북문에는 성벽의 흔적이 조금 남아있습니다. 성벽 위에는 집들이 빼곡하고 아래에는 음식 장사들이 내뿜는 연기로 제대로 살펴볼 수가 없습니다. 그저 멀리서나마 볼 수 있는 것이 다행일 정도입니다.

성벽에서 얼마 떨어지지 않은 곡정광장 앞 입구에는 제갈량이 군사들에게 먹일 물을 위해 팠다는 쌍정(雙井)이 있다고 해서 찾아보았습니다. 그런데 아무리 찾아보아도 택시 승강장뿐입니다. 우물은 사라지고 한 그루 나무만이 택시 승강장이 옛날 쌍정이 있었던 곳임을 묵묵히 알려주고 있습니다.

↓제갈량과 맹획 회맹 부조상

PART 9

97 나라는 기둥을 잃고 나는 한쪽 팔을 잃었다

98 황제에 오른 손권이 촉오동맹을 재확인하다

99 제갈량이 싸우지 않는 사마의를 유인하다

100 제갈량 편지에 죽은 조진, 제갈량 팔괘진에 무너진 사마의

101 장합이 소나기 화살을 맞고 죽다

102 제갈량이 목우와 유마로 위군의 군량을 가로채다

103 일은 사람이 꾸미고 성패는 하늘에 달려있다

104 죽은 공명이 살아있는 중달을 물리치다

105 위연의 외침에 마대의 칼이 번쩍이다

106 조방이 황제에 오르고 조상은 전권을 휘두르다

107 사마의가 조상을 속이고 국권을 장악하다

108 총명함과 교만함이 목숨을 재촉하다

나라는 기둥을 잃고 나는 한쪽 팔을 잃었다

조휴는 동오의 주방에게 속아 대패하고 돌아와서는 울화와 근심을 이기지 못하고 앓아누웠습니다. 급기야 낙양에 도착하자 등창이 터져 죽고 말았습니다. 조예는 칙서를 내려 조휴를 후하게 장사지내 주었습니다. 이때 사마의가 군사를 이끌고 돌아왔습니다. 여러 장수가 조휴의 패전은 사마의와도 관계가 있는데 서둘러 돌아온 것을 따졌습니다.

"내 생각에 제갈량은 내가 진 것을 알면 이 기회를 놓치지 않고 장안으로 쳐들어 올 것이오. 만약 농서(隴西)가 위태로우면 누가 구하겠소? 내가 돌아온 것은 이 때문이오."

한편 동오에서는 촉에 국서를 보내 위의 조휴를 물리친 위세를 과시했습니다.

후주는 기뻐하며 이 소식을 한중에 있는 제갈량에게 전했습니다. 제갈량도 한중에서 전력을 보충하고 힘을 길러 이제 출정을 앞두고 있었습니다. 여러 장수를 모아 연회를 베풀고 위를 칠 계획을 협의했습니다. 이때 갑자기 바람이 세차게 불어 마당에 있는 소나무의 중동을 꺾어놓았습니다. 제갈량이 즉시 점을 쳐보고는 이렇게 말했습니다.

"이 바람은 대장 한 사람을 잃는다는 것을 알려준 것이오."

여러 장수가 믿지 않고 한참 연회를 열고 있을 때였습니다. 진남장군(鎭南將軍) 조운의 맏아들 조통과 둘째아들 조광이 찾아왔습니다. 제갈량은 술잔을 땅에 던지며 두 아들과 함께 울었습니다. 여러 장수도 함께 눈물을 뿌렸습니다.

"조운이 죽다니, 아! 나라는 한 기둥을 잃었고 나는 한쪽 팔을 잃었도다!"

후주는 조서를 내려 조운을 대장군(大將軍)에 추증하고 순평후(順平侯)라는 시호를 내려주었습니다. 성도의 금병산 동쪽에 장사지내고 사당을 세운 후에 사계절 제향(祭享)을 올리라고도 했습니다. 조통을 호분중랑장에, 조광을 아문장에 임명했습니다. 후세 사람들이 시를 지어 조운의 죽음을 안타까워했습니다.

상산에 범 같은 장수 있었으니	常山有虎將
지혜와 용기가 관우, 장비와 못지 않네.	智勇匹關張
한수에서 공훈을 세웠고	漢水功勳在
당양에서 이름을 드높였네.	當陽姓字彰
두 번이나 어린 주인을 구하였고	兩番扶幼主
한 뜻으로 유비에게 보답하였네.	一念答先皇
뜨거운 충성심 청사에 남겼으니	青史書忠烈
대대로 전해지는 것은 당연한 일이로세.	應流百世芳

陳倉城魏蜀交兵
乙酉春葉雄畫

진창성을 공격하는 촉군

제갈량은 후주에게 다시 출사표를 올렸습니다. 후주가 표를 펼쳐보니 그 내용은 대략 이러했습니다.

'선제께서 한나라와 역적은 같이 있을 수 없고 왕업은 한쪽 구석에서 안정시킬 수 없다는 것이라며 신에게 역적을 칠 것을 당부하셨습니다. 신이 강한 역적을 치기에는 약한 것을 알고 계셨지만 역적을 치지 않으면 또한 망할 것이니, 앉아서 망하기를 기다리지 말고 역적을 치는 것이 나은 것입니다.

신은 이후 잠자리에 들어도 편히 잘 수가 없었고, 음식을 먹어도 맛을 느낄 수 없었습니다. 북쪽을 정벌하기 위해서는 우선 남쪽부터 평정해야 했기에 노수를 건너 불모의 땅에 들어갔던 것입니다. 왕업을 구석진 촉에서 안정시키는 것은 어려워 위험을 무릅쓰고 선제의 유지를 따르려는 것인데, 말하기 좋아하는 사람들은 좋은 계책이 아니라고 합니다. 지금 역적들은 서쪽에서 지쳐있는데 또다시 동쪽에서 전쟁을 하고 있으니, '피로할 때 공격하라'고 한 병법대로 지금이야말로 진격할 때입니다.

지금 백성들은 곤궁하고 군사들은 피로하지만 역적을 토벌하는 일을 어찌 그만두겠습니까? 멈출 수 없는 일이라면 군사를 주둔시키는 일도, 군사를 출동시키는 일도 노력과 비용이 들어가는 것이니 일찌감치 도모하는 것이 좋습니다. 신은 있는 힘을 다하다가 죽은 후에만 그만두겠지만, 성패 여부와 유불리는 신의 지혜로 예측할 수 있는 일이 아닙니다.'

제갈량은 표를 올리고 30만의 대군을 출동시켰습니다. 위연을 전군 선봉으로 삼아 진창길로 나아가게 했습니다. 위군도 조진을 대도독으로 삼고 왕쌍을 선봉으로 삼아 15만 대군을 출전시켰습니다. 진창길은 사마의의 추천을 받은 학소가 지키고 있었습니다. 촉군은 학소를 무찌를 수 없었습니다. 제갈량까지 나섰지만 많은 군사만 잃고 성은 함락할 수 없었습니다. 그 사이에 지원군인 왕쌍이 도착하여 촉군의 장수와 병사를 대파시키자 제갈량은 전략을 수정하여 기산으로 나아가기로 했습니다.

조진은 지난번 사마의에게 빼앗긴 공을 이번에는 자신이 먼저 차지할 욕심이

姜伯約大計小用
乙酉春日 蔡雄畵

진퇴양난에 빠지자
자결하는 비요

었습니다. 이러한 때, 강유가 투항하겠다는 밀서를 보내왔습니다.

조진은 매우 기뻐한 반면, 비요는 속임수가 있을지 모른다고 의심했습니다. 하지만 조진은 그러한 비요를 타박했습니다. 이에 비요가 조진을 대신하여 전투에 나서기로 했습니다. 결국 위군은 강유의 계략에 말려들어 대패했습니다. 강유가 조진을 잡으려고 편 계략에 비요가 대신 걸려들었던 것입니다.

"조진을 죽이지 못한 것이 한스럽습니다."
"애석하게도 계략은 컸는데 작은 것이 걸렸구나!"

모종강은 제갈량이 후출사표를 올린 것에 대하여 다음과 같은 평가를 내렸습니다.

'전출사표는 후주를 일깨우는 것이었고, 후출사표는 중론의 시비를 가리려는 것이다. 그러나 시비를 가리는 것 또한 후주를 일깨우는 것이었다. 전출사표에서는 나라 안을 걱정하고, 후출사표에서는 나라 밖을 걱정하였다. 그런데 나라 밖을 걱정하는 것 또한 나라 안을 걱정하는 것이다. 무슨 말인가? 가정에서 패하여 마속을 죽인 이후, 논자들은 '촉에 만족하고 위를 쳐서는 안 된다'고 여겼다. 그러나 제갈량은 '만약 위를 치지 않으면 촉에서 평안할 수 없다. 우리가 위를 쳐 없애지 않으면 역적들이 반드시 우리를 없애려 할 것이다. 이것은 서로가 양립할 수 없기 때문이지, 변방에서 편히 살고 싶지 않아서가 아니다.' 이처럼 촉은 변방에서 편히 살고 싶어도 살 수가 없었기 때문이다.

사람들은 제갈량의 지혜를 따라갈 수 없다는 것은 알지만, 그의 어리석음을 따라갈 수 없다는 것은 모른다. 무슨 일이

▲ 상산의 호랑이 조운

꼭 이루어진다든가 꼭 실패한다는 것을 예상하고도 하는 것, 이는 지혜로운 사람이 하는 일이고, 무슨 일이 꼭 이루어진다든가 꼭 이롭다는 것을 예측하지 못하면서도 하는 것, 이것이 어리석은 사람이 하는 일이다. 그 일이 실패할 것인지 해로울 것인지 예측도 못하면서 실행하는 것, 이것이 어리석으면서 우둔한 사람이 하는 일이고, 그 일이 반드시 실패하고 반드시 해롭다는 것을 예측하면서도 마침내 실행하는 것, 이것이 지혜로우면서 어리석은 사람이 하는 일이다.

제갈량은 초가에서 있을 때부터 이미 천하가 셋으로 갈라질 것을 알고 있었다. 그렇다면 위를 공격해도 성공할 수 없고 출정을 하는 것이 이롭지 않다는 것을 충분히 알았을 것이고 훤하게 내다보고 있었을 것이다. 그런데도 "예견할 수 있는 일이 아니다."라고 한 것은 또 무엇인가? 대개 지혜롭고 어리석은 사람은 스스로 노신(老臣)의 책임을 다하지만, 어리석고 우둔한 사람은 위로 어린 군주의 의심을 막으려고만 할 뿐이다.'

황제에 오른 손권이 촉오동맹을 재확인하다

조진은 비요가 자신을 대신해 죽었다는 소식을 듣고는 후회했지만 이미 소용 없는 일이었습니다. 조예에게 표를 올려 형세의 위급함을 알렸습니다. 표를 본 조예가 사마의를 불렀습니다. 사마의가 제갈량을 물리칠 계책을 아뢰었습니다.

"신은 일찍이 제갈량이 진창으로 나올 것을 알고 학소에게 지키게 하였는데 과연 맞았습니다. 저들이 진창으로 나오면 군량 운반이 매우 쉽습니다. 지금 다행히 학소와 왕쌍이 잘 막고 있으니 감히 그 길로 군량을 나르지 못할 것입니다. 다른 소로들은 군량 운반이 매우 어렵습니다.

신이 추측컨대 촉군의 군량은 한 달 치뿐일 것이므로 속전속결 전략을 벌일 것입니다. 우리는 반대로 굳게 지키면서 지구전을 펴야만 합니다. 조진에게 조서를 내려 모든 관애(關隘)를 굳게 지키기만 하고 절대로 나가서 싸우지 못하게 하소서.

한 달이 안 되어 촉군은 저절로 물러갈 것입니다. 그들이 물러갈 때 허점을 파고들어 공격하면 제갈량을 잡을 수 있을 것입니다."

사마의의 선견지명(先見之明)을 칭찬한 조예가 직접 군사를 이끌고 가서 촉군을 쳐부수지 않는 이유를 묻자, 사마의가 시원하게 대답했습니다.

"신이 목숨을 중히 여겨서가 아니라 사실은 이 군사는 동오의 육손을 막으려고 남겨둔 것뿐입니다. 손권은 머지않아 반드시 주제넘게 황제에 오를 것입니다. 그가 황제에 오르면 폐하께서 정벌할 것을 걱정하여 분명히 먼저 쳐들어올 것입니다. 그래서 신이 군사를 남겨놓고 기다리는 것입니다."

조예는 태상경(太常卿) 한기에게 절(節)을 가지고 조진에게 가서 '절대로 나서서 싸우지 말고 굳게 지키기만 하다가 촉군이 물러갈 때 공격하라'고 했습니다. 조진은 한기가 가져온 조서를 받고 곽회, 손례 등과 계책을 논의했습니다. 곽회는 사마의의 계책임을 알았습니다. 손례가 군량 수송병을 가장하여 수레에 인화물질을 넣은 다음 촉군을 유인하여 무찌르자는 계책을 내었습니다. 조진은 매우 기뻐하며 손례의 계책대로 지시했습니다. 왕쌍과 곽회에게 주변 순찰과 요충지를 지키게 하고, 장료의 아들인 장호와 악진의 아들인 악침을 선봉과 부선봉으로 삼아 함께 영채를 지키기만 하고 나와서 싸우지 못하게 했습니다. 제갈량은 기산 영채에게 매일 군사를 시켜 싸움을 걸었지만, 위군은 굳게 지키기만 했습니다. 제갈량은 위군의 속셈을 간파하고 강유를 불러 상의하고 있을 때, 손례가 양곡을 운송하고 있다는 보고를 받았습니다. 제갈량은 운량관이 손례인 것을 알고는 웃으면서 말했습니다.

"이것은 우리의 군량이 떨어졌을 것이라고 짐작하고 위군 장수가 계책을 쓰는 것이다. 수레 안에는 분명 마른풀과 인화물질뿐일 것이다. 내가 평생 써온 전략이 화공(火攻)인데, 저들이 바로 화공으로 나를 유인하려 하고 있구나! 저들은 우리가 군량을 뺏으러 간 사이에 반드시 우리 영채를 기습할 것이니 이제 그 계략을 역이용해야겠다."

魏延依計斬王雙
三國演義揷圖三 一百四十七 乙酉春 羔雄

기습공격으로
왕쌍을 베는 위연

제갈량은 마대와 마충, 장의를 불러 불을 지르고 위군을 협공할 것을 지시했습니다. 관흥과 장포에게는 위군의 영채를 기습하라고 하고, 오반과 오일에게는 위군의 퇴로를 막도록 했습니다. 촉군은 제갈량의 계책에 따라 일사불란하게 움직였습니다. 위군도 촉군이 군량을 뺏으러 온다는 소식을 접하고 손례의 계책대로 움직였습니다. 하지만 결과는 위군의 대패였습니다. 조진은 굳게 지키면서 다시 싸우러 나오지 않았습니다.

그러자 제갈량은 위연에게 은밀하게 사람을 보내 계책을 전하고, 일제히 영채를 거두어 길 떠날 채비를 서두르라고 일렀습니다. 양의는 대승을 거둔 후 내린 제갈량의 명령이 이해가 되지 않았습니다. 그러자 제갈량이 설명해주었습니다.

"우리는 군량이 얼마 되지 않기 때문에 속전속결을 해야 하는데 저들은 굳게 지키기만 하고 있으니 우리만 애를 먹고 있네. 저들이 지금 잠시 패했지만 중원에서는 곧 지원군이 올 것이네. 만일 저들이 경기병을 써서 우리의 군량 수송로를 기습하면 그때는 돌아가고 싶어도 어렵게 될 것이야. 지금 위군은 막 패한 끝이라서 촉군을 쳐다보지 못할 것이니 저들이 생각하지 못하는 기회를 이용하여 물러가야 하네. 위연에게는 왕쌍을 죽이도록 은밀한 계책을 주었으니 위군은 감히 추격하지 못할 것이네."

제갈량은 그 밤으로 징과 북을 치는 사람만 밤새 시간을 알리게 하고 나머지 군사들을 철수시켰습니다. 날이 새자 군사들은 모두 물러가고 빈 영채만 남았습니다. 한편 조진은 영채에서 걱정을 하고 있던 차에 좌장군 장합이 군사를 거느리고 도착했습니다. 장합이 막사 안으로 들어와 조진에게 말했습니다.

↑ 제갈량의 참모인 양의

"사마의께서는 우리 군사가 이기면 촉군은 물러가지 않을 것이지만, 우리 군사가 패하면 즉시 물러갈 것이라고 하였습니다. 지금 우리 군사가 졌으니 도독께서는 촉군의 움직임을 알아보십시오."

조진은 즉시 사람을 보내 알아보도록 했습니다. 과연 영채는 텅 비어 있고, 수십 장의 깃발들만 꽂혀 있었습니다. 촉군은 이미 이틀 전에 떠났던 것입니다. 조진은 후회했지만 소용없는 일이었습니다.

한편 제갈량은 군사를 철수시키면서 위연에게 어떤 계책을 주었을까요. 이제 위연을 따라가 보겠습니다. 위연은 제갈량의 은밀한 계책을 받자 그날 밤에 영채를 거둬 한중으로 돌아가려고 했습니다. 염탐꾼이 이를 알고 왕쌍에게 보고하자 왕쌍은 군마를 이끌고 힘을 다해 추격해왔습니다. 곧 따라잡을 거리에 이르자 앞에 위연의 깃발이 보였습니다. 왕쌍은 큰 소리로 위연을 부르며 쫓아갔습니다. 촉군은 돌아보지도 않고 달아났습니다. 이때 위군의 영채에서 불길이 치솟았습니다. 왕쌍이 급히 말고삐를 당겨 군사들에게 후퇴를 명령했습니다. 그러자 갑자기 위연이 한 무리의 군마와 함께 숲속에서 질풍처럼 달려왔습니다. 이를 본 왕쌍은 소스라치게 놀랐습니다. 미처 손을 쓸 사이도 없이 위연이 내리 친 칼을 맞고 말밑으로 떨어져 죽었습니다. 위군은 매복이 있는 줄 알고 사방으로 흩어져 도망쳤습니다. 위연의 수하에는 오직 30기뿐이었습니다.

공명의 묘책은 손빈과 방연보다 훌륭하여	孔明妙算勝孫龐
장성처럼 빛나 한쪽 지방을 비추었네.	耿若長星照一方
전진 후퇴 용병술은 귀신조차 모르니	進退行兵神莫測
진창길 어귀에서 왕쌍의 목을 베네.	陳倉道口斬王雙

위연은 한중을 향해 천천히 퇴각했습니다. 제갈량은 큰 잔치를 베풀어 위연의

승리를 치하했습니다. 조진은 왕쌍이 피살되었다는 소식을 듣자 너무 상심한 나머지 병이 들어 수하들에게 장안으로 이르는 여러 길목을 지키게 하고 자신은 낙양으로 돌아갔습니다.

　이러한 때, 동오의 손권은 조회를 열어 시국을 논의했습니다. 신하들은 제갈량이 두 차례 출병하여 위군을 무찔렀으니 우리도 군사를 일으켜 위를 쳐부수고 중원을 차지해야 한다고 권했습니다. 손권은 망설이며 결정을 하지 못했습니다. 장소는 손권에게 먼저 황제에 오를 것을 아뢰었습니다. 모든 신하가 이에 호응했습니다. 손권은 좋은 날을 잡아 황제에 즉위했습니다. 장소는 민심을 안정시키고 촉으로 사자를 보내 동맹을 맺고 천천히 위를 도모하는 것이 좋다고 했습니다. 손권은 그 말을 따라 즉시 서천으로 사자를 보냈습니다. 촉의 신하들은 손권이 주제넘게 황제라고 하였으니 동맹을 거절해야 마땅하다고 했습니다. 후주는 한중에 있는 제갈량에게 의견을 물었습니다.

　"사자에게 예물을 갖고 등오로 가서 축하하게 하소서. 또한 육손에게 군사를 이끌고 위를 공격하도록 부탁하소서. 그러면 위는 사마의를 보내 막으라고 할 것입니다. 만일 사마의가 동오를 막기 위해 남쪽으로 군사를 이동하면 저는 즉시 기산으로 나가서 장안을 뺏겠습니다."

　후주 유선은 제갈량의 말을 따라 진진을 사자로 오에 보내 손권이 황제에 오른 것을 축하하고 국서를 전달해 위를 공격토록 했습니다. 손권도 기뻐하며 촉과 동맹을 맺어 위를 공격하기로 했습니다. 손권이 육손을 불러 위를 공격하는 것에 대하여 설명했습니다. 그러자 육손이 말했습니다.

　"이것은 제갈량이 사마의가 두려워서 꾸민 계책입니다. 이제 함께 도모하기로 했으니 모른 척할 수는 없습니다. 겉으로 군사를 일으켜 촉군에 호응하는 척하소서. 제갈량이 급박하게 위를 몰아쳐 그들이 흔들릴 때 우리도 그 틈을 타고 공격하면 중원을 빼앗을 수 있을 것입니다."

제갈량은 진진의 보고를 받고 척후병을 보내 진창성을 살폈습니다. 마침 학소가 병이 위중하다는 첩보를 입수했습니다. 제갈량은 즉시 강유와 위연을 불러 먼저 출발시키고, 관흥과 장포를 불러 은밀히 계책을 주었습니다. 학소의 병이 위중하자 장합이 3천 명의 군사를 이끌고 진창성으로 향했습니다. 하지만 장합이 진창에 도착하기 전에 촉군이 공격하자 학소는 놀라 까무러치더니 죽었습니다. 제갈량은 촉군이 진창을 차지하자 위연과 강유에게 산관(散關)으로 달려가 위군이 도착하기 전에 기습하여 뺏도록 했습니다. 위연과 강유가 제갈량의 계략대로 산관을 차지하자 멀리 장합이 군사를 이끌고 오는 것이 보였습니다. 장합은 산관이 이미 촉군에게 점령된 것을 알고는 후퇴했습니다. 위연은 곧바로 장합군을 추격하여 크게 물리치고 기산으로 나왔습니다.

한편 조예는 손권이 황제를 칭하면서 촉과 동맹을 맺고 육손을 무창으로 보내 출동대기 상태에 있다는 보고를 받았습니다. 조예는 촉, 오가 협공한다는 보고를 받자 당혹스러워하며 허둥댔습니다. 조진은 병으로 앓아 누워있었기에 사마의를 불렀습니다. 자초지종을 들은 사마의는 제갈량의 계략을 간파하고 동오가 군사를 일으키지 않을 것이라고 말했습니다. 조예가 찬탄하며 즉시 사마의를 대도독으로 삼아 농서지방의 여러 군마를 통솔하게 했습니다. 사마의는 조진에게서 인수를 받아 제갈량과의 결전을 위해 군사를 이끌고 장안으로 갔습니다. 이제 제갈량도 쉽지 않은 싸움을 하게 되었습니다.

↟ 위나라의 황제 조예

제갈량이 싸우지 않는 사마의를 유인하다

장안에 도착한 사마의는 장합에게 그간의 전황을 보고받았습니다. 사마의는 곽회와 손례에게 무도(武都)와 음평(陰平)을 구하도록 했습니다. 하지만 이미 제갈량이 선점했음을 알고는 후퇴하려 할 때, 왕평과 강유, 관흥과 장포의 군사에게 협공을 당했습니다. 손례와 곽회는 말도 버리고 산으로 기어 올라가 달아났습니다. 장포가 이를 발견하고 말을 타고 뒤쫓아 갔습니다. 그런데 뜻밖에도 말이 발을 헛디뎌 장포는 말과 함께 계곡으로 굴러 떨어졌습니다. 장포는 머리가 깨지는 큰 부상을 입고 성도로 후송되었습니다.

한편 제갈량은 장합이 종횡무진 무용을 드날리자 촉을 위해 반드시 그를 제거하기로 마음먹었습니다. 사마의도 많은 군사를 잃자 모두 영채를 지키고 나오지 말라고 명령했습니다. 제갈량은 위연을 시켜 날마다 싸움을 걸었지만 위군은 나오지 않았습니다. 제갈량은 사마의가 싸우지 않고 지키기만 하자 한 가지 계책을 펴기로 하고 모든 영채를 거두어 철수하라는 명령을 내렸습니다. 염탐꾼이 사마의에게 이 사실을 보고했습니다. 사마의가 장합에게 말했습니다.

"제갈량이 계략을 세워놓았을 것이니 가벼이 움직여서는 안 된다."
"이것은 군량이 떨어져 철군하는 것이 분명한데, 어째서 추격하지 못하게 합니까?"
"제갈량은 작년에 큰 풍년으로 많은 곡물을 비축하였고, 지금도 보릿가을이니 군량은 풍족할 것이다. 어찌 순순히 철군하겠는가? 그는 내가 싸우지 않고 있으니까 이런 계책을 서서 우리를 유인하려는 것이다. 척후병을 멀리까지 보내서 살펴보게 하라."

척후병은 사마의에게 촉군이 30리 후퇴했다는 보고를 세 번이나 하였습니다. 그래도 사마의는 제갈량의 계략임을 의심하지 않았습니다. 하지만 장합은 달랐습니다. 빨리 추격하여 촉군을 무찌르고자 안달을 했습니다. 사마의가 말렸지만 장합은 군령장을 쓰고라도 추격할 것을 원했습니다. 사마의는 장합에게 한 무리의 군사를 주고 자신이 뒤따라가서 지원하기로 했습니다. 제갈량은 장합이 뒤쫓아 오자 장수들을 불러 각각 계략을 주었습니다. 마침내 장합군이 오자 거짓 패한 체하며 달아나길 서너 번. 드디어 촉군이 매복한 지점에 장합군이 도달하자 촉군은 사방에서 퇴로를 막고 공격했습니다.

지원군으로 오던 사마의는 촉군이 본부 영채를 공격하러 가자 곧바로 군사를 되돌렸습니다. 사마의는 영채로 돌아와서 패잔군을 모으고 여러 장수를 질책했습니다.

"너희들은 병법도 모르면서 거친 혈기만 믿고 뛰쳐나가 싸우겠다고 고집을 부리더니 결국 이런 참패를 당했다. 이제부터는 경거망동은 절대 용납하지 않겠다. 또 다시 명령을 어기는 자가 있으면 즉시 엄하게 처벌하겠다."

겹겹이 에워싼 촉군을
무찌르는 장합

제갈량은 승전한 군마들을 거두어 영채로 돌아왔습니다. 군사를 정비하여 다시 진군하려 할 때 갑자기 성도에서 장포가 죽었다는 보고가 들어왔습니다. 제갈량은 소리내어 울었습니다. 피를 토하며 까무러쳐 쓰러졌습니다. 여러 사람의 도움으로 깨어났지만 제갈량은 이로부터 병을 얻어 자리에 누웠습니다.

사납고 날래던 장포가 공을 세우려 했건만	悍勇張苞欲建功
가련하구나, 하늘이 영웅을 돕지 않았네.	可憐天不助英雄
제갈량이 서풍을 향해 눈물을 흩뿌릴 제	武侯淚向西風灑
헌신으로 도와줄 사람 없음을 알았으리니.	爲念無人佐鞠躬

제갈량은 열흘이 지나서 동궐과 번건을 막사로 불렀습니다. 한중으로 옮겨 치료를 할 터이니 절대 누설치 말고 사마의가 모르도록 하라고 했습니다. 즉시 명령을 하달하여 그날 밤으로 은밀하게 영채를 거두어 모두 한중으로 돌아갔습니다. 사마의는 제갈량이 떠난 지 닷새 뒤에야 이 사실을 알고 길게 탄식했습니다.

"아! 제갈량의 신출귀몰(神出鬼沒)한 계책을 나는 도저히 따라갈 수가 없구나."

사마의도 군사를 나누어 여러 요충지를 지키도록 하고 자신도 군사를 이끌고 돌아갔습니다. 제갈량도 군사들을 한중에 주둔시켜놓고 자신은 성도로 가서 병을 치료했습니다. 후주가 어의를 보내 치료한 덕분에 날이 갈수록 좋아졌습니다. 시간이 얼마간 지났습니다. 위의 도독 조진이 병이 낫자 표를 올려 촉을 칠 것을 요청했습니다. 조예는 유엽을 불러 의논했습니다. 유엽은 국가대사이니만큼 일이 확정되기 전까지는 절대로 비밀에 붙이는 것이 좋다면서 대신들도 속이도록 했습니다. 조예는 유엽을 더욱 중히 여기게 되었습니다.

드디어 조예는 조진을 대사마로, 사마의를 대장군으로 삼아 40만 대군을 이끌고 촉을 정벌토록 했습니다. 위군은 장안으로 왔습니다. 한중을 공격하기 위해 곧장 검각(劍閣)으로 향했습니다.

제갈량은 병이 완쾌되어 한중에서 인마를 훈련시키면서 팔진법(八陣法)을 가르쳐 모두가 잘 숙지하고 명령대로 움직일 수 있게 되었습니다. 그래서 중원을 공격하려던 참이었는데 위군이 온다는 보고를 받았습니다. 제갈량은 왕평과 장의를 불러 1천 명의 군사로 위군을 막고 있으라고 지시했습니다. 깜짝 놀란 두 장수는 여기서 죽을지언정 적들을 막으러 갈 수 없다고 했습니다. 그러자 제갈량이 웃으면서 말했습니다.

"두 장수는 어찌 그리 생각이 없는가? 내가 자네들만 보내는 것은 다 생각이 있어서다. 어제 천문을 보니 이달 안에 반드시 장마가 들 것이다. 위군이 40만이라 한들 어찌 빗속에 험지로 깊이 들어올 수 있겠느냐? 내 이를 알기 때문에 군사를 많이 쓰지 않는 것이다. 결코 자네들에게 해가 미치지 않을 것이니 걱정 말고 출발하도록 하라. 내가 한중에서 한 달쯤 쉬고 있다가 위군이 물러날 때 대군을 몰고 질풍처럼 공격하면 위군은 도망치기 바쁠 것이다."

두 장수는 크게 기뻐하며 떠났습니다. 제갈량은 각처의 요충지에 한 달 동안 쓸 수 있는 장작과 말먹이 및 군량 등을 비축하고 가을장마에 대비하라는 명령을 하달했습니다.

한편 조진은 사마의와 함께 진창으로 달려왔습니다. 그런데 성안으로 들어와 보니 집이 한 채도 남아있지 않았습니다. 그곳 사람들에게 물었더니 제갈량이 돌아가면서 모두 불태웠다고 했습니다. 조진은 즉시 진창길을 따라 진격하려고 했습니다. 그러자 사마의가 막았습니다.

"함부로 들어가면 안 됩니다. 지난밤에 천문을 보니 이달 안에 큰비가 올 것이 분명합니다. 중요한 곳으로 깊이 들어가서 싸워 이긴다면 괜찮지만 만약 잘못되기

陳倉城魏軍因乙配春莫雄畵

↑ 장마가 길어지자 굶주리는 위군의 병마들

라도 하면 인마가 큰 고생을 할뿐더러 퇴각하기도 어려울 것입니다. 우선 성안에 임시로 영채를 세우고 장마에 대비해야 합니다."

조진은 사마의의 말에 따랐습니다. 보름이 못 되어 장마가 시작되었습니다. 한 달간을 쉬지 않고 쏟아졌습니다. 평지까지 물이 넘쳐 무기도 젖고 군사들은 잘 수도 없어서 밤낮으로 불안에 떨었습니다. 군사들의 원성이 낙양까지 전해졌습니다. 산기상시(散騎常侍) 왕숙이 군사를 쉬게 했다가 다음 기회에 출동시키는 것이 좋다는 상소를 올렸습니다. 양부와 화흠도 상소를 올려 간청했습니다. 조예는 즉시 조서를 내려 조진을 돌아오라고 불렀습니다. 조서를 본 사마의도 같은 생각이었습니다. 조진은 군사를 철수시킬 때 제갈량이 추격해 올 것이 걱정이었습니다. 사마의는 양쪽에 매복을 시킨 뒤에 퇴각할 것을 제안했습니다.

제갈량은 한 달 동안 내린 비가 개지 않자 즉각 군사를 집결시켰습니다. 여러 장수를 불러놓고 말했습니다.

"내 생각에 위군은 곧 달아날 것이오. 그런데 내가 추격할 것을 대비하여 매복할 것이니 우선 그들이 물러가도록 해놓고 다시 계획을 세우도록 하겠소."
"위군이 돌아갔습니다."
"왕평에게 추격하지 말라고 전해라. 내게 위군을 무찌를 계책이 있노라."

과연 제갈량이 세워둔 계책은 무엇일까요?

제갈량 편지에 죽은 조진,
제갈량 팔괘진에
무너진 사마의

제갈량이 장맛비로 퇴군하는 위군을 추격하지 말라고 하자 뭇 장수들이 재고를 요청했습니다. 그러자 제갈량은 사마의가 군사를 매복시켰을 것임을 알려주고 대신 야곡과 기산을 공격할 것을 지시했습니다. 여러 장수가 의아해했습니다.

"장안으로 진격하는 길은 그곳이 아닌데 승상께서는 어째서 매번 기산을 공격하라고 하십니까?"

"기산이 바로 장안의 머리이네. 만약 농서의 여러 군에서 군사가 공격해오면 반드시 이곳을 거쳐야만 하네. 또한 앞은 위수로 막혀 있고, 뒤로는 야곡을 의지하고 있으며, 왼쪽으로 나가서 오른쪽으로 들어올 수 있으며, 군사를 매복시키기에도 좋으니 바로 무력을 쓰기에 좋은 곳이네. 그렇기 때문에 먼저 그곳을 차지해서 이러한 이점을 활용하려는 것일세."

모든 장수가 감복했습니다. 제갈량은 여러 장수들에게 기곡과 야곡으로 나가 기산으로 집합하도록 명령하고, 자신은 관흥과 요화를 선봉으로 삼아 직접 대군을 이끌고 뒤따랐습니다.

한편 조진과 사마의는 군마를 감독하며 조심스럽게 철군했습니다. 군사를 보내 적정을 탐색토록 했습니다. 그러자 촉군이 뒤쫓지 않는다는 보고만 들어왔습니다. 조진이 안심하자 사마의는 경계심을 늦추지 않았습니다.

"지금 맑은 날씨가 이어지고 있는데도 촉군이 뒤쫓지 않는 것은 우리가 대비책을 세워둔 것을 알기 때문입니다. 그래서 우리 군사가 멀리 갈 때까지 모르는 척하다가 우리 군사가 모두 물러나면 그는 기습하여 기산을 뺏으려 들 것입니다."

조진이 믿으려 하지 않자, 사마의는 열흘 안에 촉군이 오지 않으면 얼굴에 홍분(紅粉)을 바르고 여자 옷을 입고 영채로 찾아가 죄를 청하겠노라고 장담했습니다. 조진은 사마의의 말이 맞으면 천자가 하사한 옥대(玉帶) 한 개와 어마(御馬) 한 필을 주겠다고 약속했습니다. 그리하여 조진은 군사를 이끌고 기산 서쪽 야곡 어귀로 가고, 사마의는 기산 동쪽 기곡 어귀로 가서 각각 영채를 세웠습니다.

촉의 위연과 장의, 진식, 두경 등 네 장수는 2만 명의 군사를 이끌고 기곡 길을 따라 진격했습니다. 이때 제갈량이 등지를 보내서 위군의 매복에 철저히 대비하고 가벼이 나가지 말라고 명령했습니다. 진식이 투덜거리자 등지가 경고조로 말했습니다.

"승상의 예측은 여지껏 틀린 적이 없고 계책은 여지껏 성공하지 않은 적이 없네. 그런데 자네는 어찌 감히 명령을 어기려 드는가?"

위연도 제갈량이 지난날 자신의 계책을 듣지 않은 것이 생각나서 웃으며 진식의 말을 거들었습니다.

"승상께서 지난번 내 말대로 곧장 자오곡(子午谷)으로 진격했다면 지금쯤 장안은 물론 낙양까지 모두 차지했을 걸세. 지금 무슨 이득이 있다고 기산으로만 나가려고 고집하는지 모르겠네. 그리고 진격명령을 내리고나서 이제 와서 또 진격하지 말라니, 대체 호령이 어찌 이리 왔다 갔다 한다던가?"

진식이 제갈량의 명령을 어기고 5천 명의 군사를 이끌고 기곡 어귀로 나갔다가 위군의 매복에 걸려 혼쭐이 났습니다. 위연의 도움으로 겨우 목숨을 구해 달아났습니다. 5천 명의 군사는 겨우 5백 명의 부상병만 남았습니다. 등지가 이 사실을 제갈량에 보고했습니다. 제갈량은 다시 등지를 보내 진식을 다독여 안심시켰습니다. 군사들은 밤에만 행군을 시켰습니다. 조진은 촉군이 보이지 않자 경계를 느슨히 했습니다. 일주일이 지나던 날, 촉군이 보이자 추격하여 물리치도록 했습니다. 하지만 곧바로 촉군에게 사로잡히고 촉군은 모두 위군으로 변장하여 조진의 영채로 향했습니다. 이때 사마의가 촉군을 물리쳤다는 보고와 함께 방비에 전념하라는 전갈이 왔습니다. 조진이 믿으려 하지 않을 즈음, 위군으로 변장한 촉군이 영채로 쳐들어왔습니다. 조진이 허둥대고 있을 때, 사마의가 지원병을 이끌고 왔습니다. 촉군이 물러가자 조진은 겨우 목숨을 건질 수 있었습니다.

↑ 제갈량의 라이벌 사마의

"제갈량이 기산을 차지하여 유리한 지세를 이용하게 되었으니, 이제 이곳에 오래 머무를 수 없습니다. 즉시 위수가로 영채를 옮기고 나서 다시 대책을 세워야겠습니다."
"그대는 어떻게 내가 대패할 줄 알았소?"
"보냈던 부하가 돌아와 '촉군이 한 명도 없다'는 공의 말씀을 보고하기에 제갈량이 불시에 영채를 기습하려는 것이라고 생각하고 지원하러 왔는데 과연 생각한 대로였습니다. 내기한 것은 일체 말하지 마시고 마음을 합쳐 나라에 보답키로 하소서."

조진은 당황하고 불안했습니다. 게다가 화가 끓어올라 병이 되어 자리에 누웠습니다. 제갈량은 군마를 크게 몰고 다시 기산으로 나갔습니다. 군사들에 대한 위로가 끝나자 위연, 진식, 두경, 장의가 엎드려 죄를 청했습니다. 제갈량은 진식의 죄를 물어 즉시 목 베어 죽였습니다. 제갈량이 다시 위군 공략을 협의할 때 조진이 병이 나서 영채에서 치료를 받고 있다는 첩보가 들어왔습니다. 제갈량은 보고를 받자 조진을 죽일 수 있는 기회가 왔다면서 항복한 위군의 병사들을 불러놓고 말했습니다.

"너희들은 모두 위나라 군인이다. 부모와 처자가 모두 중원에 있으니 이곳에 오랫동안 잡아 두는 것은 옳은 일이 아니다. 내 이제 너희들을 집으로 보내주려고 한다. 나는 조진과 약속한 것이 있다. 내가 편지 한 통을 써줄 테니 너희들은 편지를 가지고 돌아가 도독에게 전하라. 반드시 큰 상을 줄 것이다."

항복한 위군들은 눈물을 쏟으며 감사의 절을 하고 한달음에 영채로 되돌아와 제갈량의 편지를 올렸습니다. 조진이 병을 무릅쓰고 봉합을 뜯고 편지를 읽었습니다. 그 내용은 대략 이러했습니다.

'무릇 장수란 진퇴와 천문지리 및 음양의 이치를 알고 이를 헤아릴 줄 알아야만 한다. 그런데 아! 너 무식한 조진은 위로 하늘을 거역하고, 아래로 나라를 찬탈한 반역자를 도와 낙양에서 제호(帝號)를 일컫게 했고, 야곡에서 패해 도망쳤으며, 진창에서 장마를 만나 고초를 겪게 되자 인마가 사납게 날뛰어 팽개친 창과 갑옷이 들녘에 가득하고, 버리고 달아난 칼과 활이 땅을 덮었다. 도독은 간담이 철렁하고 장군은 쥐구멍으로 못 들어가 당황하고 있다. 관중의 촌로들을 볼 면목도

↑ 촉오동맹의 일등공신 등지

없을 텐데 무슨 얼굴로 상부(相府)의 청당(廳堂)으로 들어가겠는가? 사관은 이 사실을 붓을 들어 기록할 것이고 백성들은 입을 통하여 전파할 것이다. 사마의는 싸우러 왔다는 보고를 받자 무서워 오금이 저리고, 조진은 소문만 듣고도 허둥대며 숨을 곳을 찾고 우리 군사는 강하고 말들은 억세며 대장은 범처럼, 용처럼 솟아오르고 있다. 관중을 휩쓸어 평지를 만들고 위나라를 정벌하여 폐허로 만들겠노라.'

편지를 읽고 난 조진은 분노가 치밀어 가슴을 채우고 숨통까지 막았습니다. 그날 저녁이 되자 군영에서 사망했습니다. 조예는 조진이 죽었다는 보고를 받자 즉시 사마의에게 조서를 내려 촉군을 무찌르도록 했습니다. 사마의는 제갈량에게 전서(戰書)를 보냈습니다. 제갈량은 조진이 죽은 것을 알고 즉각 전투에 응했습니다.

다음 날, 제갈량과 사마의는 한바탕 설전을 벌인 뒤 진법으로 싸우기로 했습니다. 사마의가 혼원일기진(混元一氣陳)을 펼쳤습니다. 제갈량은 팔패진(八卦陳)을 펼쳤습니다. 둘은 서로의 진법을 능히 알고 있었습니다. 그러자 제갈량이 팔패진을 펼치며 사마의에게 공격해 오라고 했습니다. 사마의는 팔패진의 공략법을 알려주고 쳐들어가도록 했습니다. 그런데 위군이 팔패진으로 들어가서 촉군을 무찌르기는커녕 촉군의 공격에 여지없이 무너졌습니다. 사마의까지 나섰지만 제갈량이 미리 세워둔 계략에 빠져 크게 패하고 말았습니다. 결국 위수 남쪽 기슭으로 물러나 영채를 세우고 굳게 지키며 나오지 않았습니다. 제갈량은 승전군을 이끌고 기산으로 돌아왔습니다. 싸움이야 질 수도 있는 것이지만 진법에 진 것은 사마의도 참기 힘들었습니다. 사마의는 어떻게 이 패배를 갚으려고 할까요?

衝奇陣魏

將受辱

三國演義

一百五十乙酉春

蒸雄畫

於滬上墨戲齋

▲ 진법에 패해 벌거숭이로
　돌아가는 위나라 병사들

장합이 소나기 화살을 맞고 죽다

제갈량이 위군을 대파하고 기산 영채로 돌아왔을 때 이엄이 보낸 군량을 구안이 수송해왔습니다. 그런데 구안이 술을 좋아해서 길에서 태만하게 굴다가 기한을 열흘이나 넘겼습니다. 제갈량이 크게 노하여 목 베어 죽이라고 했는데 양의가 고명대신인 이엄의 심부름꾼임을 들어 목숨은 살려달라고 했습니다. 제갈량은 곤장 80대를 때리고 놓아주었습니다. 그러자 원한을 품은 구안은 그 밤으로 위군 영채로 달려가 투항했고, 사마의가 구안을 보고 계략을 세웠습니다.

"너는 성도로 돌아가서 '제갈량이 주상에게 원망을 품고 이제 곧 스스로 황제가 되려고 한다'는 소문을 퍼뜨려라. 너희 임금이 네가 퍼뜨린 소문을 듣고 제갈량을 불러들이면 그것은 바로 네가 큰 공을 세운 것이다."

구안은 성도로 돌아와 환관을 만나 헛소문을 퍼뜨렸습니다. 드디어 후주의 귀까지 들어갔습니다. 후주는 깜짝 놀라 당황스러웠습니다. 환관이 제갈량을 성도로 돌아오도록 조서를 내리고 그의 병권을 빼앗아 반역을 막으라고 권했습니다. 후주가 그대로 따르자 장완이 아뢰었습니다.

"승상은 출정하여 여러 차례 큰 공을 세웠는데 무슨 이유로 돌아오라고 부르십니까?"

"그것은 기밀에 속한 일이라서 짐이 승상과 따로 의논해야만 하는 일이오."

제갈량이 기산 영채에서 조서를 받고는 하늘을 우러러 탄식하며 말했습니다.

"주상께서는 나이가 어리신데 주변에 아첨하는 신하가 있는 것이 분명하구나. 내가 이제 공을 세우려고 하는데 왜 돌아오라고 하시는가? 만약 내가 돌아가지 않으면 임금을 업신여기는 것이 될 것이요, 만약 돌아간다면 이런 기회를 다시는 만나기가 어려울 것이다."

제갈량은 다섯 갈래의 길로 군사를 나누어 철군했습니다. 그런데 철군하면서도 솥 자리는 군사의 수보다 두 배로 파놓도록 했습니다. 양의는 손빈이 방연을 잡을 때 쓴 계략과는 반대의 전략을 쓰는 것이 의아해서 묻자, 제갈량이 그 이유를 알려주었습니다.

"사마의는 용병에 매우 능한 자이다. 우리 군사가 물러가면 틀림없이 추격할 것인데, 우리의 복병이 있을까봐 우리가 머물렀던 곳의 솥 자리를 반드시 세어볼 것이다. 매일 솥 자리가 늘어나는 것을 보면 군사들이 퇴각하는지 안하는지 모르게 되고 의심이 되어 추격하지 못할 것이다. 이제 그렇게 하면서 천천히 물러가면 군사를 잃을 걱정은 하지 않아도 될 것이다."

사마의는 구안이 계책대로 해낼 것이라고 생각하고 기습공격을 준비하고 있었습니다. 마침내 촉군이 물러갔다는 보고가 왔습니다. 사마의는 제갈량의 계략을 조심하여 가벼이 추격하지 못하고 촉군의 영채 자리를 살펴보았습니다. 그리고 제갈량이 말한 대로 사마의는 추격하지 않고 물러나서 다시 계획을 세우기로 하였습니다. 제갈량은 모든 군사를 안전하게 이끌고 성도로 돌아왔습니다. 제갈량은 후주를 뵙고 아뢰었습니다.

"신은 기산을 차지하고 장안을 공격하려다가 폐하의 부르심을 받고 중지한 채 돌아왔습니다. 무슨 큰 일이 있으십니까?"

"으음, 짐이 오랫동안 승상을 만나지 못했기에 보고 싶어 돌아오시라고 불렀소. 별다른 일은 없소."

"그것은 폐하의 본심이 아닐 것입니다. 분명 옆에서 간신이 제가 다른 마음을 품고 있다고 하였기 때문일 것입니다."

"……."

"노신은 선제의 두터운 은혜를 입었기에 죽음으로 갚겠다고 이미 맹세했습니다. 지금 조정에 간신이 있다면 신이 어떻게 마음놓고 역적을 토벌하겠습니까?"

"짐이 환관의 말을 믿고 승상을 돌아오시라고 불렀소. 오늘에야 잘못된 것을 깨닫고 후회했지만 어찌하겠소."

제갈량은 즉시 뭇 환관을 불러 놓고 따져 물었습니다. 그리고 구안이 퍼뜨린 헛소문인 것을 알고 그를 잡아들이라고 했지만 구안은 벌써 위나라로 달아났습니다. 제갈량은 헛소문을 퍼뜨린 환관을 목 베고, 나머지는 모두 파면시켜 궁 밖으로 쫓아냈습니다. 후주를 바로 모시지 못한 장완과 비의도 문책을 받았습니다. 제갈량은 성도의 일을 마무리하고 다시 한중으로 나왔습니다. 제갈량은 양의의 의견을 받아들여 군사를 백 일씩 돌아가며 교대로 쉬도록 했습니다.

제갈량이 다시 군사를 이끌고 나오자 조예는 사마의를 불러 대군을 이끌고 막도록 했습니다. 사마의는 장합을 선봉으로 삼고 출정했습니다. 사마의는 제갈량이 대군을 이끌고 검각을 지나 산관을 경유하여 야곡을 향하고 있다는 첩보를 받자 장합에게 계책을 주었습니다.

"지금 제갈량은 먼 길을 급하게 달려올 것이니 농서의 밀을 베어 군량으로 충당할 것일세. 그대는 기산에 영채를 세우고 지키도록 하게. 나는 곽회와 여러 군을 돌면서 촉군이 밀을 베지 못하게 막도록 하겠네."

제갈량은 위군이 위수 가에 영채를 세우자 즉시 여러 장수를 불렀습니다.

"저것은 필시 사마의일 것이다. 지금 우리는 군량이 떨어져 성도의 이엄에게 쌀을 보내라고 독촉했지만 아직 도착하지 않고 있다. 내 생각에는 지금 농상의 보리가 익었을 테니 비밀리에 군사를 이끌고 가서 베어 와야겠다."

제갈량은 왕평과 장의, 오반과 오일 등의 장수를 기산에 남겨 지키게 하고, 강유와 위연을 이끌고 노성(鹵城)으로 갔습니다. 하지만 위군이 이미 지키고 있자 다른 전략이 필요했습니다. 즉시 똑같이 생긴 사량거(四輪車)를 세 대 가져와 각각 귀신이 이끄는 무리처럼 보이게 했습니다. 사마의가 이를 보고는 제갈량이 장난치는 것이라며 빨리 쫓아가서 수레째 몽땅 잡아오도록 했습니다. 그런데 위군이 아무리 쫓아가도 눈앞에 있는 수레를 따라 잡을 수가 없었습니다. 보고를 받은 사마의가 직접 한 무리의 군사를 이끌고 와서 뒤쫓지 말라고 명령했습니다. 그리하여 뭇 군사가 말머리를 돌리려는 때, 사방에서 사량거와 촉군이 나타나 공격했습니다. 사마의는 놀라서 상규로 쫓겨 들어가 성문을 닫아걸고 싸우러 나오지 않았습니다. 이참에 제갈량은 3만 명의 군사를 풀어 농서의 밀과 보리를 모두 베어 노성으로 운반했습니다. 사마의는 제갈량이 노성에서 밀을 털어 말린다는 보고를 받고는 곽회의 제안대로 노성을 공격하기로 했습니다. 제갈량은 적들이 공격해 올 것을 미리 알고 매복군을 배치하고 싸울 준비를 했습니다. 사마의가 곽회와 함께 노성을 공격하려 할 때, 촉군이 사방에서 공격해 왔습니다. 사마의와 곽회는 겨우 포위망을 뚫고 도망쳤습니다. 위군은 다시 서량의 인마를 동원하여 촉군을 공격하려고 했습니다. 하지만 제갈량은 급히 달려오느라 지친 서량군을 먼저 공격하여 대승을 거두고 그들을 쫓아냈습니다. 이렇게 제갈량이 위군을 격

出隴上諸葛妝神
三國演義插圖之二百五十六西春姜雄畫

⬆ 사량거 전략으로 위군을 무찌르는 제갈량

파하고 있을 때, 이엄이 긴급사태를 아뢰는 편지를 보냈습니다.

　　'얼마 전에 동오가 낙양으로 사람을 보내 위와 손잡기로 하였답니다. 위가 오에
게 촉을 치라고 했지만 오는 아직 군사를 일으키지 않고 있습니다. 이제 제가 정보
를 탐지하여 알려드리니 승상께서는 속히 좋은 계책을 세우소서.'

　제갈량은 편지를 보고 놀라고 의심쩍었습니다. 즉시 장수를 불러 기산 본영의
인마를 서천으로 철수시키라고 명령했습니다. 장합은 촉군이 물러가는 것을 보
고 계책이 있을 것이라 믿고 추격하지 못했습니다. 대장 위평이 나서서 추격하지
않으면 천하의 웃음거리가 될 것이라고 했지만 사마의는 따르지 않았습니다. 제
갈량은 기산의 군사가 모두 철수하자 마충과 양의를 불러 은밀한 계책을 주었습
니다. 1만 명의 궁노수를 이끌고 검각의 목문 길 양쪽을 지키다가 위군이 추격해
오면 포 소리와 함께 퇴로를 차단하고 일제히 화살을 퍼부으라는 것이었습니다.
　사마의는 제갈량이 철수한 빈 성을 보고는 추격을 명령했습니다. 장합이 나섰
습니다만 사마의는 그의 조급한 성미를 걱정했습니다. 장합은 선봉의 역할을 내
세워 자신이 가기를 원했습니다. 사마의는 조심할 것을 당부했습니다. 하지만 사
마의의 당부에도 불구하고 장합은 위연의 유인술에 걸려 마침내 촉군이 매복한
곳까지 달려갔습니다. 결국 장합은 제갈량의 계략에 걸려 1만 개의 화살 속에서
죽었습니다.

숨은 쇠뇌 일만 개가 별처럼 날아가	伏弩齊飛萬點星
목문 길 위의 용장과 대군을 쏘아 죽였네.	木門道上射雄兵
지금도 검각을 지나가는 사람들은	至今劍閣行人過
당연히 제갈량의 옛 명성을 말한다네.	猶說軍師舊日名

사마의는 즉시 군사를 거두어 낙양으로 돌아갔습니다. 승리한 제갈량도 한중으로 들어왔습니다. 성도로 돌아가 후주를 뵈려고 할 때, 이엄이 후주에게 승상의 군영으로 군량을 조달했는데 무슨 까닭으로 갑자기 오는지 모르겠다고 터무니없는 말을 아뢰었습니다. 이 말을 들은 후주는 즉시 비의에게 한중으로 가서 철수한 까닭을 묻도록 했습니다.

비의를 만난 제갈량은 크게 놀라 이엄이 보낸 편지를 보여 주며 철수한 이유를 알려주었습니다. 군량을 조달하지 못한 이엄이 문책을 당할까봐 후주에게 무고하여 자신의 허물을 은폐하려고 한 것이었습니다. 비의가 이러한 사실을 후주에게 아뢰었습니다. 대노한 후주는 즉각 이엄을 참수토록 했습니다. 장완이 나서서 고명대신임을 들어 용서해줄 것을 요청했습니다. 후주는 즉시 이엄을 서민으로 강등하여 재동군(梓潼郡)으로 귀양을 보냈습니다.

제갈량은 성도에서 군사들을 훈련시키고 군량과 무기 등을 점검했습니다. 3년이란 세월이 후딱 지났습니다. 때는 234년, 제갈량은 후주에게 다시 출정할 것을 아뢰었습니다. 후주는 솥발의 형세를 이루어 태평한 시대를 보내는데 굳이 출정할 이유가 있는지 물었습니다. 태사(太史) 초주도 반대하고 나섰습니다. 초주가 반대한 이유는 무엇일까요?

奔劍閣張郃中計
乙酉春榮雄畫

↑1만 궁노수의 화살을 맞고 죽는 장합군

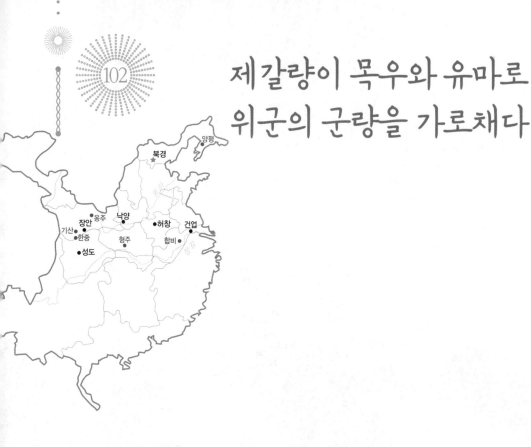

제갈량이 목우와 유마로
위군의 군량을 가로채다

초주가 제갈량의 북벌을 반대한 이유는 밤하늘의 상서롭지 못한 기운들이 여기저기서 일어나고 있기 때문이었습니다. 제갈량은 초주의 청을 듣지 않았습니다. 오직 힘을 다하여 역적을 토벌하는 일이 자신의 책무라고 주장했습니다. 한중으로 돌아온 제갈량이 여러 장수들을 모아놓고 출정을 협의할 때 관흥이 병사했다는 비보가 날아왔습니다.

"불쌍하구나! 하늘이 충의로운 사람에게 수(數)를 주지 않으니 이번 출정에서 또 한 명의 대장을 잃었구나."

살고 죽는 것은 사람의 타고난 이치　　　　生死人常理
하루살이와 같은 것이 부질없네.　　　　　蜉蝣一樣空

| 다만 남는 건 충효와 절의뿐이니 | 但存忠孝節 |
| 어찌 꼭 장송처럼 오래 살아야겠는가. | 何必壽喬松 |

　제갈량은 슬피 울다가 정신을 잃고 쓰러졌습니다. 한참 후에 정신을 차리자 장수들이 걱정했습니다. 하지만 제갈량은 잠시도 멈출 수 없었습니다. 즉시 강유와 위연을 선봉으로 삼고 34만 명의 대군을 다섯 길로 나누어 진격했습니다.

　조예는 촉의 대군이 쳐들어오자 급히 사마의를 불렀습니다. 사마의도 천문을 살펴본지라 제갈량의 촉군은 스스로 패망할 것이라고 했습니다. 이어 하후연의 네 아들을 보증 추천했습니다. 하후패와 하후위를 좌우 선봉으로, 하후혜와 하후화를 행군사마(行軍司馬)로 삼아 군사기밀을 협력하게 했습니다. 조예는 기뻐하며 직접 쓴 조서를 사마의에게 주었습니다.

　　'경은 위수(渭水)가에 도착하거든 굳게 지키기만 하고 싸우지 말라. 촉군이 싸우려 해도 어찌할 수가 없으면 물러가는 체하여 유인할 것이니 이 또한 속지 말고 추격하지 말라. 오직 그들의 군량이 떨어지기만을 기다리면 저들은 제풀에 달아날 것이다. 그때 허점을 공격하면 승리가 어렵지 않을 것이고, 군사와 말들도 고생하지 않을 테니 이보다 좋은 계책은 없을 것이다.'

　사마의는 장안에서 40만 명의 군사를 일으켜 위수 가에 영채를 세웠습니다. 곽회와 손례가 찾아와 사마의에게 제안했습니다.

　　"촉군은 현재 기산에 있습니다. 저들이 위수를 건너서 북원(北原)으로 올라가 북산(北山)의 군사와 손잡으면 농서(隴西)로 가는 길이 끊길 것이니 이것이 걱정입니다."
　　"매우 좋은 생각이오. 공은 농서의 군마를 이끌고 북원에 영채를 세우시오. 도랑을 깊이 파고 보루를 높이 쌓은 채 군사를 움직이지 말고 저들의 양식이 떨어지기를 기다려서 공격하면 승리할 것이오."

　제갈량은 곽회와 손례가 북원에 영채를 세웠다는 보고를 받고는 북원을 공격하는 척하며 위수를 빼앗는 계략을 세웠습니다. 촉군이 북원을 공격하려고 한다는 순찰병의 보고를 받은 사마의는 제갈량의 계략을 간파하고 이를 역이용하는 계략을 세웠습니다. 그리하여 1만 명의 촉군을 쓸어버리며 1차전을 승리로 이끌었습니다. 제갈량이 기산에서 패잔병을 추스르고 있을 때 성도에서 비의가 왔습니다. 제갈량은 비의에게 편지를 주며 곧장 손권에게 전하도록 했습니다. 제갈량이 손권에게 보낸 편지의 내용은 이러했습니다.

'한나라가 운수가 다해 황제의 다스림이 흔들리더니, 조(曹)가 놈이 찬탈을 하여 지금까지 기세를 떨치고 있습니다. 저는 소열황제의 지중한 부탁을 받고는 오직 진력을 다하고 있습니다. 지금 기산에 대군을 모아 놓고 공격 준비를 하고 있으니 포악한 도적들도 위수에서 멸망할 것입니다. 폐하께서는 동맹한 뜻을 유념하셔서 장수에게 정벌을 명하시어 함께 중원을 빼앗고 천하를 똑같이 나누기를 바라옵니다.'

손권은 제갈량의 편지를 보고는 크게 기뻤습니다. 즉시 30만 명의 군사를 세 곳으로 진격시켜 위를 공격하기로 했습니다. 비의는 감사했고 손권은 연회를 베풀었습니다. 손권이 연회 중에 촉군의 선봉이 위연임을 알고는 웃으며 말했습니다.

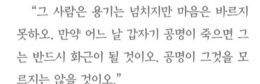

"그 사람은 용기는 넘치지만 마음은 바르지 못하오. 만약 어느 날 갑자기 공명이 죽으면 그는 반드시 화근이 될 것이오. 공명이 그것을 모르지는 않을 것이오."

비의는 제갈량에게 오의 대군이 위를 공격하기로 한 것과 손권의 위연에 대한 평을 알려주었습니다. 제갈량도 한숨을 쉬며 말했습니다.

"참으로 총명한 임금이오. 내가 위연의 됨됨

▲ 안타깝게 병사한 관흥

이를 몰라서 쓰는 것이 아니라 그의 용기가 아까워 쓰고 있는 것이오."

"승상! 일찌감치 손을 쓰소서."

"지금은 아니네. 내게도 생각해 둔 것이 있네."

제갈량이 장수들과 진격을 상의하고 있을 때 위나라의 편장(偏將) 정문이 투항해왔다는 보고가 왔습니다. 사연인 즉, 정문은 진랑과 함께 사마의의 지휘를 받았는데 사마의가 사사로운 정에 얽매여 진랑만 전장군(前將軍)에 임명하고 자신은 쓰레기 취급했다는 것이었습니다. 제갈량은 마침 진랑이 군사를 이끌고 와서 정문에게 싸움을 걸자 그를 죽이면 의심하지 않겠다고 했습니다. 정문은 단 일 합에 진랑을 베었습니다. 이 모습을 지켜본 제갈량은 정문이 진랑의 아우 진명을 죽이고 거짓 항복한 것임을 알고 이를 역이용하기로 했습니다. 그리하여 정문에게 편지를 쓰게 하고 말재주가 있는 군사를 선발하여 은밀히 분부했습니다. 군사는 명령을 받자 곧바로 위군 영채로 와서 사마의에게 정문의 편지를 올리며 말했습니다.

"정문은 저와 같은 고향 사람인데 지금 공명은 정문이 공을 세웠기에 선봉으로 등용했습니다. 정문이 조용히 저에게 편지를 전하라고 부탁하면서 내일 저녁 때 불을 질러 신호를 하면 도독께서 직접 대군을 이끌고 오셔서 영채를 기습하십시오. 그러면 정문이 안에서 응전하겠다고 했습니다."

사마의가 여러 번 확인했으나 의심할 곳이 없었습니다. 즉시 두 아들과 함께 촉군 영채를 기습하러 갔습니다. 큰아들 사마사의 말에 따라 진랑을 선봉으로 세우고 자신은 뒤에서 지원하기로 했습니다. 결국 진랑이 촉군 영채를 기습했지만 오히려

↑ 위연의 배반을 간파한 손권

諸葛亮 妙計劫粮

귀신에 홀린 듯 군량을
빼앗기는 위군

함정에 빠진 꼴이 되었습니다. 진랑과 1만 병사는 몰살을 당하고 사마의도 패잔군을 이끌고 본영으로 돌아왔습니다. 이후 사마의는 지키기만 할 뿐 나오지 않았습니다.

제갈량은 위수 일대를 답사하다가 한 골짜기에 이르러 지세를 자세히 살펴보았습니다. 바로 호로곡이었습니다. 제갈량은 이곳에서 즉시 목우와 유마를 만들게 하여 검각에 있는 군량을 운반해오게 했습니다. 후세 사람들이 제갈량을 기리는 시를 지었습니다.

험준한 검각에서 유마를 몰고	劍閣險峻驅流馬
기구한 야곡에서 목우를 타네.	斜谷崎嶇駕木牛
후세에도 이 방식을 쓴다면	後世若能行此法
어찌 수송 따위를 걱정하겠느뇨.	輸將安得使人愁

이 사실을 전해들은 사마의는 촉군이 군량을 수송한다면 큰일임을 알고는 급습하여 목우와 유마를 빼앗아 오도록 했습니다. 그리고 똑같이 만들어서 위군도 농서에서 군량을 운반해왔습니다. 제갈량은 왕평과 1천 명의 군사를 위군의 군량 수송대로 침투시켜 위군을 무찌른 후 목우와 유마의 혀를 비틀어 움직이지 못하도록 했습니다. 곽회가 다시 빼앗아 군량을 수송하려고 했지만 불가능했습니다. 다시 촉군이 빼앗아 유유히 끌고 가자 넋을 잃고 바라만 보았습니다. 제갈량이 만든 목우와 유마의 비밀을 모른 까닭에 속절없이 군량만 빼앗기고 만 것입니다.

한편 사마의는 군량을 빼앗겼다는 소식을 듣고 서둘러 구원병을 이끌고 달려갔습니다. 중간쯤 왔을 때 갑자기 포 소리가 울리며 촉군이 두 갈래로 공격해왔습니다. 위군은 모두 놀라 뿔뿔이 도망쳤습니다. 사마의도 목숨이 위태로워졌습니다. 사마의는 이 위기를 어떻게 벗어날까요?

일은 사람이 꾸미고 성패는 하늘에 달려있다

사마의의 지원병을 공격한 것은 장익과 요화였습니다. 사마의는 홀로 숲속으로 달아났습니다. 요화가 앞장서 추격했습니다. 일촉즉발(一觸卽發). 사마의는 다급했습니다. 요화가 사마의를 칼로 내리쳤습니다. 사마의가 나무를 끼고 돌아서자 요화의 칼날이 나무에 박히고 말았습니다.

요화가 칼을 빼어 들었을 때 사마의는 벌써 숲 밖으로 달아났습니다. 요화가 숲 동쪽에서 황금투구를 발견했습니다. 그는 투구를 주워 말위에 매달고 곧장 동쪽으로 달려갔습니다. 30리를 달려도 종적이 보이지 않았습니다. 사마의는 투구를 동쪽에 버리고 서쪽으로 달아났던 것입니다. 제갈량은 1만여 석에 이르는 위군의 군량을 손쉽게 획득했습니다. 사마의는 군량을 잃고 목숨까지 위태로웠으니 이래저래 매우 속이 상했습니다.

이러한 때, 조서가 영채에 도착했습니다. 동오가 쳐들어왔으니 굳게 지키기만 하고 나가서 싸우지 말라는 것이었습니다. 사마의는 도랑을 깊이 파고 보루를 높이 쌓은 채 굳게 지키기만 하고 나가지 않았습니다.

한편 손권의 군사가 삼로로 쳐들어온다는 소식을 들은 조예는 유소, 전예, 만총 등에 명하여 동오군을 막도록 했습니다. 만총이 오군의 허점을 기습하여 제갈근의 군사를 대파했습니다. 척후병이 육손에게 사실을 보고하자 육손이 하급장교를 불러 은밀히 신성에 있는 손권에게 표를 가져다 바치라고 했습니다. 하지만 위군의 경비병에게 붙잡혀 계략이 탄로 나고 말았습니다. 제갈근은 패전으로 사기도 떨어진 데다가 여름 더위로 인마가 병이 생기자 철군시키기를 원했습니다. 하지만 육손은 움직임이 없었습니다. 이에 육손을 만나 건의했습니다. 그러자 육손이 늦추는 이유를 알려주었습니다.

"우리 군사를 철수시키려면 빠르게 움직이면 안 되오. 만약 즉각 후퇴시키면 위군은 반드시 틈을 타고 추격할 것이오. 그대는 우선 전선(戰船)을 이끌고 막아 공격하려는 것처럼 행동하시오. 나는 모든 인마를 거느리고 양양으로 진군하여 적들을 속이겠소. 그런 다음에 천천히 강동으로 물러나면 위군은 쫓아오지 못할 것이오."

육손의 계략에 따른 움직임은 즉각 위군에도 탐지되었습니다. 위군 장수들은 모두 나가 싸우려고 했지만 육손의 지략을 아는 조예는 허락하지 않았습니다. 며칠 뒤, 척후병이 동오의 군사가 모두 물러갔음을 보고했습니다. 조예는 믿을 수 없어 다시 사람을 보내 확인했습니다. 하지만 보고 내용은 사실이었습니다. 조예는 육손의 용병술에 감탄하며 동오를 평정할 수 없음을 알고는 장수들에게 요충지를 굳게 지키게 하고 정세의 변화를 기다렸습니다.

한편 제갈량은 기산에서 오래 머물 계책을 세웠습니다. 그래서 촉군에게 그곳 백성들과 어울려 농사를 짓게 하고 촉군은 소출의 3분의 1만 차지하게 하자, 백성들도 안심하고 좋아했습니다. 사마사가 이러한 사실을 알렸습니다.

"촉군은 우리의 많은 군량을 뺏고도 이제 또다시 우리 백성들과 함께 위수 가에서 농사를 지으며 아예 눌러앉을 판입니다. 그야말로 국가의 큰 걱정거리입니다. 어째서 제갈량과 약속하여 한바탕 크게 싸우지 않으십니까?"

"나는 굳게 지키기만 하라는 성지(聖旨)를 받들고 있다. 가벼이 움직이면 안 될 것이다."

"지금 위연이 지난날 잃어버린 황금 투구를 갖고 나와 갖은 욕설을 퍼부으며 싸움을 걸고 있습니다."

"성인께서는 '작은 것을 참지 못하면 큰 계책을 이룰 수 없다'고 하셨다. 지금은 굳게 지키는 것이 상책이다."

사마의는 모든 장수가 싸우자고 했지만 꿈쩍하지 않았습니다. 그러자 제갈량은 다른 계략을 세웠습니다. 마대에게 목책을 둘러치고 영채 안에 참호를 깊이 파게 한 다음, 마른 나무와 인화물질을 쌓아 두고 주위 산마루에는 마른 나무와 풀로 초막을 짓게 하여 안팎에 모두 지뢰를 숨겨놓도록 했습니다. 그리고 마대와 위연, 고상에게 차례대로 분부했습니다.

"호로곡 뒷길을 막고 군사들은 골짜기 어귀에 숨겨놓아라. 만약 사마의가 뒤쫓아 오면 골짜기로 들어가도록 놓아두었다가 일제히 지뢰와 마른 나무 등에 불을 질러라. 낮에는 골짜기 어귀에 칠성호대(七星號帶)를 세워 놓고, 밤에는 일곱 잔의 등을 산꼭대기에 밝혀 군사들이 서로 신호를 하게 하라."

제갈량은 사마의를 잡기 위해 장수들에게 지시를 내리고 둔전을 핑계로 기산에 있는 군사를 이동 배치했습니다. 그리고 다른 군사가 와서 싸우거든 지는 체하고 사마의가 직접 오거든 힘을 합쳐 위수 남쪽을 공격하여 퇴로를 막도록 했습니다. 하후혜, 하후화가 이 사실을 고했지만 사마의는 제갈량의 유인책일 것이라고 생각했습니다. 두 장수가 죽기로 싸우겠다고 하자 각각 5천 명의 군사를 주고

司馬懿刀下逃生三國演義挿圖二百五十四乙酉春日蔡雄畫

요화의 칼날을 피해
도망치는 사마의

결과를 지켜보기로 했습니다. 두 장수가 여러 번에 걸쳐 촉군을 이기자 기뻤습니다. 특히 제갈량이 기산에 있지 않고 상방곡(호로곡) 지역에 영채를 세우고 매일 군량을 운반하여 저장하고 있다는 정보도 입수했습니다. 사마의가 장수들을 소집하여 명령했습니다.

"제갈량은 지금 기산에 있는 것이 아니라 상방곡 영채에 있다. 너희들은 내일 군사를 이끌고 일제히 힘을 합쳐 기산 본영을 빼앗도록 하라. 내가 직접 군사를 이끌고 뒤따라서 지원하러 가겠다."

제갈량은 다시 기산 영채로 와 있었습니다. 위군의 대오를 살펴보고는 기산 영채를 공격할 것임을 알고 즉시 장수들에게 은밀하게 위수 남쪽의 촉군 영채를 기습하여 뺏도록 했습니다. 드디어 위군이 촉군의 영채를 기습했습니다. 촉군은 사방에서 함성을 지르며 일제히 구원하러 가는 시늉을 했습니다. 이 모습을 본 사마의는 즉시 두 아들과 중군을 호위하는 인마를 이끌고 상방곡으로 달려갔습니다. 위연이 길목을 지키고 섰다가 3합을 싸우고는 도망쳤습니다. 사마의 삼부자는 위연이 적은 병력뿐이자 마음 놓고 추격했습니다. 위연은 칠성기를 보고 골짜기 안으로 달아났습니다. 정탐병이 와서 복병은 없고 산 꼭대기마다 초막이 있다고 보고하자 사마의는 그것이 군량임을 직감하고 즉시 군마를 몰고 골짜기 안으로 들어갔습니다. 그런데 자세히 보니 초막 위에는 모두 마른 나무와 풀만 있었습니다. 순간, 함성이 크게 진동하며 산 위에서 일제히 불 다발이 떨어져 내리며 골짜기 어귀가 온통 불구덩이가 되었습니다. 사마의는 두 아들을 끌어안고 통곡을 했습니다. 그랬더니 이게 어찌된 일인가요? 갑자기 미친 듯 바람이 불며

↑ 뛰어난 용병술을 펼치는 육손

검은 구름이 하늘을 뒤덮더니 소낙비가 퍼부었습니다. 그 비에 골짜기의 불이 꺼졌습니다. 사마의는 그 기회를 타고 호로곡을 빠져나와 도망쳤습니다.

골짜기에는 광풍 불고 불길 활활 솟구치는데　　谷口風狂烈焰飄
어인 변고인가, 맑은 하늘에 소나기 쏟아지네.　　何期驟雨降淸霄
제갈량의 기묘한 계책이 능히 이루어졌다면　　武侯妙計如能就
천하가 어찌 진나라 것이 되었으리요.　　安得山河屬晉朝

제갈량은 사마의를 죽일 수 없게 되자 탄식하듯 말했습니다.

　"계획은 사람이 하지만 그 성패는 하늘에 달려있으니 억지로 해서 되는 것이 아니구나."

호로곡에서 죽음을 모면한 사마의는 전 군에게 다시 나가서 싸우자는 사람이 있으면 목을 치겠다고 명령을 내렸습니다. 모든 장수는 명령을 받자 각자의 진지를 지키며 나가지 않았습니다. 제갈량은 오장원에 영채를 세우고 여러 차례 군사를 보내 싸움을 걸었지만 위군은 굳게 지키기만 할 뿐 대응하지 않았습니다. 제갈량은 부인들이 쓰는 두건과 흰 비단으로 짠 여자옷 한 벌을 큰 함에 담고 편지 한 통을 써서 위군 본영으로 보냈습니다. 사마의는 편지를 보고나자 속으로 크게 화가 났습니다. 하지만 겉으로는 태연하게 너털웃음을 웃으며 편지를 가져온 사자를 정중하게 대접했습니다. 위군은 제갈량이 사마의에게 두건과 부녀자의 옷을 보내 모욕한 것을 알고는 모두 분개하여 사마의에게 싸울

↑ 호로곡에서 사마의를 죽이지 못한 제갈량

것을 주장했습니다. 그러자 사마의가 조예에게 표를 올려 물었습니다. 위위(衛尉) 신비가 사마의의 생각을 알려주자, 조예는 '싸우자고 하는 자는 즉시 처형하라'고 답했습니다.

제갈량은 위군이 움직이지 않자 그것이 사마의의 술책임을 알았습니다. 한창 사마의의 전략을 분석하고 있을 때 비의가 왔습니다. 제갈량은 비의가 온 이유가 궁금했습니다. 비의는 동오가 삼로로 위를 쳐들어갔으나 오히려 조예의 대군에게 막히고 만총이 동오의 군량과 전쟁 도구 등을 모두 불태워버리자 전의를 상실했으며, 육손이 손권과 협공하려고 보낸 표가 도중에 위군에게 빼앗겨 기밀까지 누설되자 아무런 공도 없이 되돌아갔다고 보고했습니다. 제갈량은 보고를 듣자 끝내 긴 한숨을 몰아쉬더니 결국 정신을 잃고 쓰러졌습니다. 반나절이 지나서야 겨우 깨어났습니다.

제갈량은 잃었던 정신을 다시 차리자 막사로 나가 천문을 보고는 운명이 조석에 달려있음을 알고 소스라치게 놀랐습니다. 강유가 기양법(祈禳法)을 써서 되살릴 것을 요청했습니다. 제갈량은 강유의 제안을 받아 49명의 갑사를 배치하고 향불을 피우고 북두칠성께 축원했습니다. 제갈량은 축원을 마치고 막사 안에서 고개를 숙이고 엎드린 채 아침을 기다렸습니다. 병을 무릅쓰고 낮이면 군무(軍務)를 상의하고 밤이면 별자리를 밟듯 북두칠성에 빌었습니다. 하지만 병세는 나아지지 않았습니다.

한편 사마의는 영채를 굳게 지키며 나오지 않았습니다. 어느 날 밤에 천문을 보다가 제갈량이 머잖아 죽을 것을 알고 하후패에게 오장원에 가서 살펴보라고 지시했습니다. 하후패는 사마의의 명을 받고 군사를 이끌고 오장원으로 갔습니다. 엿새째 되는 날 밤, 제갈량은 주등(主燈)이 밝게 타오르는 것을 보면서 속으로 무척 기뻤습니다. 그때, 갑자기 영채 밖에서 함성이 들려왔습니다. 사람을 시켜 물어보려고 하는 때에 위연이 급하게 뛰어 들어오며 고했습니다.

"위군이 쳐들어왔습니다!"

순간, 위연이 급하게 뛰어들며 본명등을 쓰러뜨려 꺼버리고 말았습니다. 이를 본 제갈량은 한숨을 쉬었습니다.

죽은 공명이 살아있는
중달을 물리치다

"죽고 사는 것은 명이다. 빌어서 되는 것이 아니다."

"사마의는 내가 병이 났을 것을 짐작하고 이를 알아보려고 보낸 것이다. 빨리 나
가 싸우도록 하라."

제갈량은 막사로 들어온 위연에게 하후패를 공격토록 했습니다. 하후패는 위
연이 공격해오자 허둥지둥 군사를 이끌고 달아났습니다.

제갈량은 위연에게 자신의 영채를 지키라고 명령을 내린 다음, 조용히 강유를
불렀습니다.

"충성을 다하고 힘을 다 바쳐 중원을 수복하여 한나라를 중흥시키고자 했건만
하늘의 뜻이 여기까지이니 어찌하겠느냐? 나는 곧 죽을 것이다. 내가 평생 알고 있는

것을 이미 24편의 책으로 묶어 놓았다. 그 안에는 여러 병법이 있다. 내 많은 장수를 살펴보았으나 오직 자네만이 내 생각을 물려받을 만하다. 절대 소홀히 하지 말아라!"

강유는 소리 내어 울고 절하면서 받았습니다. 제갈량은 마대를 불러 귓가에 대고 은밀하게 계책을 주면서 '내가 죽거든 꼭 그대로 해야 한다'고 신신당부했습니다. 양의가 들어오자 제갈량은 침상 앞으로 불러 비단주머니를 하나 주면서 당부했습니다.

"내가 죽으면 위연은 반드시 반란을 일으킬 것이다. 그가 반란을 일으켜 맞서 싸우게 되거든 너는 이 주머니를 열어보고 그대로 하거라. 그러면 위연을 죽일 사람이 나타나서 그를 처치할 것이다."

제갈량은 모두에게 낱낱이 지시를 마치고는 정신을 잃고 쓰러져 저녁이 되어서야 깨어났습니다. 그는 즉시 표를 써서 후주에게 보냈습니다. 표를 본 후주는 크게 놀라 상서(尚書) 이복에게 밤을 도와 군중으로 가서 문병하고 뒷일을 물어보라고 했습니다. 이복이 제갈량을 문병하고 후주의 명을 전하자 제갈량은 눈물을 흘리며 말했습니다.

"나는 불행하게도 뜻을 못 이루고 죽게 되었소. 국가대사를 쓸쓸하게 접게 되었으니 큰 죄를 짓는구려. 내가 죽은 뒤에도 공들은 충성을 다하여 주상을 돕고 이제껏 행하던 제도를 바꿔서는 안 될 것이오. 내가 등용한 사람들 역시 함부로 쫓아내서도 아니 되오. 나의 병법은 모두 강유에게 전수했으니 이제 그가 나의 뒤를 이어 국가를 위해 힘을 쓸 것이오. 나는 이제 오래 살아야 오늘 저녁이나 내일 아침이오. 곧 표로써 천자께 아뢰도록 하겠소."

제갈량은 병든 몸을 억지로 일으켜 좌우의 부축을 받으며 수레를 타고 각 영채를 둘러보았습니다. 가을바람이 얼굴을 스쳐지나갔습니다. 순간 뼛속까지 시려왔습니다. 제갈량은 오랫동안 탄식하다가 막사로 돌아왔습니다. 병세는 점점

五丈原諸葛禳星

乙

酉春桑雄畫

◀ 북두칠성에 수명 연장
기도를 하는 제갈량

심해졌습니다. 양의를 불러 모두에게 분부한 것을 알려주고 철군의 총괄을 맡겼습니다. 그리고 당부했습니다.

"내가 죽으면 죽었다는 소문을 내지 말라. 큰 감실(龕室)을 만들어 그 속에 나의 시신을 앉힌 다음, 쌀 일곱 알을 입안에 물리고 발밑에 등잔 하나를 밝혀 놓으라. 군영은 평소처럼 조용하게 움직이고 절대 곡을 삼가하라. 그러면 장성(將星)이 살아 있도록 나의 음혼(陰魂)이 깨어나 다시 안정시킬 것이다. 사마의는 내 별이 떨어지지 않는 것을 보면 의심하고 놀라워할 것이다. 군사들은 후군이 먼저 출발하고 한 부대 한 부대 천천히 퇴각하도록 하라. 만약 사마의가 추격해오면 가던 길을 되짚어 깃발을 휘날리고 북을 치면서 진세를 벌이고 그들이 다가오기를 기다려라. 그리고 이미 만들어 두었던 나의 나무 조각상을 수레 위에 똑같이 안치하고 대소 장사가 좌우로 늘어선 채 진 앞으로 밀고 나가면 사마의는 그것을 보고 혼비백산 놀라 달아날 것이다."

제갈량은 다시 허겁지겁 돌아온 이복에게 자신의 후임자로 장완과 비의를 추천하고 생을 끝마쳤습니다. 때는 234년 가을로 그의 나이 54세였습니다.

어젯밤 큰 별이 군영 앞에 떨어지더니	長星昨夜墜前營
오늘 공명의 부음 소식 듣는구나.	訃報先生此日傾
군막에서는 지휘소리 들리지 않고	虎帳不聞施號令
오직 기린대에 공훈 이름만 올곧게 있구나.	麟臺惟顯著勳名
넋 잃은 문하 삼천 객 남겨 놓고	空餘門下三千客
가슴속 품었던 십만 군사도 저버렸구려.	辜負胸中十萬兵
녹음방초 흐드러진 맑은 날 한낮인데	好看綠陰淸晝裏
이제금 그 노랫소리 다시 들을 길 없네.	于今無復雅歌聲

사마의는 천문을 보고 제갈량이 죽은 것을 알았습니다. 즉시 명령을 하달하여 추격을 하려다가 순간 제갈량이 술법을 부려 자신을 유인하는 것이 아닌지

의심이 들었습니다. 하후패가 오장원을 살펴보고 촉군이 물러갔음을 알렸습니다. 사마의는 발을 구르며 빨리 추격을 하라고 재촉했습니다. 사마의는 직접 군사를 이끌고 촉군을 추격했습니다. 멀지 않은 곳에 촉군이 보였습니다. 사마의가 더욱 박차를 가해 추격을 할 때 갑자기 '쿵!' 하고 포 소리가 울리자 사방에서 함성이 일며 촉군이 북을 치며 달려왔습니다. 중군에는 제갈량의 깃발과 사륜거를 타고 있는 제갈량도 보였습니다. 사마의는 놀라 기겁을 했습니다.

"제갈량이 아직 살아 있구나! 내가 또다시 그의 계략에 빠져 위험한 지역까지 들어왔다."
"적장은 달아나지 말라. 너희들은 우리 승상의 계책에 말려들었도다!"

강유가 쫓아오자 위군은 혼비백산(魂飛魄散)하여 갑옷과 투구를 떨구고 무기도 버린 채 각자 살길을 찾아 도망쳤습니다. 사마의도 50여 리를 한달음에 달아나서 자신의 머리가 달려 있음을 감사했습니다.

큰 별은 한밤중 하늘에서 떨어졌는데	長星半夜落天樞
추격하다 죽은 것 의심하고 돌아오네.	奔走還疑亮未殂
관 밖에선 오늘도 사람들이 비웃으며	關外至今人冷笑
내 머리 여전히 붙어있냐고 묻네.	頭顱猶問有和無

사마의는 이틀이 지나 다시 촉군의 정세를 탐색토록 했습니다. 그곳에 사는 백성이 말했습니다.

"촉군은 골짜기로 들어가자마자 군중(軍中)에 백기를 세웠고 곡소리는 땅을 진동했습니다. 공명은 진짜 죽었습니다. 다만 강유가 남아서 군사 1천을 이끌고 뒤를 막았는데, 그날 수레 위에 앉아있던 공명은 바로 나무로 만든 조각상이었습니다."
"아, 나는 그가 진짜로 살아 있는 줄 알았지 죽은 줄은 몰랐다."

死諸葛走生仲達
乙酉春·希姓畫

⬇ 혼비백산하여 50리를 달아난 사마의

위연의 외침에
마대의 칼이 번쩍이다

사마의는 제갈량이 없는 촉군이 더 이상 공격하지 않을 것임을 알았습니다. 여러 장수를 요충지에 나누어 지키게 하고 자신은 낙양으로 돌아왔습니다. 촉군은 위군의 추격을 받지 않으니 아무 탈 없이 제갈량의 시신을 운구하여 성도로 돌아가야 하는데 그렇지 못했습니다. 제갈량이 우려했던 위연의 반란이 실제로 벌어졌기 때문입니다. 제갈량의 유언을 받들어 군사를 철수시키던 양의는 위연이 잔도에 불을 질러 끊고 군사들을 앞세워 길목을 막고 있는 것을 알았습니다.

"승상께서 살아 계실 적에 '이 사람은 나중에 반드시 모반할 것'이라고 하셨는데, 오늘 과연 이렇게 나올 줄을 누가 상상이나 했겠소? 그가 우리의 퇴로를 막고 있으니 이를 어찌해야만 하겠소?"

"그는 먼저 천자께 우리가 모반하여 불을 지른 채 잔도를 끊어 막고 있다고 무고할 것이오. 우리도 천자께 표를 써서 위연이 모반한 사실을 아뢴 다음 그를 도모해야겠소."

"이곳에 사산이라는 작은 오솔길이 있는데 비좁고 험준하기는 하나 잔도 뒤로 나갈 수 있으니 천자께 표를 써서 아뢰는 한편, 인마를 거느리고 잔도를 벗어나도록 하십시다."

양의는 비의의 말에 따라 후주에게 표를 올리고, 강유의 계책대로 사산의 소로를 따라 군사를 이동시켰습니다. 후주 유선은 밤에 금병산이 무너지는 꿈을 꾸고 놀라 조회에서 해몽을 하라고 했습니다. 초주가 천문을 보고 승상에게 흉한 일이 일어날 것을 예감했는데, 후주의 꿈도 그와 같은 예시라고 했습니다. 이때 이복이 돌아와 승상의 죽음을 보고했습니다. 후주는 소리 내어 울다가 쓰러졌습니다. 소식을 들은 문무관원과 백성들도 저마다 눈물을 훔쳤습니다.

며칠 후, 위연의 표가 도착했습니다. 내용은 양의가 병권을 거머쥐고 무리를 모아 모반하였다는 것이었습니다. 위연이 올린 표를 읽은 후주는 용맹한 장수가 양의 등을 충분히 막을 수 있을 것인데 어째서 잔도에 불을 질러 끊었는지 이상했습니다. 오태후가 그 이유를 알려주었습니다.

"전에 선제께서 하시는 말씀이 공명은 위연의 등에 반골이 있는 것을 알고 죽이려고 했으나 그 용기가 남달라 우선 남겨두고 쓰는 것이라 하셨소. 양의는 승상께서 장사(長史)의 직무를 맡겼으니 필히 그는 쓸 만한 사람일 것이오. 지금 만일 한쪽 말만 듣는다면 양의 등은 반드시 위나라로 투항할 것이니 이 사안은 깊이 의논하고 생각해야지 경솔하게 처리해서는 안 되오."

마침내 양의가 올린 표가 도착했습니다. 위연이 승상의 말을 따르지 않고 멋대로 부하 인마(人馬)를 거느리고 한중으로 들어와 잔도를 끊어버리고 반란을 일으켰다는 내용이었습니다. 양의가 올린 표를 믿으라는 장완과 동윤의 요청에 후

馬岱陣前斬魏延

葉雄畫

乙酉春

⬇ 위연의 외침이 끝나기 전에
그를 죽이는 마대

주는 위연의 모반을 물리칠 것을 걱정했고, 이에 장완이 말했습니다.

"승상께서 본래 그를 의심하셨으니 또한 양의에게도 남기신 계책이 있으실 것입니다. 만약 양의가 의지하는 것이 없다면 어떻게 퇴각하여 골짜기로 들어올 수 있겠습니까? 틀림없이 위연은 계책에 말려들 것이니 폐하께서는 마음을 놓으소서."

한편 위연은 잔도를 끊어 놓고 남쪽 골짜기에 영채를 세운 채 병목지대를 지키면서 뜻대로 되어간다고 생각했습니다. 양의와 강유가 밤을 도와 군사를 이끌고 자신들이 지키고 있는 골짜기 앞으로 질러 나가리라고는 생각도 하지 못했습니다. 양의는 선봉 하평에게 3천 명의 군사를 이끌고 앞서 가라고 하고 강유 등과 함께 한중을 향했습니다. 하평이 군사를 이끌고 와서 위연을 꾸짖었습니다. 위연이 공격하자 남정성으로 몸을 피했습니다.

위연은 많은 장수가 흩어져도 마대만은 자신의 곁에 있자 굳게 신임했습니다. 위연이 마대에게 위나라로 투항하는 것에 대하여 상의하자 마대는 지혜와 용기가 뛰어난 장수가 남에게 무릎 꿇는 것보다는 한중과 성도를 빼앗는 것이 좋다고 말했습니다. 위연은 기뻐하며 마대와 함께 남정성을 포위했습니다. 강유가 양의에게 계책을 묻자, 양의는 승상이 임종 전에 비단주머니를 주며 위급할 때 열어보라고 한 것이 생각났습니다. 즉시 꺼내서 열어 보았더니 위연과 싸우러가는 말 위에서 뜯으라고 쓰여 있었습니다. 강유는 기뻐하며 군사를 이끌고 성을 나가 진세를 벌였습니다. 양의도 따라왔습니다. 진세를 벌이자 강유가 꾸짖었습니다.

"승상께서 살아 계실 때 네놈이 반드시 배반할 것이라고 하시더니 이제 보니 과연 말씀대로구나. 네가 말 위에서 연거푸 세 번을 '누가 감히 나를 죽이겠느냐?'라고 소리칠 수 있다면 진정한 대장부라 할 만하니, 그렇게 한다면 내 즉시 한중성을 너에게 바치겠다."

"누가 감히 나를 죽이겠느냐?"

"내가 너를 죽인다!"

위연은 양의의 말에 코웃음을 치며 칼을 들고 고삐를 당기면서 말 위에서 큰 소리로 외쳤습니다. 위연의 말이 채 끝나기도 전에 마대의 칼이 번쩍 하더니 위연의 목을 베었습니다. 제갈량이 임종 전에 마대를 불러 은밀하게 전한 계책은 무엇일까요? 그것은 위연이 이러한 고함을 칠 때 즉시 나와서 그를 죽이라는 것이었습니다.

제갈량은 누구보다 먼저 위연을 꿰뚫어보고	諸葛先機識魏延
훗날 서천을 배반하리라 간파하고 있었네.	已知日後反西川
비단주머니에 계책 남길 줄 그 누가 알았는가.	錦囊遺計人難料
바로 눈앞에서 마대가 성공하는 것 보게 될 줄을.	却見成功在馬前

양의는 후주에게 표를 올려 위연의 반란을 평정했음을 알렸습니다. 후주는 제갈량의 유언대로 그의 시신을 정군산에 장사지냈습니다. 장완이 제갈량의 후임이 되어 정무를 총괄했습니다. 이때 동오가 촉과의 경계인 파구에 군사를 주둔시키고 있다는 보고가 들어왔습니다. 후주가 놀라 어찌할 바를 모르자, 장완은 왕평과 장의에게 군사를 이끌고 영안에 주둔하게 하는 한편, 승상의 상고(喪故)도 알리고 동정도 탐색할 겸 종예를 사신으로 보냈습니다. 손권은 종예를 만나 한번 떠본 후에 전군에게 상복을 입히고 위의 공격에 대비하고 있는 것임을 알려주었습니다. 아울러 금촉 화살을 꺾으며 전날의 맹세를 지킬 것임을 약속했습니다.

후주는 기뻐하며 안심했습니다. 장완과 비의 등 신하들을 모두 승진시켰습니다. 그런데 양의는 자신이 장완보다 관직 경력이 앞서는 데에도 직위가 장완보다 낮고, 또한 자신의 공이 크다고 믿었는데 아무런 상을 주지 않자 원망하는 말을 입 밖에 내며 비의에게 불만을 토로했습니다.

"지난날 승상이 운명하셨을 때 내가 만약 전 군을 이끌고 위에 투항한다 해도 정녕 이렇게 적막했겠소이까?"

魏明帝
大興土
木
乙酉春 崔雄畫

조예의 궁궐건축 명령에 동원된
수십만의 백성

비의가 이 말을 표에 써서 은밀히 후주에게 올렸습니다. 후주는 당장 양의를 잡아서 목 베어 죽이라고 했습니다. 장완이 만류하여 관직을 파면하고 서민으로 강등시켰습니다. 양의는 부끄럽고 창피하여 스스로 목을 찔러 자결했습니다.

235년, 삼국은 오랜만에 군사를 일으키지 않고 평화롭게 지냈습니다. 조예는 사마의를 태위에 임명하고 군마를 총지휘하며 모든 국경을 지키도록 했습니다. 조예는 허창에 궁전을 건축하더니 낙양에도 대대적인 토목공사를 실시했습니다. 궁궐은 높다랗고 연못은 거대했습니다. 토목공사는 밤낮없이 진행되었고 백성들의 원망은 하늘을 찔렀습니다. 사도(司徒) 동심이 죽음을 무릅쓰고 표를 올려 중지할 것을 간청했지만 겨우 목숨만 구했습니다. 이후 또다시 표를 올리는 자는 누구든 참수형에 처했습니다. 조예의 욕심은 끝이 없었습니다. 장안의 승로반(承露盤)을 낙양으로 옮기고, 천하의 미녀를 뽑아 방림원(芳林苑)에 두었습니다. 뭇 관리들이 표를 올려 간했지만 조예는 듣지 않았습니다. 조예는 황제에 오르기 전에 모황후를 가장 사랑했습니다. 하지만 황제에 오른 후에는 곽부인을 총애했습니다. 조예는 곽부인과 늘상 상림원에서 즐겼습니다. 결국 모황후를 사사(賜死)하고 곽부인을 황후로 삼았습니다. 조정의 신하들은 누구 한 명 말하고 나서는 자가 없었습니다. 모종강은 이 부분을 읽고는 다음과 같이 평했습니다.

'후대의 잘못은 그 잘못의 뿌리가 전대에 있다. 조조가 먼저 조강지처를 버리는 일을 저질렀기 때문에 조예가 뒤에서 본받아 우씨(虞氏)를 버렸고, 조비가 먼저 견황후를 죽이는 일을 저질렀기 때문에 조예가 뒤에서 본받아 모황후를 죽였다. 조예는 어릴 적 사슴을 쏘는 일로 아버지를 비꼬았는데, 그도 모씨를 죽였으니 아버지와 다를 바가 없었다. 오히려 잘못을 본받는 것은 더욱 심하였다.'

조예가 횡포를 저지르고 있을 때 유주자사(幽州刺史) 관구검이 표를 올렸습니다. 요동의 공손연이 반란을 일으켜 스스로 연왕(燕王)이라고 칭하며 군사를 일으켜 쳐들어온다는 것이었습니다. 조예는 크게 놀라 즉시 사마의를 불렀습니다.

조방이 황제에 오르고 조상은 전권을 휘두르다

조예는 사마의에게 공손연을 무찌를 계책을 물었습니다. 그러자 사마의가 말했습니다.

"신이 거느리고 있는 관군 4만 명이면 역적들을 무찌를 수 있습니다."
"경의 생각에는 공손연이 어떻게 움직일 것 같소?"
"공손연이 성을 버리고 미리 도망치면 그것이 상책이고, 요수에 의지하고 막는다면 그것이 중책이고, 양평성만 지키려고 하면 그것은 하책이니 반드시 신에게 잡힐 것입니다."

공손연은 사마의 계책대로 중책을 펴다가 하책으로 돌아서서 양평성만 지켰습니다. 사마의는 가을장마임에도 군사를 물리지 않고 낙양에서 군량을 운반하며 양평성의 포위를 풀지 않았습니다. 공손연은 성안에서 양식이 떨어지고 여기저기서 원망의 소리가 들리자 겁이 났습니다. 사자를 보내 항복을 청했습니다. 그러자 사마의가 호통을 쳤습니다.

"전쟁의 대요(大要)는 다섯 가지다. 싸울 수 있으면 싸우고, 싸울 수 없으면 지키고, 지킬 수 없으면 달아나고, 달아날 수 없으면 항복하고, 항복할 수 없으면 죽는 것이다."

결국 공손연 부자는 몰래 달아나다가 사마의의 계략에 걸려 참수당했습니다. 사마의는 공손연에게 모반하면 안 된다고 간하다가 피살된 가범과 윤직을 장사 지내고 자손들을 영화롭게 해주었습니다.

한편 조예는 모황후가 수십 명의 궁녀를 이끌고 통곡하면서 목숨을 내놓으라는 꿈을 꾼 후로는 시름시름 앓더니 병세가 심해졌습니다. 조예는 조진의 아들 조상을 대장군으로 삼아서 정사를 총괄하도록 했습니다. 그리고 급히 사마의를 불렀습니다.

▲ 얻어온 자식인 조방에게 제위를 넘긴 조예

"짐은 경을 다시 못 볼까봐 두려웠는데 오늘 만났으니 죽어도 여한이 없소."
"신은 오는 도중에 폐하의 소식을 듣고 날아올 수 없는 것이 한스러웠습니다. 오늘 용안(龍顔)을 뵙게 되었으니 여간 다행한 일이 아니옵니다."

조예는 태자 조방과 대장군 조상, 시중 유방과 손자 등을 불러놓고 사마의의 손을 잡으며 태자를 부탁했습니다. 태자를 불러서는 사마의를 아버지처럼 모시도록 일렀습니다. 조방이 사마의의 목을 끌어안고 놓지 않자 조예가 말했습니다.

"태위는 잊지 마시오. 오늘 저 어린 자식이 떨어지기 싫어하는 마음을 말이오."

조예는 더 이상 말을 잇지 못하고 손으로 태자를 가리키다 눈을 감았습니다. 36세의 젊은 나이였습니다. 사마의와 조상은 즉시 태자 조방을 황제로 즉위시켰습니다. 조방은 조예가 얻어온 아들로, 궁중에서 은밀하게 키우고 있었기 때문에 깊은 사연은 아무도 알 수가 없었습니다. 모종강이 이 부분을 그냥 넘어갈 리가 없겠지요. 그가 다음과 같이 일갈했습니다.

'조조의 아버지가 얻어온 자식이었고, 조비의 손자 또한 얻어온 자식이었다. 아버지가 얻어온 자식이면 전의 세계(世系)는 이로부터 문란해진 것이고, 손자가 얻어온 자식이면 후의 종사(宗祀)는 거기서 이미 끊어진 것이다. 그러므로 조씨의 대업은 진이 선위받기 훨씬 이전에 조방이 제위를 이으면서 이미 끊어진 것이다. 사람들은 조방이 임성왕(任城王) 조해의 자식이라고 한다. 그렇다면 어째서 종실에서는 대신들에게 입양한다는 것을 알리지 않고 그의 근본을 알 수 없게 만들었겠는가? 조비는 황제 자리 얻기가 그렇게 어려웠던 반면, 얻어온 자식은 손쉽게 황제 자리를 차지했던 것이다.'

조방이 황제에 오르고 사마의와 조상이 정사를 도왔습니다. 조상은 사마의를 매우 공손히 섬겼으며 모든 일을 반드시 먼저 알리고 의견을 물었습니다. 조상의 문하에는 식객이 5백 명이나 되었습니다. 그중에는 실속은 없고 겉만 번지르르한 일을 좋아하는 다섯 사람이 있었으니, 하안, 등양, 이승, 정밀, 필궤가 그들이었습니다. 이와 더불어 꾀주머니로 부르는 대사농(大司農) 환범이

▲ 주역점을 잘 치는 관로

있었습니다. 이들은 모두 조상에게 든든한 신임을 받았습니다. 그들 중 하안이 조상에게 말했습니다.

"주공! 대권을 다른 성씨에게 맡겨서는 안 됩니다. 후환이 될까 두렵습니다."

"선제께서 사마공과 내게 아드님을 잘 도와달라고 부탁을 하셨는데 어찌 배반하겠는가?"

"지난날 조공의 부친께서는 사마의와 함께 촉군과 싸울 때 사마의에게 여러 번 수모를 당하셨고 그 때문에 돌아가신 것입니다. 주공께서는 이를 잊으셨습니까?"

조상은 하안의 말에 정신이 번쩍 들었습니다. 여러 관리들과 상의하고 조방에게 아뢰어 사마의를 태부(太傅)로 승진시켰습니다. 그러자 병권은 모두 조상의 손안에 들어왔습니다. 이후 조상은 아우 조희를 중령군(中嶺軍)으로, 조훈을 무위장군(武衛將軍)으로, 조언을 산기상시(散騎常侍)로 삼아 각기 어림군(御林軍) 3천 명을 이끌고 자유롭게 대궐을 출입하게 했습니다. 하안과 등양, 정밀을 상서(尙書)로 등용하였고, 필궤를 사예교위(司隸校尉), 이승을 하남윤(河南尹)으로 삼았습니다. 조상은 이들과 밤낮으로 어울려 일을 협의했고, 조상의 집에는 빈객들이 날마다 넘쳐나 대궐이 부럽지 않았습니다.

사마의는 아프다는 핑계를 대고 나가지 않았습니다. 두 아들도 관직을 내놓고 한가하게 지냈습니다. 조상은 다섯 막료들과 매일 주색을 즐겼으며, 각처에서 천자에게 진상하는 물건들도 좋은 것은 먼저 챙겼습니다. 환관 장당은 온갖 아첨으로 조상을 모시면서 궁녀들과 장인들을 빼돌려 조상의 집으로 보냈습니다. 어느 날, 하안은 관로가 점술이 밝다는 소문을 듣고 등양과 함께 그를 청해서 주역에 관한 이야기를 하다가 물었습니다.

"내가 삼공(三公)에 오를 수 있을지 점을 한번 쳐주시게. 요즘 연달아 파리 수십 마리가 콧등에 앉는 꿈을 꾸었는데 이것은 무슨 뜻인가?"

司馬懿假
痴不癲
乙酉春
蕘雄
畫

문병 온 이승을 감쪽같이
속이는 사마의

"코는 산입니다. 산은 높아도 위태롭지 않아야 오래도록 높은 관직에 앉을 수 있는 것인데, 지금 파리가 나쁜 냄새에 몰려들고 있으니 지위가 높은 사람은 엎어질 것이므로 두려워하셔야 합니다. 제 생각에 군후께서는 남는 것은 덜어내고 부족한 것은 보태시어 도리가 아닌 일은 하지 말아야만 삼공에 오를 수도 있고 파리도 몰아낼 수 있을 것입니다."

"그것은 늙은이들의 상투적인 말이 아닌가?"

"늙은이들은 앞으로 일어날 일을 내다볼 줄 알고, 상투적인 말에서는 말하지 않은 것을 들을 수 있는 것입니다."

관로가 돌아가자 두 사람은 관로가 미친놈이라고 욕했습니다. 하지만 관로는 두 사람을 죽은 송장으로 보았습니다. 그들이 앞으로 닥칠 운명이 그러했습니다. 한편 조상은 참모들과 함께 사냥을 하려고 했습니다. 그러자 아우 조희와 환범이 매사 조심해야함을 간청했습니다. 조상은 사마의의 사정을 알아보기 위해 이승을 형주자사(荊州刺史)에 제수하고 하직인사를 하면서 동태를 살펴보도록 했습니다. 사마의는 이승이 찾아왔다는 보고를 받자 즉시 조상의 생각을 간파하고 병세가 깊은 것처럼 꾸몄습니다.

"한동안 태부를 뵙지 못했는데 병세가 이렇게 깊으신 줄 누가 알았겠습니까. 천자께서 저를 형주자사로 명하시어 어렵게 하직인사를 드리러 왔습니다."

"병주(并州)는 북쪽에 있으니 방비를 잘해야 할 것일세."

"형주자사입니다. 병주가 아닙니다."

"태부께서는 귀가 어두워지셨습니다."

"이제 나는 늙고 병이 깊어 언제 죽을지 모르는 형편이네. 나의 두 자식이 불초하니 자네가 잘 지도해주기 바라네. 만약 대장군을 뵙거든 두 자식을 잘 돌봐주시기를 천번 만번 바란다고 전해주시게."

이승은 사마의의 연기에 감쪽같이 속아 넘어갔습니다. 조상은 이승의 말을 듣고는 앓던 이가 빠진 듯 기뻐하며 즉시 황제와 사냥터로 달려갔습니다.

사마의가 조상을 속이고 국권을 장악하다

사마의는 이승이 돌아가자마자 자신의 두 아들을 불렀습니다. 그리고 만반의 준비를 시켰습니다.

"이승이 이번에 가서 소식을 전하면 조상은 나를 신경쓰지 않을 것이다. 그가 성을 나가 사냥할 때를 기다리면 도모할 수 있을 것이다."

다음 날, 조상은 조방을 모시고 사냥을 나갔습니다. 사마의는 조상이 성 밖으로 나가자 대단히 기뻐했습니다. 사마의는 즉시 지난날 적을 무찌르던 부하들과 수십 명의 가장(家將) 및 두 아들을 이끌고 말에 올라 곧장 조상의 군영을 점거했습니다. 그리고 궁중으로 들어가 곽태후에게 아뢰었습니다.

➡ 환범의 진언도
무시하고 사마의에게
병권을 내어주는 조상

"조상은 선제께서 탁고(託孤)하신 은혜도 저버리고 스스로 간악하여 나라를 어지럽히고 있으니 그 죄는 파면해야 마땅합니다."

"천자가 밖에 계신데 내가 어찌하겠소?"

"신이 천자께 표주하여 간신들을 처치할 계책이 있으니 태후께서는 걱정 마소서."

사마의는 성문을 닫아걸고 조방에게 표를 올려 조상일가를 파면시킬 것을 요청했습니다. 그 사이에 환범이 성문을 빠져나가 조상에게로 갔습니다. 사마의는 꾀주머니 환범이 간 것을 알고는 크게 놀랐습니다. 조상이 환범의 말을 듣고 허도(許都)로 가서 천자를 모시고 대항한다면 낭패이기 때문입니다. 하지만 장제가 그런 일은 없을 것이라고 단언했습니다.

"우둔한 말은 마굿간의 콩만 그리워할 것이니 틀림없이 쓰지 않을 것입니다."

사마의는 조상과 형제들의 병권만 빼앗으려는 것일뿐 맹세컨대 다른 뜻은 없다는 의지를 전달했습니다. 조상이 당황하여 결정을 못하고 있을 때 환범이 말을 몰고 달려왔습니다.

"태부가 이미 변란을 일으켰습니다. 장군께서는 천자께 허도로 가시기를 청하여 그곳에 있는 군사를 출동시켜 토벌하도록 하십시오."

"우리 가족이 모두 성안에 있는데 어떻게 다른 곳으로 가서 구원한단 말이오?"

"볼 것 없는 사내도 어려움에 빠지면 살려고 합니다. 지금 주공께서는 천자를 모시고 천하를 호령하고 있는데 어느 누가 감히 명령을 따르지 않겠습니까? 그런데 어찌 스스로 불구덩이로 들어가려고 하십니까?"

"너무 재촉만 하지 말고 내가 찬찬히 생각해보게 시간을 주시오."

"태부께서는 낙수(洛水)를 걸고 맹세하셨습니다. 결코 다른 뜻이 없다고요. 장군께서는 병권만 내놓으시고 빨리 집으로 돌아가소서."

"어떤 말도 듣지 마십시오. 죽을 곳으로 가는 길입니다."

조상은 결정을 내릴 수가 없었습니다. 칼을 빼어 들고 한숨을 지으면서 밤을 새웠습니다. 먼동이 틀 때까지 눈물만 흘렸을 뿐 끝내 결정을 내리지 못했습니다. 환범이 다시 재촉하자 조상은 칼을 내던지며 탄식하듯 말했습니다.

"나는 군사를 소집하지 않겠네. 그냥 관직을 버리겠네. 부러운 것 없이 편히 살면 되지 않겠는가?"
"조진은 지혜와 계략이 뛰어나다고 스스로 자랑했는데, 어찌 그 아들 삼형제는 이처럼 돼지새끼, 소새끼뿐이더냐!"

환범은 울면서 막사를 나와 통곡했습니다. 조상의 그릇이 이러하매 이런 자를 주공으로 모신 환범인들 오죽이나 서러웠겠습니까. 이제 환범도 죽으러 갈 수밖에 없었으니 울음과 통곡은 바로 그 자신을 위한 마지막 깨우침인지도 모르겠습니다. 환범에 이어 주부 양종이 인수를 잡고 울며 다시 간청했습니다.

"주공! 오늘 병권을 내려놓고 스스로 몸을 묶고 가서 항복을 한다 해도 결국 동시(東市)에서 목이 베이는 꼴을 면하지 못할 것입니다."
"태부는 나와의 약속을 반드시 지킬 것이네."

사마의는 조상이 병권을 반납하자마자 조상의 형제 세 사람을 사저에 감금시켰습니다. 그리고 나머지는 모두 감옥으로 송치하여 임금의 명령을 기다리라고 했습니다. 사마의는 먼저 환관 장당을 하옥하고 신문했습니다. 그러자 공모자로 조상의 신임을 받은 5명의 이름이 줄줄이 나왔습니다. 환범은 '사마의가 모반을 했다'는 무고죄로 잡아들였습니다.

모든 자백을 받아낸 사마의는 조상의 삼형제를 포함하여 이들 일당을 모두 저잣거리에서 참수했습니다. 또한 그들의 삼족을 멸하고 재산을 몰수하여 국고에 넣었습니다.

성현들의 참된 묘결 전수받은	傳得聖賢眞妙訣
관로의 관상은 신통력이 있구나.	平原管輅相通神
하안 등양을 귀유 귀조로 분간하며	鬼幽鬼躁分何鄧
죽기 전에 이미 죽을 것을 알았네.	未喪先知是死人

사마의가 조상 문하의 사람에게는 일체의 죄를 묻지 않겠으니 관직에 복귀하라는 방을 붙임으로써 조정은 안정되었습니다. 모종강은 이 부분을 이렇게 평했습니다.

'하늘은 너무도 위나라를 미워하시는구나! 누구의 자식인 줄도 모르는 조방에게 제위를 잇게 하더니 또다시 취생몽사하는 조상에게 돕게 하는구나. 설령 사마의가 진짜로 병이 들어 죽었다고 해도 위나라 역시 촉이나 오에 합병되고 말았을 것이다. 설령 조상이 환범의 말을 듣고 천자를 허도(許都)로 옮기고 격문을 띄워 각 지역에 있는 군사를 모았다고 해도 분명 이기지 못했을 것이고, 끝내 사마씨에게 먹히고 말았을 것이다. 그런데 사마의 삼부자가 갑자기 성문을 봉쇄하자 가족만 생각하는 조상은 낯 두껍게 용서해줄 것이라 믿으며 스스로 오랏줄을 묶었으니 더무슨 할 말이 있겠는가? 조조의 간사한 영웅적 기질이 겨우 두 대를 이어 오고 이렇게 무너졌으니 슬픈 일이로다!'

조방은 사마의를 승상으로 삼고 구석(九錫)을 덧붙여 주었습니다. 하지만 사마의가 사양하며 받지 않자 조방은 허락하지 않았습니다. 아울러 부자 세 사람이 함께 국사(國事)를 돌보게 했습니다. 이제 사마씨의 세상이 된 것입니다. 사마의는 조상 일가는 멸족시켰지만 옹주 등지에 있는 친척인 하후패 등이 반란을 일으킬 것이 염려되었습니다. 이를 사전에 차단하기 위하여 조서를 내려 낙양으로 들어오도록 했습니다. 하후패는 크게 놀라 즉시 부하 3천 명을 이끌고 반란을 일으켰습니다. 곽회가 이를 제압하러 달려왔습니다. 하후패는 군사의 반을 잃자 마침내 한중으로 와서 촉에 투항했습니다. 강유가 주연을 베풀어 환영하며 하후패

姜維兵敗牛頭山 己巳春日葉雄畫

➡ 우두산에서 진태와
싸우는 강유

에게 사마의 부자의 움직임을 물었습니다.

"늙은 놈이 이제 막 반역을 저질렀으니 밖으로 신경 쓸 틈이 없을 것입니다. 그러나 위나라에는 한창 나이의 두 사람이 있는데 만약 이들이 병마를 거느리고 온다면 진정 오와 촉에 큰 걱정거리가 될 것입니다. 종회와 등애가 바로 그들이니 조심해야 합니다."

"그런 어린애들쯤 다루는 것이 무슨 일이나 되겠소이까?"

강유가 후주에게 투항한 하후패와 함께 위나라를 공격하고자 청했습니다. 상서령(尙書令) 비의가 반대했지만 강유의 의지는 투철했습니다. 결국 후주의 칙령을 받아내고 위를 공격하러 나섰습니다. 강유의 전략은 먼저 강병(羌兵)과 동맹을 맺어 함께 공격하는 것이었습니다. 하지만 동맹은 이뤄지지 못했고 위군 진태와의 전투에서는 대패하고 말았습니다. 그나마 제갈량이 죽기 전에 제작해 놓은 연노(連弩) 덕분에 양평관으로 달아날 수 있었습니다.

총명함과 교만함이
목숨을 재촉하다

강유는 몇 만 명의 군사를 잃은 채 패잔병을 이끌고 한중으로 돌아왔습니다. 사마의의 아들 사마사도 홀가분한 마음으로 낙양으로 돌아갔습니다. 251년 8월, 천하를 호령하던 사마의가 병이 나더니 병세가 점점 깊어졌습니다. 그는 두 아들을 침상 앞으로 불러 분부했습니다.

"나는 평생을 위나라를 섬겨 태부 벼슬까지 했으니, 신하로서는 더 오를 곳이 없는 자리에 있었다. 사람들은 모두 내가 흑심을 품을 것이라고 했기 때문에 나는 늘 두려운 마음으로 경계하였다. 내가 죽은 후 너희 두 사람은 합심해서 국경을 잘 다스리되 조심하고 또 조심하라!"

조방은 사마의를 후하게 장사지내고 사마사를 대장군(大將軍)에 임명하여 기밀

대사(機密大事)를 모두 책임지고 처결하게 했습니다. 둘째 아들 사마소는 표기상
장군(驃騎上將軍)으로 삼았습니다. 이제 사마씨의 나라 만들기가 서서히 시작된 것
입니다.

　이제 동오의 이야기를 보겠습니다. 손권은 처음에 서부인이 낳은 아들인 손등
을 태자로 세웠습니다. 그런데 손등이 병으로 죽자, 왕부인이 낳은 둘째 아들인
손화를 태자로 삼았습니다. 손화는 전공주와 사이가 나빴습니다. 손화가 태자에
오르자 전공주는 부친인 손권에게 매번 손화를 헐뜯는 말을 했습니다. 손권의
관심이 반부인에게로 향하면서 전공주의 손화 헐뜯기는 성공했습니다. 손권이
손화를 태자 자리에서 내쫓고 반부인이 낳은 아들인 손량을 태자로 삼았기 때문
입니다. 손화는 울분을 참다가 한을 품고 죽었습니다. 이때의 오나라는 육손과
제갈근 등 뛰어난 참모들이 모두 세상을 떠난 뒤였습니다. 대신 어릴 때부터 총
명함으로 이름을 떨친 제갈각이 오나라의 대소사를 모두 처리했습니다. 71세의
손권도 시름시름 앓아눕더니 위독한 상황이 되었습니다. 손권은 태부(太傅) 제갈
각과 대사마(大司馬) 여대를 불러 뒷일을 당부하고 숨을 거두었습니다.

자줏빛 구레나룻 푸른 눈의 영웅으로 불리더니　　紫髯碧眼號英雄
능히 충성을 다 바치게 신하들을 다스렸네.　　　能使臣僚肯盡忠
이십 사년간 대업을 부흥시키며　　　　　　　　二十四年興大業
용처럼 호랑이처럼 강동을 지켜냈네.　　　　　　龍盤虎踞在江東

　제갈각은 즉시 손량을 황제로 세우고 천하에 대사령(大赦令)을 내렸습니다. 위나
라의 염탐꾼이 이러한 사실을 낙양에 보고했습니다. 사마사는 즉각 군사를 동원하
여 오나라를 치려고 협의했습니다. 상서(尙書) 부하가 말렸지만 사마사가 직접 출정
하겠다고 했습니다. 사마사는 기회가 왔을 때는 꼭 이용해야 한다며 지금이 그때
라고 강변하고 오나라를 세 방향에서 공격하기로 했습니다. 정남대장군(征南大將軍)

왕창, 정동장군(征東將軍) 호준, 진남장군(鎮南將軍) 관구검이 각각 10만 명의 군사를 통솔하였고, 사마소가 삼군을 총지휘했습니다. 사마소가 세 장군을 불러 말했습니다.

"동오에서 가장 중요한 곳이 동흥(東興)이다. 지금 저들은 그곳에 큰 제방을 쌓고 좌우에는 또 두 개의 성을 쌓은 다음, 소호(巢湖) 뒤편에서 숨어 공격에 대비하고 있다. 여러분은 각별히 조심하라."

한편 제갈각도 위군이 세 방향으로 쳐들어온다는 보고를 받고 상의했습니다. 관군장군(冠軍將軍) 정봉이 말했습니다.

"동흥은 우리의 중요한 곳으로 이곳을 잃기라도 하면 남군과 무창이 매우 위태로울 것이오."
"내 생각도 그렇소. 공은 3천 명의 수군을 이끌고 강을 따라 가시오. 여거, 당자, 유찬에게 각각 1만 명의 보병과 기병을 이끌고 삼로로 나누어 가서 싸우도록 하겠소. 연주포 소리가 들리거든 일제히 공격하시오. 나도 직접 대군을 이끌고 뒤따라 가겠소."

↑ 수성(守城)의 군주 손권

위나라의 호준은 부교(浮橋)로 강을 건너 제방 위에 군사를 둔치고 오나라의 두 성을 공략했습니다. 오군은 나오지 않고 죽기로 성을 사수했습니다. 이때 정봉의 3천 군사가 도착하여 얕보고 방비를 하지 않은 위나라의 병사들을 크게 무찔렀습니다. 사마소는 동흥에서 패하자 군사를 철수시켰습니다.

제갈각은 이긴 기세를 몰아 사마소를 추격하여 위나라를 공격하기로 했습니다.

촉에게 편지를 보내 북쪽에서 공격하게 하고 자신은 20만 대군을 일으켜 남쪽에서 치기로 했습니다.

대군이 막 출발하려고 할 때입니다. 갑자기 땅에서 한 줄기 흰 기체가 피어올라 대군을 뒤덮었습니다. 장연이 제갈각에게 말했습니다.

"이 기체는 흰 무지개입니다. 군사를 잃을 조짐을 알려주는 것이니 태부께서는 조정으로 돌아가십시오. 위를 치면 안 됩니다."
"네 어찌 불손한 말로 군사들의 사기를 꺾어 놓느냐?"

장연은 여러 사람이 용서를 빌어 목숨을 구하는 대신 파직되어 서민으로 강등되었습니다. 제갈각은 정봉의 의견을 따라 합비의 신성을 공격했습니다. 사마사는 주부(主簿) 우송의 의견을 따라 굳게 지키기만 하게 했습니다. 사마소에게는 곽회를 도와서 촉의 강유를 막게 했습니다. 제갈각은 몇 달 동안 합비 신성을 공격했지만 함락할 수 없었습니다. 계속 분발하자 성의 동북쪽이 무너지려고 했습니다.

그러자 신성을 지키는 장특이 한 가지 꾀를 내었습니다. 즉시 말 잘하는 사람에게 책적(冊籍)을 갖고 오군의 영채로 가서 제갈각에게 바치고 울며 고하도록 했습니다.

"위나라 법에는 적에게 성이 포위되었을 때 백 일동안 성을 지켜내도 구원병이 오지 않으면 항복해도 가족들이 벌을 받지 않습니다. 지금 장군께서 성을 에워싸고 있는 지가 90여 일이 지났으니 며칠만 더 기다려 주소서. 그리하면 제가 군사와 백성들을 모두 이끌고 나가 투항하겠습니다. 이에 먼저 이렇게 책적을 바칩니다."

↑ 교만함이 넘쳐 죽은 제갈각

제갈각은 장특이 지연책을 쓰는 것을 알지 못하고 그의 말을 믿었습니다. 장특은 그 사이에 성을 말끔히 보수하고 제갈각에게 큰소리로 욕설을 퍼부었습니다. 이에 화가 머리까지 치민 제갈각이 군사를 재촉하여 성을 공격했습니다. 하지만 성 위에서 화살이 빗발치듯 날아와 제갈각의 이마를 정통으로 맞혔습니다. 여러 장수가 구원해 영채로 돌아왔지만 상처가 심했습니다. 결국 군사들도 병이 나자 철수하던 중 관구검이 들이쳐 대패하고 쫓겨 왔습니다.

제갈각은 부끄러워 병을 핑계로 조회에도 나가지 않았습니다. 손량과 문무 관료가 문병을 왔습니다. 제갈각은 남들의 비판을 받지 않을까 두려워 오히려 관원들의 잘못을 찾아내어 가벼운 잘못은 변방으로 쫓아냈고, 큰 잘못을 저질렀으면 목을 베었습니다. 급기야는 손권이 손준에게 맡긴 어림군의 통솔권을 자신의 심복인 장약과 주은으로 교체했습니다.

손준은 몹시 화가 났습니다. 제갈각과 사이가 나쁜 태상경(太常卿) 등윤이 이 기회를 이용해 손준에게 제갈각을 처치하자고 했습니다. 황제도 같은 생각을 하고 있었습니다. 이에 연회를 열고 술잔을 던지는 것을 신호로 제갈각을 죽이기로 했습니다. 계획은 차질 없이 진행되고 있었습니다.

그런데 제갈각에게 여러 가지 이상 징후가 나타났습니다. 문지기 병사들이 본 적이 없는 상주(喪主)가 들어오지를 않나, 벼락이 치며 대들보가 무너져 내리지를 않나, 세숫물에서 피비린내가 나지를 않나 해괴한 일이 연이어 나타났습니다. 연회초청을 받고 수레를 타려고 할 때에는 집에서 키우던 강아지가 옷자락을 물었고, 집을 나서자 땅 위에서 흰 기체가 피어올랐습니다. 제갈각은 괴이하여 집으로 돌아가려다가 손준과 등윤을 만나 다시 천자를 뵈러 입궐했습니다. 결국 손준과 등윤의 계획대로 제갈각은 죽임을 당했고, 그의 아내와 전 가족도 몰살을 당했습니다.

눈 속에서 위군을 무찌르는 정봉

제갈근이 살아있을 적에 총명하기만 하고 감정을 그대로 돌출하는 제갈각을 보고는 한숨을 지으며 말했습니다.

"이 자식은 가족을 보호할 주인이 못 된다."

모종강도 이 부분에서 다음과 같이 평했습니다. 사람 사는 세상은 언제나 되풀이되는 것인가 봅니다.

'사마의가 조상을 죽인 것은 다른 성씨가 종실을 없앤 것이고, 손준이 제갈각을 죽인 것은 종실이 다른 성씨를 없앤 것이다. 제갈각은 재주 있고 조상은 어리석었지만, 두 사람 모두 교만하고 허술하였다. 밖으로는 자신으로부터 떠나는 인심을 알아차리지 못했고, 안으로는 손준의 계책을 예상하지 못한 채 자긍심만 앞세우고 고집만 부리며 남의 말은 듣지 않더니 결국 목이 잘리고 말았다. 비록 총명함이 아버지 제갈근보다 뛰어났다고는 하지만, 그 재주만 믿다가 끝내 화를 불렀으니 슬픈 일이다.'

국궁진췌(鞠躬盡瘁)의 대명사 제갈량,
소설 삼국지 최고의 인물

  어느덧 『삼국연의』 읽기도 9권이 끝났습니다. 소설 삼국지를 좋아하는 독자라도 읽기 싫어질 때가 두 번 있습니다. 첫 번째는 관우가 죽은 후이고, 두 번째는 제갈량이 죽은 이후입니다. 특히 제갈량이 오장원에서 죽은 이후의 소설 읽기는 마라토너가 마의 30km 대를 넘어서는 것과 같은 느낌을 받습니다. 아마도 제갈량이 호로곡에서 사마의 삼부자를 죽이지 못하고 하늘에 외쳤던 허탈감이 독자들에게 그대로 전이되는 까닭인지도 모르겠습니다. 그래서 연의를 일명 '제갈량전'이라고 할 수 있습니다. 오늘은 모든 삼국지 애독자들의 공통된 마음을 담아 제갈량에 대한 이야기를 요약해보도록 하겠습니다.

  "조조는 백만 대군과 함께 황제를 옆에 끼고 제후에게 명령하고 있으니 그에 맞붙어 싸우는 것은 불가합니다. 손권은 3대째 강동을 다스리고 있는데 지세가 험난하고 그곳 백성들이 따르고 있으니, 우리가 지원 세력은 삼아도 차지하기는 힘듭니다. 형주 지역은 북으로 한수와 면수가 가로질러 흐르고 있기에 남쪽의 물산을 모두 차지할 수 있으며, 동으로는 오군 회계와 가깝고, 서로는 파촉과 통하니 반드시 이곳을 터전으로 삼아야 합니다. 이곳은 정해진 주인이 아니면 지킬 수 없는 곳이니 이제 하늘이 장군께 주신 것과 같습니다. …… 장군은 인화(人和)를 내세우셔야 합니다. 먼저 형주를 차지하여 안방으로 삼고 곧이어 서천을 차지하여 공업을 열어 정족지세(鼎足之勢)를 이룬다면 머지않아 천하를 얻을 수 있습니다."

융중에서 농사를 지으며 때를 기다리던 청년 제갈량은 유비가 삼고초려(三顧草廬)하며 천하경영의 의견을 구하자 이처럼 거침없는 '천하삼분지계'를 설명합니다. 제갈량의 계책을 들은 유비는 10년 묵은 체증이 꺼지고 자욱하던 안개가 걷히는 것처럼 귀가 뜨이고 눈이 밝아져 자신도 모르게 저절로 가슴이 복받쳐 올랐습니다. 이날 이후로 두 사람은 수어지교(水魚之交)가 됩니다.

"나는 이름도 없을 뿐더러 덕망도 없으니 선생이 부디 나와 함께 산을 내려가 도와주기 바라오. 선생이 내려가지 않으면 저 가엾은 백성들은 누가 돌본단 말이오?"
"장군께서 그렇게 말씀하며 저를 아껴주시니 견마지로(犬馬之勞)를 다하겠습니다."

제갈량은 초려를 나와 유비와 16년간을 동고동락(同苦同樂)했습니다. 유비가 이릉대전에서 패하고 백제성(白帝城)에서 회한의 눈물을 흘리며 죽어갈 때, 제갈량에게 아들을 부탁하며 여의치 않으면 직접 임금이 되라고 주문했습니다. 하지만 제갈량은 그때에도 '견마지로'를 다하겠노라고 했고 유비는 안심하고 눈을 감았습니다. 사람 보는 눈이 탁월한 유비가 임종에 이르러서도 재차 제갈량에게 강조한 것은 끝까지 자신의 아들을 보필하라는 당부였던 것입니다. 이후 제갈량은 승상에 올라 실질적으로 촉한을 이끌어 나갑니다.

↑ 소설 삼국지 최고의 주인공 제갈량

제갈량은 유비가 삼고초려할 때의 계책을 잊지 않았습니다. 또한 홀로 남은 자신이 끝내 가야 할 길이라고 믿었습니다. 이를 위해 매번 위나라를 공략합니다. 하지만 장안을 공격하지 않고 기산을 차지하기에만 힘을 쏟습니다. 이는 촉으로 들어오는 입구를 든든하게 지킴으로써 위나라의 공격을 미연에 차단하려는 제갈량의 국가대사(國家大事)였습니다. 군사력으로 약세인 촉한이 할 수 있는 최선의 방책인 것입니다. 이러한 내막을 모르는 위연은 자신의 용맹함만 믿고 직접 쳐들어가지 않는다고 불만을 가졌던 것입니다.

"바라옵건대 폐하께서는 제게 역적을 무찌르고 한나라를 다시 부흥시키게 하시어 성과가 없으면 저의 죄를 다스려 선제의 영현에 고하시고, 폐하 또한 스스로 힘쓰시어 정도(定道)를 자문하시고 순리에 맞는 말만 들으시되 선제의 유조(遺詔)를 잊지 마소서. 저는 은혜를 받듦에 복받치는 감격을 이기지 못하겠습니다. 이제 원정에 오르게 되어 표를 올리나니, 눈물이 앞을 가려 무슨 말을 드려야 할지도 알지 못하겠나이다."

제갈량은 위나라를 공격하기에 앞서 후주 유선에게 출사표(出師表)를 올립니다. 제갈량은 출사표를 227년과 228년에 각각 작성했습니다. 이를 구분하여 전후 출사표라고 부르는데, 흔히 말하는 출사표는 전출사표를 말합니다. 출사표는 충신의 진실한 마음이 넘쳐흐르는 고금의 걸작입니다. 출사표에는 군주에 대한 변함없는 단심(丹心)이 표현되어 있는데 이는 유비의 삼고초려에 대한 보은이자 신의이며, 제갈량 스스로 사심을 버리고 후주 유선을 보좌하겠다는 맹세이기도 합니다.

송나라 때의 학자 조여시(趙與時)는 '제갈량의 출사표를 읽고 나서 눈물을 흘리지 않는 자는 충신이 아니다.'라고 했습니다. 심중에서 솟구치는 절절한 진심이 읽는 이의 가슴을 울리는 천하의 명문장인 까닭입니다.

제갈량의 출사표에 눈물을 흘리며 몸을 아끼지 않았던 대표적인 사람이 남송의 명장 악비입니다. 그가 남송의 현실 속에서 비분강개하며 일필휘지한 제갈량의 출사표는 오늘날 중국 전역의 제갈량 유적지에서 찾아볼 수 있습니다.

↑ 백제성에 있는 제갈량 사당

"태어나고 죽는 것은 변할 수 없는 이치고 정해진 운명 또한 피할 수 없다고 합니다. 오직 죽음을 앞두고도 충성을 다할 뿐입니다. 신 제갈량은 천성이 어리석고 옹졸합니다. 어려운 시대에 대명을 받들어 승상 직에 전념했습니다. 군사를 일으켜 북벌에 나서 아직 성공하지 못했는데 병이 고황에까지 이를 줄을 어찌 생각이나 했겠습니까? 목숨이 경각에 달려 있으매 끝내 폐하를 섬기지 못함이 한스럽기만 합니다. 엎드려 바라옵건대 깨끗한 마음을 쌓아 사심을 없게 하시고, 항상 검소한 생활로 백성을 사랑하소서. 돌아가신 선황께 효도를 다하고, 손아래 가족들에는 자애로운 은혜를 잊지 마소서. 숨어 있는 인재를 발굴하시고, 뛰어난 이들을 승진시키며, 간사한 것들은 곧바로 물리쳐 풍속을 순조롭게 하소서. 신의 집에는 뽕나무 8백 그루와 밭 50경이 있으니 먹고살기에 충분합니다."

오장원의 영채를 둘러본 제갈량은 강유, 마대, 양의를 불러 유언을 합니다. 그리고 후주 유선에게 마지막 표를 올렸습니다. 군주로서의 부친 유비를 닮지 못한 유선에 대한 충정어린 당부가 담긴 표문이었습니다. 유언을 마친 제갈량은 오장원의 군중에서 한 많은 생을 마감합니다. 27세에 초려를 나와 유비를 따라나선 지 27년이었습니다.

후세 많은 문인들이 제갈량의 죽음을 추모했는데, 두보 역시 제갈량을 슬퍼하는 시를 남겼습니다.

승상의 사당을 어디에서 찾을런가.	丞相祠堂何處尋
금관성 밖 측백나무 우거진 곳이네.	錦官城外柏森森
섬돌에 비낀 풀은 스스로 봄빛이요	映階碧草自春色
잎새의 꾀꼬리도 부질없이 노래하네.	隔葉黃鸝空好音
세 번 찾은 번거로움은 천하계책 정함이요	三顧頻煩天下計
두 조정을 열어 감은 늙은 신하의 마음이라.	兩朝開濟老臣心
출전하여 이기지 못하고 몸이 먼저 죽으니	出師未捷身先死
오래오래 영웅들 눈물로 옷깃을 적시노라.	長使英雄淚滿襟

모종강은 연의에서 승상을 지낸 세 사람을 비교하여 이렇게 평했습니다.

'조조와 사마의가 승상을 지낸 것과 제갈량이 승상을 지낸 것을 비교해보면 조정을 이끈 것도 같고, 혼자 병권을 장악한 것도 같고, 귀신같은 전략으로 사람들의 추앙을 받고 감복시킨 것 또한 같다. 그러나 어떤 사람은 역적질을 하고, 어떤 사람은 충성을 다했다. 한쪽은 사심이 있었기 때문에 자손을 위한 계획을 했고, 한쪽은 사심이 없었기 때문에 자손을 위한 계획을 하지 않았다. 조조가 죽을 때는 조비를 당부하고 사마의가 죽을 때는 사마사와 사마소를 당부했지만, 제갈량은 그렇지 않았다. 그가 행하던 승상의 일은 장완과 비의에게 부탁했고, 그가 행하던 대장군의 일은 강유에게 부탁했다. 제갈첨과 제갈상을 끼워 넣은 적이 없다. 뽕나무 8백 그루와 밭 50경 외에는 어떤 것도 가족을 위해 유념한 것이 없다. 출장입상(出將入相)의 제갈량은 여전히 거문고를 타거나 무릎을 부여잡고 있는 공명일 뿐이다. 원래부터 공을 이룬 다음에는

➔ 면현의 제갈량상

호수를 타고 흘러간 범려나 오곡을 먹지 않은 장량같이 되려고 했지만, 일을 끝마치지 못했으니 어쩔 수 없었다. 그래서 오장원 전장에서 죽고 말았다. 아! 부귀공명한 사람 중에 이런 사람이 또 어디에 있을 수 있겠는가?'

제갈량의 죽음은 촉으로서는 엄청난 충격이었습니다. 일개 떠돌이 삼형제가 나라를 세우고 체제를 정비할 수 있었던 제갈량이라는 뛰어난 참모가 있었기에 가능했던 일입니다. 또한 제갈량은 유비 사후, 국가기강과 안정을 위하여 모든 국사를 진두지휘했습니다. 그런 제갈량이었기에 그의 죽음은 촉에게는 커다란 타격이 될 수밖에 없었습니다.

제갈량의 한과 혼이 서린 곳,
한중 오장원

제갈량이 최후를 마친 오장원(五丈原)은 보계(寶鷄)시에서 동쪽으로 20km 떨어져 있습니다. 제갈량은 그가 죽기 전까지 12년 동안 기산과 가정 그리고 오장원에서 촉나라의 발판을 마련하기 위해 북벌을 강행했습니다. 오장원은 비파 모양을 하고 있는 구릉지인데, 뒤로는 진령산맥의 주봉인 태백산이 있고 앞으로는 위수가 동서로 길게 흐르고 있습니다. 오장원은 그 높이가 약 150여 m인데, 위로 올라가보면 남북으로 3.5km, 동서로는 1km 정도의 커다란 평지가 펼쳐져 있습니다. 폭이 제일 좁은 곳이 5장(五丈, 15m)이어서 오장원이라고 부릅니다.

제갈량의 죽음을 안타깝게 여기는 마음을 알았을까요? 오장원을 찾아가는 길에 비가 내립니다. 차에서 내려 제갈량묘를 찾아갑니다. 통로는 54개의 돌계단으로 만들어져 있는데 이는 제갈량의 나이를 의미합니다. 이 길은 제갈량이 사령부를 세운 기반산(基盤山)의 이름을 따서 기반도라고 불렀는데, 산길 아래에 있는 제갈천(諸葛泉)의 식수를 운반한 곳이기도 합니다.

계단을 오르면 오장원이라고 쓴 커다란 석비가 먼저 나타납니다. 입구로 들어가니 고색창연한 건물들이 오밀조밀 줄지어 있습니다. 원나라 초기에 건립된 제갈량 묘당은 명·청대를 거치면서 모두 아홉 번이나 중건되었다고 합니다. 제갈량 유적지에 빠지지 않는 남송의 장군 악비(岳飛)가 쓴 출사표가 이곳에도 어김없이 새겨져 있습니다. 그 옆에는 명나라를 세운 주원장(朱元璋)의 글씨도 보입니다.

▲ 면현 제갈량 묘

 오장원

▲ 면현 무후사

'글은 그 사람의 됨됨이와 같으니 백대(百代)에 걸쳐 모범이 되리로다.'

뜰 중앙에는 고아한 모습의 팔괘정(八卦亭)이 있는데 천장에는 팔괘도가 그려져 있습니다. 제갈량은 병법을 연구하여 팔진도를 개발했는데 이를 기념하여 세운 것입니다. 뜰의 북쪽에는 제갈량을 모신 정전(正殿)이 있습니다. 기다란 검은 수염에 푸른 팔괘 옷을 입고 거위깃털의 부채를 든 채 앉아있는 제갈량의 모습이 엄숙합니다. 좌우에는 양의와 강유가 보좌하고 서 있습니다. '장상사표(將相師表)'라고 쓴 편액 좌우로 '단병오장원, 장면일와룡(短兵五丈原 將眠一臥龍)'이라고 쓴 대련이 걸려 있습니다. 그 외에도 제갈량을 흠모하는 후세 사람들이 쓴 시문(詩文)이 묘당에 넘쳐납니다.

정전 뒤쪽에는 묘중관(廟中觀)이라는 조그만 사당이 한 채 있는데 이는 제갈량의 부인인 황월영(黃月英)을 모신 곳입니다. 황승언의 딸인 황월영은 대단히 총명하여 내조를 잘했다고 합니다. 제갈량이 목우(木牛)와 유마(流馬)를 만들어 군량을 수송한 것도 부인의 아이디어라고 전해집니다.

임종을 앞둔 제갈량은 자신을 정군산에 장사지내고 일체의 부장품을 넣지 말라고 했습니다. 후주 유선은 직접 영구를 정군산으로 호송하여 장사지낸 다음, 시호를 충무후(忠武侯)라 하고 면현(勉縣)에 사당을 지어 계절마다 제사를 지내도록 했습니다.

면현 무후사는 섬서성 면현성 서쪽 3km 거리에 있습니다. 후주 유선이 조서를 내려 만든 사당인 까닭에 '천하제일 무후사'라고 부릅니다. 현재의 사당 자리는 당시 제갈량의 대본영이 있던 곳이라고 합니다. 무후사로 들어가니 거대한 규모임에도 패루(牌樓), 금루(琴樓), 고루(鼓樓), 종루(鐘樓), 침궁(寢宮) 등 배치가 정연합니다. 패루에는 예서체의 글씨로 '한승상제갈무향후사(漢丞相諸葛武鄕侯祠)'라고 썼습니다. 건물은 고아하고 비각과 원림은 예술적입니다. 게다가 각종 서법과 회화들이 있으니 제갈량의 품격을 보는 듯합니다.

PART 10

109 조방의 밀지가 발각되고 사마씨가 권력을 잡다

110 반란에 실패한 관구검, 눈알이 빠져 죽은 사마사

111 사마소가 찬탈을 노리자 제갈탄이 반기를 들다

112 등애가 지략을 뽐내며 연전연승하다

113 진법으로 등애를 누른 강유, 반간계로 위기를 벗어난 등애

114 종이 황제 조모, 사마소에게 죽음으로 항거하다

115 하후패가 등애에게 죽고 강유는 답중에 주둔하다

116 한중이 무너졌건만 후주는 환락만 일삼다

117 성도를 압박하는 등애, 부랴부랴 제갈첨을 부르는 후주

118 후주는 항복하고 강유는 부활을 노리다

119 이곳에서 희희낙락하여 서촉은 잊었습니다

120 천하는 다시 사마씨의 진나라로 통일되다

조방의 밀지가 발각되고
사마씨가 권력을 잡다

강유는 20만 명의 군사를 소집하고 요화와 장익을 좌우 선봉으로 삼았습니다. 하후패를 참모, 장의를 운량사(運糧使)에 임명하고 양평관으로 나왔습니다. 강유가 하후패와 상의를 했습니다.

"지난번에 옹주를 공격하여 이기지 못했으니 지금 다시 나간다 해도 또 대비를 할 것이오. 공에게 무슨 좋은 생각이 없소?"

"농서 쪽에는 남안의 전량(錢糧)이 가장 많으니 이곳을 먼저 점령하여 밑천으로 삼으면 든든할 것입니다. 지난번에 우리가 패한 것은 강병(羌兵)이 오지 않았기 때문입니다. 다시 강인들에게 사람을 보내 농우에서 만나기로 하고, 진군하여 석영(石營)으로 나가고 동정(董亭)길을 따라 곧장 남안으로 쳐들어가소서."

"공의 말이 매우 탁월하오."

강유는 각정을 사자로 삼아 황금과 비단을 가지고 강왕(羌王)과 우호관계를 맺도록 했습니다. 강왕 미당은 예물을 받자 즉시 5만 명의 군사를 일으키고 아하소과를 선봉으로 삼아 남안으로 출발했습니다. 곽회가 사마사에게 이러한 전황을 보고했습니다. 사마사는 보국장군(輔國將軍) 서질이 지원하자 기뻐하며 사마소를 대도독으로 삼아 함께 농서로 보냈습니다. 촉군과 위군이 동정에서 만났습니다. 요화와 장익이 서질과 겨뤘지만 패하고 돌아왔습니다.

"내일 내가 거짓 패한 체하며 군사를 매복시킨 곳까지 끌어들이면 무찌를 수 있을 것입니다."
"사마소도 사마의 자식인데 어찌 병법을 모르겠소? 지형이 평안하지 않으면 틀림없이 뒤쫓지 않을 것이오. 내 생각에 위군은 매번 우리 군량 수송로를 끊었으니 이제 그 계책으로 유인하면 서질을 죽일 수 있을 것이오."

강유는 요화와 장익에게 계책을 알려주고 길에는 철질려(鐵蒺藜)를 뿌리고 영채 밖에는 녹각(鹿角)을 설치하는 등 장기대책을 세우는 것처럼 꾸몄습니다. 서질은 날마다 군사를 이끌고 와서 싸움을 걸었지만 촉군은 대응하지 않았습니다. 위의 기마 순찰병이 촉군의 상황을 보고했습니다.

"촉군은 철롱산 뒤편으로 목우와 유마를 움직여 군량을 수송하고 있고, 장기대책을 세우면서 강병과 협동작전을 펴려고 준비하고 있습니다."
"지난날 촉군을 이겼던 것은 저들의 군량 수송로를 끊었기 때문이다. 지금 촉군이 철롱산 뒤편에서 군량을 수송하고 있으니 오늘밤 5천 명의 군사를 이끌고 가서 저들의 군량 수송로를 끊어라. 그러면 촉군은 자연히 물러갈 것이다."

서질은 사마소의 명령을 받고 철롱산을 기습했습니다. 촉군은 군량을 버리고 모두 달아났습니다. 서질은 군사를 나눠 빼앗은 군량을 옮기는 한편 촉군을 추격했습니다. 하지만 10리를 못가서 함정에 빠졌습니다. 위군은 대패하고 서질은 겨우 빠져나와 혼자서 달아나다가 강유와 정통으로 마주쳤습니다.

姜維接箭射郭

淮乙酉春素維畫

◀ 곽회가 쏜 화살을 잡는 강유

서질이 소스라치게 놀라 경황이 없을 때 강유의 창이 날아왔습니다. 서질은 그 자리에서 난도질을 당한 채 죽었습니다. 하후패는 군량을 빼앗아 가던 위군을 모두 사로잡았습니다.

하후패는 촉군을 위군의 옷과 갑옷으로 무장시키고 위군의 영채로 쳐들어갔습니다. 사마소는 달아날 길이 없어 철롱산으로 올라갔습니다.

강유의 계책은 틈이 보이지 않아서	妙算姜維不等閑
위군이 철롱산에서 어려움에 빠졌네.	魏師受困鐵籠間
방연이 마릉도로 들어간 것 같고	龐涓始入馬陵道
항우가 구리산에서 포위된 것 같네.	項羽初圍九里山

곽회가 이 소식을 듣고 구하러 가려고 할 때 진채가 말렸습니다. 대신 강병을 먼저 제압하면 철롱산의 포위는 풀릴 것이라고 했습니다. 곽회는 그 말을 따라 진태를 강왕에게 보내 항복하는 척했습니다. 결국 이를 믿은 강왕은 사로잡히고 곽회는 그를 풀어주며 철롱산의 포위를 풀도록 했습니다. 강왕과 함께 들이닥친 위군의 공격으로 강유와 촉군은 도망가기 바빴습니다. 곽회가 강유를 추격해왔습니다. 강유는 무기도 없이 활만 가지고 산속으로 달아났습니다. 곽회는 강유가 화살이 없는 것을 알고는 자신이 화살을 먹여 쏘았습니다. 강유가 피하면서 날아오는 화살을 잡았습니다. 그리고 자신의 활시위에 얹어 쏘았습니다. 순간 곽회가 말에서 떨어져 나갔습니다. 위군이 곽회를 영채로 데려가 활촉을 뽑자 피가 멈추지 않았습니다. 마침내 곽회가 죽었습니다. 강유도 패잔군을 이끌고 한중으로 돌아왔습니다. 비록 패하기는 했지만 곽회와 서질을 죽였으니 위군의 기세를 꺾은 셈이었습니다. 사마소도 낙양으로 돌아갔습니다.

사마사와 사마소 형제는 정사(政事)를 함께 주물렀습니다. 뭇 신하는 누구 하나 감히 거역하지 못했습니다. 조방이 조회를 마치고 물러나자 태상(太常) 하후현,

중서령(中書令) 이풍, 광록대부(光祿大夫) 장집 세 명만이 모실 뿐이었습니다. 조방은 장인인 장집을 붙잡고 울며 말했습니다.

"사마사는 짐을 어린애 보듯 하고 조정 백관을 쓰레기 취급하니 사직은 곧 그의 손아귀에 들어가고 말 것이오."
"폐하! 걱정 마소서. 신 중서령이 비록 재주는 없지만 폐하의 명조(明詔)를 받들고 사방의 영걸을 모아 역적들을 없애겠습니다."
"어려울 것이오."
"신들이 맹세코 힘을 합쳐 역적들을 토벌하여 폐하께 보답하겠습니다."

조방은 용봉한삼(龍鳳汗衫)을 벗어 손가락을 깨물어 흐르는 피로 조서를 써서 장집에게 주며 당부했습니다.

"짐의 할아버지 무황제께서 동승을 죽인 것은 기밀이 새어나갔기 때문이었소. 경들은 꼭 면밀히 추진하고 반드시 조심하여 밖으로 새나가지 않게 하오."

이들이 어전을 나오자마자 사마사가 다그쳤습니다. 조방이 우려했던 일이 궁궐 밖을 나가지도 못하고 발각이 되고 말았습니다. 사마사가 조방의 밀조를 펼쳐 보았습니다.

'사마사 형제가 대권을 장악하고 장차 반역을 도모하려 하고 있다. 시행되고 있는 조칙은 모두 짐의 뜻이 아니다. 관군 각 부대의 장수와 사병들은 함께 뭉쳐 충의를 따라 역적을 처단하고 사직을 바로잡아 세우라. 일이 성공하면 큰 벼슬과 상을 내리겠다.'

사마사는 즉시 세 사람을 저자거리에서 허리를 잘라 죽이고 삼족의 씨를 말리라고 했습니다. 조방은 일이 탄로 나자 용서를 빌었습니다. 사마사는 장황후를 끌어내 목을 매어 죽였습니다.

司馬師
威逼
曹芳

乙酉春葉雄書

➤ 조방의 밀지가 탄로나
　처형되는 장황후

그해 복황후가 궁궐문을 나서면서	當年伏后出宮門
맨발로 구슬프게 황제와 이별했네.	跣足哀號別至尊
사마사가 오늘 아침 전례를 따르니	司馬今朝依此例
하늘이 자손에게 업보를 돌려주네.	天教還報在兒孫

사마사는 신하들을 소집하고 말했습니다.

"지금 주상께서는 주색에 빠져 방탕한 생활만 일삼고 추잡하게 창우(娼優)들이나 부르고 아첨하는 말이나 따르며 어진 신하를 멀리하니, 그 죄가 한나라 창읍왕보다 높아 천하의 주인으로 모실 수 없겠소. 내가 이윤과 곽광이 한 일을 본받아 새 임금을 세워 사직을 보전하고 천하를 안정시키고자 하는데 경들은 어떻게들 생각하시오?"

결국 태후의 명에 의해 조방은 옥새를 반납하고 수레에 올라 울면서 떠나갔습니다. 다만 몇 사람의 신하만이 눈물을 머금고 전송했습니다.

옛날 조조가 한 승상으로 있을 때	昔日曹瞞相漢時
황후와 천자를 깔보고 능멸하더니	欺他寡婦與孤兒
누가 알았으리, 사십 여년 지나	誰知四十餘年後
황후와 천자 역시 깔보이고 능멸당하네.	寡婦孤兒亦被欺

사마사는 고귀향공(高貴鄕公) 조모를 황제로 추대했습니다. 하지만 모든 실권은 사마사의 손아귀에 있었습니다. 위나라의 운명도 이제 바람 앞에 등불이 되었습니다.

반란에 실패한 관구검, 눈알이 빠져 죽은 사마사

조모를 황제에 세운 사마사는 최고의 특권을 누렸습니다. 황월(黃鉞)을 가지고 조정에 들어와서도 빨리 걷지 않았으며, 일을 아뢸 때에도 이름을 대지 않았고, 칼을 차고 어전(御殿)에 오를 수 있었습니다. 조조가 헌제 앞에서 행했던 것과 다를 바가 없었습니다.

사마사의 권력이 하늘을 찌를 듯 치솟을 때, 진동장군(鎭東將軍) 관구검과 양주자사(揚州刺史) 문흠이 조방의 복위(復位)를 명분으로 군사를 일으켰습니다. 관구검은 6만 명의 군사를 거느리고 항성(項城)으로 나가 주둔하고, 문흠은 2만 명의 군사를 이끌고 밖에서 유격전술을 펴며 지원하기로 했습니다. 또한 여러 군으로 격문을 보내 각각 군사를 일으켜 돕도록 했습니다.

사마사는 왼쪽 눈에 난 혹이 수시로 가렵고 쑤셨습니다. 의관이 그의 혹을 떼어내어 집에서 요양하던 중에 급보를 받았습니다. 태위(太尉) 왕숙과 중서시랑(中書侍郎) 종회를 불러 상의했습니다. 왕숙이 먼저 의견을 냈습니다.

"지난 날 관우가 기세등등할 때 손권은 여몽을 시켜 형주를 빼앗으면서 적장과 장병들의 가족을 잘 돌보아 주었습니다. 그래서 관우의 군세가 급격히 무너졌습니다. 지금 회남에 있는 장수와 군사의 가족들도 모두 중원에 있습니다. 즉시 그들에게 물건을 주어 다독이는 한편, 군사를 보내 귀로를 끊는다면 저들도 반드시 무너지고 말 것입니다."

"공의 말이 지극히 옳소. 다만 내가 눈에 난 혹을 떼어 내고 치료중이라 누구를 보내야 할지 마음이 놓이지 않는구려."

"회초(淮楚)지방의 군사는 용감하고 사기도 매우 높습니다. 만일 남을 보냈다가는 패하기 십상입니다. 잘못되기라도 한다면 국가대사가 흔들릴 것입니다."

"중서시랑 말이 맞소. 내가 직접 가서 적을 무찔러야 하겠소."

사마사는 아우 사마소에게 낙양에서 국정을 총괄하게 하고 자신은 군사를 이끌고 출정했습니다. 진남장군(鎭南將軍) 제갈탄에게는 수춘을 공격하게 하고, 정동장군(征東將軍) 호준에게는 반란군의 귀로를 막도록 했으며, 형주자사(荊州刺史) 감군(監軍) 왕기에게는 선발대를 거느리고 반군을 막을 수 있는 곳을 선점하도록 명령했습니다.

사마사는 왕기의 의견을 받아들여 속전속결(速戰速決)을 택했습니다. 요충지인 남돈(南頓)을 먼저 차지했습니다. 관구검은 한 발 늦게 남돈을 차지하려다가 수춘성까지 공격당하자 어찌할 바를 몰랐습니다. 할 수 없이 항성(項城)에서 전황을 살펴보기로 했습니다. 등애가

▲ 사마의의 장남 사마사

항성 근처의 낙가성을 공격하자 관구검은 적이 곧 쳐들어 올 것이 무서웠습니다. 이에 문흠이 말했습니다.

　"도둑! 너무 걱정 마십시오. 나와 내 자식 문앙이 5천 군사만 이끌면 낙가성을 지킬 수 있습니다."

　관구검은 크게 기뻐하며 군사를 내주었습니다. 문흠의 아들 문앙은 만부부당 지용(萬夫不當之勇)의 장수였습니다. 그는 18세의 팔척장신(八尺長身)으로 그가 휘두르는 강편(鋼片)은 아무도 막아내질 못했습니다. 문앙은 부친과 군사를 나누어 삼경에 각각 위군의 영채를 공격하기로 하고, 자신이 먼저 위군을 공격했습니다.

　"한 무리의 군사가 영채 북쪽으로 공격해왔는데 앞장선 장수가 너무 용맹하여 당해낼 수가 없습니다."

　보고를 받은 사마사는 크게 놀라 울화가 치밀었습니다. 급기야 떼어낸 혹 자리로 눈알이 쑥 빠져나왔습니다. 피도 흥건하게 흘러 통증을 참기가 어려웠습니다. 사마사는 군사들이 자신의 모습을 알면 혼란을 일으킬 것이 걱정되어 이불을 뒤집어 쓴 채 이불자락을 물고 참았습니다. 얼마나 물어뜯었는지 이불이 못쓰게 되었습니다.

　문앙은 좌충우돌하며 닥치는 대로 강편을 휘두르고 창으로 찔렀습니다. 막는 자는 모두 죽음뿐이었습니다. 하지만 지원하기로 한 부친의 군사는 보이지 않았습니다. 문앙은 날이 밝을 때까지 싸웠지만 어쩔 수가 없었습니다. 오히려 등애의 군사에 포위되고 말았습니다. 문앙은 포위망을 뚫고 도망치면서도 뒤쫓아 오는 위군의 장수들을 거침없이 사살했습니다. 쫓는 위군과 쫓기는 문앙의 처지가 네댓 번을 바뀌었지만 그때마다 위군은 문앙을 당해내지 못하고 번번이 되쫓겨 도망갔습니다. 후세 사람들이 문앙의 용맹한 모습을 시를 지어 칭송했습니다.

➡ 뒤쫓는 위군을 홀로 무찌르는 문앙

文鴦單騎退雄兵 乙酉春日

華雄畵

그해 장판파에서 혼자 조조군을 막던	長坂當年獨拒曹
자룡의 영웅호걸 그대로 드날리니,	子龍從此顯英豪
사생결단의 낙가성 전쟁터에서	樂嘉城內爭鋒處
또다시 담력 뽐내는 문앙을 보네.	又見文鴦膽氣高

문흠은 산속에서 길을 잃고 헤매다가 날이 밝았습니다. 아들을 돕기는커녕 위군을 보고 퇴각하다가 군사만 잃었습니다. 결국 문흠은 전세가 위태로움을 알고 동오의 손준에게 의탁했습니다. 관구검은 위군이 수춘을 함락시키고 문흠도 격파한 채 자신이 있는 항성까지 쳐들어왔다는 보고를 받았습니다. 즉시 군사를 이끌고 성을 나와 영채를 세웠습니다. 하지만 관구검도 등애군의 공격에 대패하여 겨우 10여 기만 이끌고 신성의 현령인 송백에게 갔습니다. 송백이 술자리를 베풀어 관구검을 안심시킨 후 참수하여 등애에게 바쳤습니다. 관구검의 반란은 이렇게 평정되었습니다.

한편 사마사는 눈의 통증이 그치지 않자 더 살기 어렵다는 것을 알고는 낙양으로 사람을 보내 사마소를 불렀습니다. 그리고 인수를 넘겨주며 유언했습니다.

"내가 지금 맡고 있는 권한이 너무 중요하여 사직하고도 싶었지만 그럴 수가 없었다. 네가 나의 직책을 이어받아라. 큰일은 절대 남에게 의지하지 말거라. 반드시 멸족의 화를 가져오게 될 것이다."

사마소가 눈물을 흘리며 물어보려고 할 때, 사마사는 외마디 소리를 지르며 눈알이 모두 빠져나와 죽었습니다. 모종강은 이 장면을 읽으며 다음과 같이 평했습니다.

'위가 한을 핍박하니 사마씨가 위를 핍박해 앙갚음했다. 하지만 위를 핍박한 사마씨라고 어찌 앙갚음을 당하지 않을쏘냐? 사마소는 자손이 있었지만 사마사는 자손이 없었다. 자손이 있으면 앙갚음을 자손에게 하고 자손이 없으면 앙갚음을 당대 그 자신에게 하였다. 사마사가 병들어 어떻게 죽었는가? 눈알이 모두 빠져 죽었으니 이 역시 육시(戮屍)를 당한 것이라고 볼 수 있는 것이다.'

사마소가 사마사의 권력을 이어받자 황제 조모는 사자에게 조서를 내려 사마소가 있는 허창으로 보냈습니다. 조서의 내용은 '잠시 군사를 허창에 주둔시키고 동오를 방어하라'는 것이었습니다. 사마소가 조서를 받고 결정을 내리지 못하자 종회가 낙양으로 갈 것을 권했습니다. 사마소는 즉시 군사를 이끌고 낙수(洛水) 남쪽으로 돌아와 주둔했습니다. 조모는 소식을 듣고 깜짝 놀랐습니다. 태위 왕숙이 대권을 장악한 사마소에게 관작(官爵)을 봉해 그를 안심시키는 것이 좋다고 아뢰었습니다. 조모는 즉시 사마소를 대장군 겸 녹상서사(錄尙書事)에 임명했습니다. 이후로 중앙과 지방의 모든 일은 사마소의 재가를 받아야만 처리할 수 있게 되었습니다. 사마사에 이어 사마소의 세상이 된 것입니다.

한편 사마소가 정권을 장악한 사실은 촉군의 염탐꾼에 의해 강유에게도 보고되었습니다. 강유는 다시 위나라를 정벌할 기회가 왔음을 직감하고 후주의 허락을 받아 군사를 이끌고 한중으로 왔습니다. 정서대장군(征西大將軍) 장익이 반대의견을 냈습니다. 요충지를 지키며 군사들과 백성들을 사랑하는 것이 나라를 보전하는 길이라고 했습니다.

하지만 강유는 승상의 유명(遺命)을 충성으로 지킬 것이라고 강변했습니다. 하후패도 동의하자 장익도 생각을 바꿨습니다.

↑ 형의 권력을 이어받은 사마소

강유는 5만 명의 군사를 이끌고 포한으로 향했습니다. 위의 국경을 지키던 옹주자사(雍州刺史) 왕경이 기병과 보병 7만 명을 이끌고 대치했습니다. 강유는 장익과 하후패에게 계책을 주고 대군을 이끌고 조수(洮水)를 등지고 진을 쳤습니다. 왕경이 강유에게 국경을 자주 침범하는 것에 대해 따졌습니다. 그러자 강유는 사마사가 까닭 없이 임금을 쫓아냈으니 이웃나라로서 죄를 묻는 것은 당연한 것이라고 대꾸했습니다.

강유는 왕경의 전략을 꿰고 이를 역이용하여 위군을 대파하고 승리했습니다. 왕경은 1백여 명의 패잔병을 이끌고 힘을 다해서 적도성(狄道城)으로 달아났습니다. 성문을 굳게 닫아걸고 지키기만 했습니다. 강유는 승리의 기세를 몰아 적도성을 공격하려고 했습니다. 그러자 장익이 여기서 그칠 것을 재자 간청했습니다. 하지만 강유는 듣지 않았습니다. 위의 정서장군(征西將軍) 진태가 왕경의 복수를 하려고 할 때, 연주자사(兗州刺史) 등애가 진태를 도우러 왔습니다. 진태가 등애에게 계책을 묻자 등애가 말했습니다.

"촉군이 조수에서 승리를 거두었으니 이제 강인(羌人)들까지 불러들여 동쪽으로 관중과 농서 일대를 다툰다면 이는 크게 우려해야 할 일입니다. 그런데 저들은 이런 생각은 하지 않고 적도성만 공격하고 있습니다. 하지만 적도는 성벽이 견고하여 쉽사리 함락할 수 없을 것입니다. 공연히 군사들의 힘만 빠질 것이니, 우리는 항령(項嶺)에 군사를 대기시킨 다음 공격하면 촉군을 무찌를 수 있을 것입니다."

"참으로 멋진 계책이오."

강유가 적도성을 에워싸고 며칠을 공격했으나 등애의 예상대로 함락시킬 수 없었습니다. 강유는 하후패가 조심해야 한다고 알려준 등애가 출격했다는 보고를 받고서도 신경 쓰지 않았습니다. 결국 강유는 등애의 계략에 말려들어 한중으로 퇴각하고 말았습니다.

사마소가 찬탈을 노리자
제갈탄이 반기를 들다

등애는 강유를 무찌른 공로로 안서장군(安西將軍)으로 승진했습니다. 진태가 축하연에서 촉군이 혼쭐났으니 다시는 쳐들어오지 못할 것이라고 하자 등애는 반대로 다섯 가지 이유가 있기 때문에 틀림없이 쳐들어 올 것이라고 했습니다.

진태가 그 이유를 묻자 알려주었습니다.

"첫째는 저들이 물러가기는 했지만 이긴 기세가 있는데, 우리에게는 허약한 실체가 있고, 둘째는 제갈량이 훈련시킨 정예병이라 지휘하기 좋지만, 우리는 장수가 수시로 바뀌어 지휘가 미숙하기 때문이고, 셋째는 저들은 대부분 배를 타고 움직여서 편하지만 우리는 모두 걸어야 해서 지치기 때문이고, 넷째는 저들은 한덩어리로 공격하지만 우리는 지켜야 할 곳이 많아 분산될 수밖에 없으며, 다섯째는 저들은 남안이나 농서, 기산 등 어느 쪽으로 오더라도 식량 걱정이 없기 때문에 반드시 쳐 들어올 것입니다."

강유는 군사들에게 등애가 말한 다섯 가지 이유를 들어 다시 진격할 뜻을 밝혔습니다. 그러자 이번에는 하후패가 조심스레 말했습니다.

"등애가 비록 나이는 어리지만 지략이 뛰어납니다. 최근 안서장군의 직책을 맡았으니 반드시 길목마다 철저한 대비를 해 두었을 것이오. 전날과 같지는 않을 것입니다."

"내가 어찌 그를 생각이나 하겠소? 공들은 남의 강점만 열거하고 우리 군사들의 사기를 꺾지 마시오. 내 뜻은 결정되었소. 기필코 농서부터 점령하겠소!"

강유가 목청을 돋워 말하자 누구도 더 이상 말하지 못했습니다. 강유는 기산으로 나아갔습니다. 하지만 기산은 이미 위군이 아홉 개의 영채를 세워놓았다는 척후병의 보고가 왔습니다. 강유는 믿기지 않았습니다. 직접 산 위로 올라가 확인했습니다. 과연 아홉 개의 영채가 긴 뱀처럼 늘어서서 머리와 꼬리가 서로를 보호하는 형세를 취하고 있었습니다.

"하후패의 말이 진정 거짓이 아니었구나! 저 진영은 절묘하기 짝이 없는 형세를 이루고 있다. 나의 스승인 제갈 승상께서나 가능한 것인데 지금 보니 등애도 내 스승 못지않구나!"

강유는 장수들을 모아 기병의 옷과 갑옷을 바꿔 입고 돌아가며 순찰을 돌게 하여 등애군을 속였습니다. 반대로 대군을 이끌고 남안을 기습하는 전략을 세웠지만 이 전략은 곧바로

↑ 후주 유선

姜維觀祁山
乙畵雄姜春雋九山圖

등애의 기산 영채를 보고
놀라는 강유

등애에게 간파되었습니다. 진태가 촉군의 영채를 깨뜨리고, 등애는 앞서 달려가서 강유군을 맞이하기 위하여 매복했습니다. 강유는 등애의 계략에 걸려 대패하고 목숨마저 위태로운 지경이 되었습니다. 탕구장군(盪寇將軍) 장의가 강유를 구해주고 장렬히 전사했습니다. 강유는 다시 한중으로 퇴각하고 말았습니다.

한편 사마소는 정권을 장악하고 스스로 천하병마대도독(天下兵馬大都督)이 되었습니다. 출입할 때는 언제나 3천 명의 철갑효장(鐵甲驍將)이 앞뒤를 에워싸고 호위했습니다. 모든 공무는 황제에게 보고하지 않고 자신의 집에서 결재하고 처리했습니다. 황제 조모는 허수아비였고 사마소가 실질적인 황제나 다름없었습니다. 이로부터 사마소는 늘 황제 자리를 찬탈하려고 흑심을 품게 되었습니다.

사마소의 심복으로 가충이 있었습니다. 건위장군(建威將軍)이었던 가규의 아들로 벼슬은 장사(長史)였습니다. 그가 사마소에게 은밀하게 고했습니다.

"지금 주공께서 대권을 잡고 계시지만 사방에는 아직도 싫어하는 자들이 있을 것입니다. 이를 슬며시 알아보신 다음에 천천히 큰일을 도모하소서."
"나도 그러려던 참이다. 자네가 출정한 군사들을 위로한다는 핑계로 동쪽으로 가서 그들의 마음을 떠보아라."

가충은 곧장 회남으로 와서 정동장군(征東將軍) 제갈탄을 만났습니다. 제갈탄은 회수(淮水) 남북의 군마를 총지휘하고 있었습니다. 제갈탄은 주연을 베풀어 가충을 대접했습니다. 술이 거나해지자 가충이 넌지시 제갈탄에게 말했습니다.

"요즘 낙양의 뜻있는 인사들이 모두 '주상께서 너무 나약하여 임금감이 못 된다'면서 '사마대장군은 삼대에 걸쳐 나라를 다스렸고 공덕 또한 하늘처럼 높으니 위나라의 황제를 이어받아야 한다'고 말하는데, 장군의 생각은 어떤지 모르겠습니다."
"자네는 대대로 위나라 녹을 받으면서 어찌 감히 그런 망발을 하는가?"
"저는 단지 사람들이 하는 말을 공께 전한 것뿐입니다."

"조정에 어려운 일이 생기면 나는 목숨으로 보답할 것이네!"

가충이 돌아와서 보고하자 사마소는 크게 노했습니다. 사마소는 가충의 의견
대로 후환을 없애기로 마음먹고 제갈탄을 사공(司空)에 임명하고 조정으로 불렀
습니다. 또한 양주자사(揚州刺史) 악침에게도 은밀하게 밀서를 보냈습니다. 제갈탄
은 가충이 일을 저질렀음을 직감하고 조서를 가져온 사자를 죽이고 사마소에게
붙은 악침을 사살했습니다. 이어 사마소의 죄를 낱낱이 열거하는 표를 써서 낙양
으로 보내어 알리는 한편, 회수 남북의 둔전병 10여만 명과 양주에서 항복한 4만
여 명의 병사들을 모아서 출정을 마쳤습니다. 또한 아들 제갈정을 오나라에 볼모
로 보내고 지원을 청해서 함께 사마소를 토벌하기로 했습니다.

동오는 승상 손준이 병사하고 그의 사촌동생인 손침이 차지하고 있었습니다.
손침은 경우가 없고 몹시 사나운 자였습니다. 그는 대사마(大司馬) 등윤, 표기장군
(驃騎將軍) 여거, 장군(將軍) 왕돈 등을 죽이고 모든 권력을 독점했습니다. 오주 손
량은 총명했지만 어쩔 도리가 없었습니다. 손침은 제갈탄이 아들을 볼모로 군사
지원을 요청하자 7만 명의 군사를 3개 부대로 나누어 진군하도록 했습니다.

사마소도 가충의 의견을 따라 천자와 태후를 대동하고 출정했습니다. 조모와
태후는 모두 사마소의 위력에 겁을 먹고 그대로 따랐습니다. 사마소는 26만 명
의 군사를 일으켜 회남으로 진격했습니다. 먼저 동오의 선봉인 주이가 군사를 이
끌고 와서 진을 쳤습니다. 위군에서는 왕기가 맞섰습니다. 주이는 왕기와 3합을
겨루지 못하고 달아났습니다. 오군은 크게 패하여 50리를 후퇴했습니다. 소식을
들은 제갈탄이 직접 정예병을 이끌고 나섰습니다. 모종강은 사마소가 천자와 태
후를 데리고 친정(親征)을 떠나려는 부분에서 다음과 같이 평하면서 후세 사람들
에게도 경종(警鐘)을 울렸습니다.

諸葛誕杀死樂綝 乙酉春日 崔嬉畫

⬇ 악침을 죽이는 제갈탄

'사마소가 제갈탄을 치려 할 때 가충은 사마소에게 태후와 천자를 데리고 친정을 떠나라고 권한다. 이런 일은 전례가 없는 일이다. 조조가 남정북벌할 때도 헌제를 데리고 다닌 적이 없다. 그가 천자를 데리고 간 것은 오직 허전(許田)에서 사슴을 쏘아 잡을 때뿐이다. 그러나 이때에도 태후까지 데리고 가지는 않았다. 조조가 하지 않은 일을 사마소가 하는 것은 그만큼 자신의 지지 기반이 약하고 불안하여 제거될 것이 두려웠고, 천자를 남겨두고 떠나면 조모도 조방처럼 자신을 제거할 것이 두려웠고, 또한 태후를 남겨두면 그의 명령을 받은 무리가 성문을 닫고 일을 꾸밀 수도 있으니 이는 조상이 당한 일을 자신도 당할 수 있음을 깨달은 것이다. 따라서 천자와 태후를 모두 데려가지 않을 수 없었다.

모든 난신적자(亂臣賊子)들은 이전의 사람들이 한 일을 본받으려 한다. 그러나 이따금 이전 사람들보다 더 악랄하고 더 신중하게 집행하는 것을 보게 된다. 아! 사람들이 온갖 수단을 다해 대권을 차지하려는 것도 실은 그들이 편안히 뜻을 펼치며 즐기자는 것뿐이다. 그런데 화를 면하기 위하여 잠시도 편한 날 없이 마음고생을 해야 한다면 도대체 무슨 즐거움으로 난신적자가 되려고 하는지 모르겠다.'

등애가 지략을 뽐내며
연전연승하다

사마소는 제갈탄이 오나라 군사와 합류하여 결전을 벌이려고 하자, 황문시랑 (黃門侍郎) 종회를 불러 계책을 협의했습니다. 종회는 오나라 군사가 제갈탄을 돕는 것은 그들의 잇속을 챙기자는 속셈이니 그 잇속으로 유인하여 물리칠 것을 제안했습니다. 사마소는 그 말을 따라 한 편으로는 군사를 매복하고 다른 한 편으로는 상품을 가득 실은 수레를 이끌고 오다가 적군이 공격하면 즉시 버리고 도망치라고 했습니다.

이를 모르는 제갈탄은 동오의 군사와 함께 위군 진영으로 쳐들어갔습니다. 위군이 물러나자 상품을 실은 수레와 소, 말, 나귀 등이 널려 있었습니다. 오군은 싸울 생각을 않고 서로 먼저 상품을 잡으려고 북새통을 이뤘습니다. 이때 '쿵!' 하는 포 소리와 함께 위군이 양쪽에서 돌격해왔습니다. 제갈탄은 크게 패하여

諸葛
部下
死從
乙酉春
羅雄 畫

항복 대신 죽음을 택하는 제갈탄의 병사들

패잔병을 이끌고 수춘성(壽春城)으로 들어가서 굳게 지켰습니다. 그러자 종회가 '남문만 달아날 수 있게 하고 세 곳을 공격하다가 달아날 때 들이치면, 군량 보급을 제때 받을 수 없는 오군은 저절로 무너질 것'이라고 했습니다. 사마소는 종회의 계략을 따랐습니다. 동오의 주이가 종회의 계략에 걸려 패하고 도망쳤습니다. 화난 손침은 주이를 끌어내다 목을 베어 죽였습니다. 손침이 건업으로 물러나자 제갈탄은 군사를 지원받을 수 없었습니다. 사마소는 마음 놓고 수춘성을 공격했습니다. 제갈탄은 걱정이 많았습니다. 모사 장반과 초이가 진언했습니다.

> "성안에 양식은 떨어지고 군사는 많으니 오래 버틸 수 없습니다. 이제 성안의 군사를 이끌고 한바탕 죽기로 싸워 결판을 내야 합니다."
> "나는 지키려는데 너희들은 싸우려고만 하니 딴마음을 품고 있는 것이냐? 또다시 그런 말을 했다가는 목이 떨어질 줄 알라!"
> "제갈탄도 곧 망하겠구나! 일찌감치 항복하여 목숨을 부지하는 것이 낫겠소."

이날 밤, 장반과 초이는 성을 넘어가 위에 항복했습니다. 사마소는 보란 듯이 이들을 높은 자리에 임용했습니다. 시간은 제갈탄에게 점점 불리해지고 성 안에는 갈수록 양식이 바닥났습니다. 문흠이 두 아들과 함께 굳게 지키고 있었지만 군사들이 굶주림을 못 이겨 쓰러지자 어쩔 수 없이 제갈탄에게 고했습니다.

> "군량이 바닥나서 군사들이 쓰러지고 있소. 북군을 모두 성 밖으로 내보내 입이나 줄이는 것이 좋겠소."
> "북군을 모두 버리라니 나를 죽일 셈이냐? 당장 이놈을 끌어내다 목을 베라!"

문앙과 문호는 부친의 피살을 보고 단도로 수십 명을 찔러 죽인 다음 성을 넘어 투항했습니다. 사마소는 문앙이 지난날 위군을 물리친 원한이 있기에 죽이려고 하였습니다. 이때 종회가 나섰습니다.

> "잘못은 문흠에게 있습니다. 그런데 그는 이미 죽었고 두 아들은 궁지에 몰려

귀순해 왔는데, 만약 항복해온 두 사람을 죽인다면 성안의 인심을 더욱 강하게 해주는 일이 될 것입니다."

사마소는 종회의 말을 따라 문앙과 문호를 다독여 편장군(偏將軍)으로 삼고 관내후(關內侯)에 봉했습니다. 이들은 절하며 사례한 후 수춘성을 따라 돌면서 자신들의 사실을 알렸습니다. 그러자 성안은 모두 투항하려는 분위기였습니다. 제갈탄은 크게 노하여 밤낮으로 직접 순찰을 돌며 낌새가 이상한 군사는 죽여 위엄을 보였습니다. 종회는 성안의 인심이 이미 변한 것을 알고 즉시 공격할 것을 권했습니다. 위군은 아무런 저항 없이 성안으로 들어갔습니다. 호준이 제갈탄의 목을 베었습니다. 사마소는 제갈탄의 가족을 모두 잡아 목을 베어 죽이고 삼족의 씨를 말렸습니다. 부하 수백 명도 잡아왔습니다.

"너희들은 항복하지 않겠느냐?"
"제갈공과 함께 죽겠다! 결코 항복하지 않겠다."
"끌어내어 차례차례 물으면서 죽여라."
"항복하겠다고 하면 살려주겠다. 항복하겠느냐?"
"오직 죽음만이 있을 뿐이다. 어서 죽여라."

사마소는 깊이 탄식하며 모두 묻어주라고 했습니다. 후세 사람들이 이들을 기려 시를 지었습니다.

지조 곧은 충신은 구차한 삶 살지 않는다더니	忠臣矢志不偸生
바로 제갈탄 휘하의 군사를 말함이었구나.	諸葛公休帳下兵
구슬픈 만가소리 응당 끊이지 않으니	薤露歌聲應未斷
전횡 문객을 이어 그 자취 따르려 하였네.	遺踪直欲繼田橫

오군도 위에 항복했습니다. 여러 사람들이 뒷날 화근을 없애기 위해 죽여야

한다고 했지만 종회가 또 반대했습니다. 모두 돌려보내 관대함을 보여주는 것이 좋다고 했습니다. 사마소는 종회의 말을 따랐습니다. 제갈탄의 반란이 평정되는 장면에서 모종강은 다음과 같이 평했습니다.

'장수란 인자함보다 위엄이 먼저다. 그러나 법을 너무 엄격하게 쓰고 병사를 너무 혹독하게 다루면 그것이 또한 패망의 빌미가 된다. 주이를 죽이지 않았다면 동오 장수들이 모두 위에 항복하지 않았을 것이고, 문흠을 죽이지 않았다면 제갈탄의 장수들이 와해되지는 않았을 것이다. 지나친 위엄과 혹독함에 대한 경계가 아닐 수 없다.'

한편 촉한의 강유는 한중에서 장수 장서와 부첨을 뽑아 날마다 군사훈련을 했습니다. 두 장수는 담력과 용기가 있어 강유가 매우 사랑했습니다. 강유는 제갈탄이 사마소를 토벌하고자 군사를 일으켰고 이에 동오의 손침도 가세했다는 보고를 받았습니다. 강유는 대사를 이룬 것이나 마찬가지라며 크게 기뻐했습니다. 즉시 후주 유선에게 표를 올려 군사를 출정하려고 했습니다. 그러자 중산대부(中散大夫) 초주가 '구국론(仇國論)'을 지어 강유에게 보냈습니다. 초주의 글은 큰 나라와 작은 나라가 원수가 되어 싸우는 것을 대화체로 쓴 것인데, 요약하면 군사는 때가 무르익었을 때 움직여야 단번에 이길 수 있고, 백성들의 노고를 중히 여겨 시기를 잘 선택해야 한다고 했습니다. 그런데 끝내 무력을 남용하여 정벌을 일삼다가는 불행하게도 어려움이 닥쳐 비록 지혜로운 사람이라도 나라를 구해낼 수 없다는 내용입니다. 강유는 크게 노하여 초주의 글을 바닥에 내동댕이치며 말했습니다.

▲ 제갈량의 후계자 강유

"이것은 썩어빠진 선비들이나 하는 말이다!"

강유는 즉시 군사를 이끌고 중원을 공격하러 나갔습니다. 먼저 위의 왕진과 촉의 부첨이 한판 붙었습니다. 부첨이 왕진을 사로잡자 이붕이 왕진을 구하려고 칼을 휘두르며 달려왔습니다. 부첨은 왕진을 땅바닥에 패대기치고 이붕을 죽였습니다. 왕진은 촉군의 창에 찔려 죽었습니다. 사마망은 영채를 버리고 성으로 달아나 굳게 지켰습니다. 강유가 성을 함락하려 할 즈음, 등애의 아들인 등충이 지원군을 이끌고 들이쳤습니다. 강유는 30~40합을 싸웠으나 승부를 내지 못했습니다. 등애는 촉군이 영채를 세운 지형을 살펴보고는 즉시 사마망에게 편지를 보냈습니다. 그 내용은 대강 이러했습니다.

'우리는 절대로 싸워서는 안 됩니다. 오직 굳게 지키기만 하십시오. 관중에서 군사가 돌아올 때쯤 되면 촉군은 군량이 바닥날 터이니, 그때 공격하면 무찌를 수 있을 것입니다. 장군을 도와 성을 지키도록 큰아들 등충을 보냅니다.'

이러한 사실을 모르는 강유는 등애의 영채로 전서(戰書)를 보냈습니다. 등애는 거짓으로 응했습니다. 다음 날, 강유는 포진을 끝낸 채 등애를 기다렸지만 등애의 영채에서는 깃발을 뉘여 놓고 북도 치지 않았습니다. 허탕친 강유는 다음 날 또 전서를 보냈습니다. 등애는 몸이 불편해서 차질이 생겼다고 핑계를 댔지만 또다시 싸움에 응하지 않았습니다. 이렇게 하기를 대여섯 번이나 했습니다. 그러자 부첨이 강유에게 말했습니다.

▲ 뛰어난 지략가 등애

"등애가 이렇게 하는 것은 분명 계략이 있을 것입니다. 대비를 하시는 것이 좋겠습니다."

"등애는 관중의 군사가 올 때까지 일부러 지연책을 쓰다가 그때 삼면에서 공격하려는 것이 틀림없다. 내 이제 동오의 손침에게 편지를 보내 함께 공격하자고 해야겠다."

이러한 계략을 세우고 있을 때 척후병의 보고가 들어왔습니다.

"사마소가 수춘을 빼앗고 제갈탄을 죽였으며 오군은 모두 항복했다고 합니다. 사마소는 군사를 철수시켜 낙양으로 돌아왔는데 즉시 군사를 이끌고 이곳으로 오려고 한답니다."
"이번 위나라 정벌도 또 그림 속의 떡이 되고 말았구나! 우선 돌아가는 것이 낫겠다."

강유의 마음은 천만 번을 중원으로 향하는데, 몸은 한중에만 매여 있으니 답답하기만 할 뿐입니다.

진법으로 등애를 누른 강유, 반간계로 위기를 벗어난 등애

강유는 군사를 먼저 퇴각시킨 다음 기병을 이끌고 뒤에서 적의 공격에 대비하면서 후퇴했습니다. 염탐꾼이 이러한 사실을 등애에게 알렸습니다. 모두가 추격할 뜻을 비치자 등애가 웃으면서 말했습니다.

"강유는 대장군의 군사가 오는 것을 알고는 물러가는 것이다. 추격할 필요 없다. 추격하다가는 그의 계략에 말려들게 된다."

등애는 즉시 사람을 보내 알아보도록 했습니다. 과연 낙곡의 좁은 계곡에 마른 나무와 풀을 쌓아 놓고 추격군을 화공으로 무찌를 준비를 해놓고 있었습니다. 뭇 장수들이 등애의 귀신같은 예측에 감탄했습니다. 강유가 퇴각하자 사마소는 기뻐하며 등애에게 또다시 상을 내렸습니다. 사마의를 뒤이어 등애가 지략을 뽐내며 연전연승하고 있습니다.

동오의 대장군 손침은 전단과 당자 등이 위나라에 항복했다는 소식을 듣고는 크게 노해 항복한 군사들의 가족을 모두 잡아다가 죽였습니다. 오의 주군인 손량은 16세였지만 총명했습니다. 그는 손침이 지나치게 살육을 일삼자 속으로 매우 마땅치 않게 여겼습니다. 하지만 손침이 철저히 감시하니 손량도 어찌할 바가 없었습니다. 그러던 어느 날, 손량의 처남인 황문시랑(黃門侍郎) 전기와 단 둘이 있게 되자 말했습니다.

"경은 이제 금군을 동원하여 장군 유승과 같이 각각 성문을 지키도록 하오. 짐이 직접 나가 손침을 죽이겠소. 그리고 이 일을 절대로 경의 어머니가 모르게 하시오. 경의 어머니는 바로 손침의 누이이니 만약 누설되면 일을 크게 그르치게 될 것이오."
"폐하! 걱정 마시고 조서를 써서 신에게 주소서. 거사할 때 신이 뭇 사람에게 조서를 보여 주면 손침의 수하들이 경솔하게 움직이지 못할 것입니다."

손량은 즉시 비밀 조서를 써서 전기에게 주었습니다. 드디어 손량의 계획대로 손침을 죽일 수 있을까요? 연의를 읽은 독자라면 아마도 '또 실패하겠군!' 하고 생각하며 읽으실 겁니다. 헌제도 조조에게 발각되었고, 조방도 사마사에게 발각되어 모두가 실패했으니 말입니다.

맞습니다. 전기가 부친에게 손량의 조서를 보여 주자 부친이 아내에게 말하고, 아내가 손침에게 알려 손침을 죽이기는커녕, 손량이 황제자리에서 물러나야만

▲ 동오의 충신 정봉

정봉의 계략에 걸려 참수당하는 손침

했습니다. 손량은 처남에게 신신당부하며 조서를 써주었건만, 부자의 경거망동이 결국 일을 수포로 만들고 말았습니다.

난적이 충신을 무고하고	亂賊誣伊尹
간신이 곽광처럼 행세하네.	奸臣冒霍光
가련타! 총명한 군주는	可憐聰明主
조정을 맡을 수가 없구나.	不得苻朝堂

손침은 손권의 여섯째 아들인 손휴를 천자로 즉위시켰습니다. 손침은 대장군 겸 형주목이 되고, 집안의 다섯 형제는 모두 제후 자리에 올라 금군을 관장했는데, 그 권세가 천자인 손휴보다 높았습니다. 손휴는 손침을 우대했지만, 속으로는 변고를 일으킬 것에 대비하여 대책을 세우고 있었습니다. 그러던 차에 손침이 술과 쇠고기를 가지고 손휴의 장수(長壽)를 축원하려고 했습니다. 그런데 손휴가 받지 않자 좌장군 장포에게 자신의 속내를 비쳤습니다.

"내가 전에 회계왕을 내쫓을 때 사람들은 모두 나더러 임금이 되라고 권했네. 하지만 나는 지금의 황제가 어질다고 여겨 세웠던 것인데, 이제는 내가 장수를 축원하는 것도 거절했네. 이것은 나를 홀대하는 것이 아닌가? 이제 내 어떻게 하나 조만간 두고 보시게."

장포가 은밀하게 손휴를 뵙고 사실대로 고하자 손휴는 두렵고 불안했습니다. 며칠 후, 손침은 군사들을 동원하여 모든 무기고에서 무기를 빼내어 밖으로 이동시켰습니다. 손휴는 크게 놀라 장포를 불러 대책을 협의했습니다. 장포가 정봉을 추천하자 손휴는 즉시 은밀하게 그를 불러 상의했습니다. 정봉이 말했습니다.

"내일 아침이 납일(臘日)입니다. 여러 신하를 초청한다는 구실로 손침에게도 연회에 꼭 참석하라고 부르소서. 신이 알아서 처리하겠습니다."

활과 쇠뇌로 등애군을 물리치는 강유

姜維沈着退兵乙春葉雄畫

정봉은 위막과 시삭, 장포와 협의하여 손침과 그 일당을 처단하기로 했습니다. 그날 밤, 바람이 미친 듯 불고 난리를 쳤습니다. 손침은 아침에 일어나려다 맥없이 쓰러지기도 했습니다. 집안사람이 말리자 되레 호통까지 치며 자신만만하게 입궐했습니다.

손휴는 손침을 상석에 앉히고 술잔을 몇 번 돌렸습니다. 이어 정봉이 계획한 대로 장포가 군사를 이끌고 달려와 손침을 잡고, 정봉과 위막, 시삭은 손침의 형제들을 잡아왔습니다. 손휴는 이들을 목 베어 죽였습니다. 아울러 삼족의 씨를 말렸습니다. 손침에게 억울하게 목숨을 잃은 제갈각, 등윤, 여거, 왕돈 등의 집과 무덤을 다시 만들게 하고. 유배된 자들을 사면시켜 주었습니다. 이로써 많은 사람들의 마음이 안정되었습니다.

모종강은 손침이 손휴의 손에 죽는 장면에 대해서 다음과 같은 평가를 내리고 있습니다.

'하늘이 악업을 갚을 때는 기이하게 갚기도 하고 바르게 갚기도 한다. 조비가 신하로서 임금을 폐하자 사마사도 신하로서 임금을 폐하였다. 이것은 할아비가 한 대로 손자가 앙갚음을 받은 것이니 곧 기이하게 갚은 것이요, 손침이 신하로서 임금을 폐하자 손휴가 임금으로서 신하를 죽였다. 이것은 자신이 한 대로 되갚음을 받은 것이니 곧 바르게 갚은 것이다. 하늘은 기이하게 갚아서 타이를 수 없으면 또한 바르게 갚아서 세상을 훈계한다.'

손휴는 촉의 후주 유선에게 동오의 사실을 알렸습니다. 유선이 사자를 보내 축하하자 답례로 설후를 사자로 보냈습니다. 손휴는 설후가 돌아오자 촉의 상황을 물었습니다.

"요즘 중상시 황호가 권력을 장악하고 있는데 많은 대신들이 그에게 아부를 하고 있습니다. 조정으로 들어가니 바른말은 들리지 않고, 들을 지나가니 백성들의 얼굴엔 풀물만 들었습니다. 이른바 '소인배들이 집 안에 둥지를 틀면 나라가 언제 망할지 모른다'는 속담 그대로였습니다."

손휴는 다시 사자를 보내 사마소가 황제자리를 찬탈하고 오와 촉을 침노할 것이니 각자 대비를 해야 한다고 알렸습니다. 이 소식을 접한 강유는 다시 출사표를 올려 20만의 군사를 일으켰습니다. 선봉은 요화와 장익이, 좌군은 왕함과 장빈이, 우군은 장서와 부첨이, 후군은 호제가 맡았습니다. 강유는 하후패와 함께 중군이 되어 전군을 통솔했으며, 하후패의 의견을 받아들여 기산으로 진군했습니다.

한편 등애는 촉군이 기산으로 출정할 것을 예측하고 촉군이 영채를 세울 만한 곳에 땅굴을 파고 대비했습니다. 그 예측이 맞자 촉군이 도착한 날 야습을 했습니다. 영채를 완성하지 못한 좌군이 패하자, 강유는 등애가 협공하는 것을 알고 모든 군사들에게 명령을 내렸습니다.

"만일 멋대로 움직이는 자가 있으면 목을 베겠다. 적병이 영채로 다가오거든 물어볼 것도 없이 즉시 활과 쇠뇌를 쏘아라!"

위군은 날이 샐 때까지 10여 차례나 공격했지만 번번이 실패했습니다. 등애는 한탄하며 군사를 물렸습니다. 다음 날, 강유가 전서(戰書)를 보내 단둘이 겨루자고 했습니다. 등애도 이에 응했습니다. 둘은 서로가 제갈량의 팔진법을 놓고 겨루었습니다. 강유는 제갈량에게 직접 진법을 전수받아 365가지의 진법을 펼칠 수 있었지만, 등애는 고작 64가지에 불과했습니다. 그리하여 등애가 죽을 위기에 몰렸을 때, 사마망이 구해주어 목숨만은 건졌습니다. 등애는 빼앗긴 8개의 영채를 되찾기 위해 사마망과 계책을 세웠습니다.

"내일 공이 그와 진법을 겨루고 있으면 나는 한 무리의 군사를 이끌고 몰래 기산 뒤로 돌아가 기습하여 양쪽에서 혼전을 벌이면 빼앗긴 영채를 되찾을 수 있을 것입니다."

하지만 등애의 계책은 강유에게 간파되어 사마망은 물론 등애도 대패했습니다. 등애는 화살을 네 대나 맞으며 죽기로 도망쳤습니다. 두 사람은 다시 대책을 협의했습니다. 사마망이 제안했습니다.

"최근에 촉주 유선은 환관 황호를 총애하며 밤낮 주색으로 낙을 삼는다고 하니, 반간계를 써서 강유를 불러들이도록 하면 이 위기에서 벗어날 수 있을 것이오."

등애는 즉시 당균에게 황금과 명주(明珠) 등 보물을 주어 성도로 보냈습니다. 강유는 날마다 등애에게 싸움을 걸었습니다. 하지만 등애는 굳게 지키기만 했습니다. 강유가 의아해할 때 조정으로 들어오라는 조서가 도착했습니다. 강유는 전투를 매듭지으려는데 들어오라는 조서를 받고는 무슨 일인지 알 수 없었습니다. 하지만 조서를 받았으니 군사를 철수시키지 않을 수 없었습니다. 등애의 반간계가 성공했으니 촉의 운명도 이제 얼마 남지 않은 것 같습니다.

종이 황제 조모,
사마소에게 죽음으로
항거하다

강유는 조정으로 돌아오라는 조서를 받고는 어쩔 수 없이 군대를 철수시키려
고 했습니다. 이에 요화가 반대했습니다. 전장에 나온 장수는 임금의 명도 받지
않을 때가 있는데 지금이 바로 그때라고 했습니다. 그러자 장익이 말했습니다.

"백성들은 대장군께서 해마다 군사를 출동시켜 모두 원망하고 있습니다. 지금
이렇게 승리를 거두었을 때 인마를 거두어 돌아가는 것이 좋습니다. 민심부터 안정
시키고 다시 좋은 계획을 세우십시오."

강유는 장익의 의견을 받아들여 질서 있게 철군했습니다. 이 사실을 탐지한 등
애가 군사를 이끌고 뒤쫓아 왔습니다. 하지만 촉군이 깃발을 정연하게 세우고 물
러가자 쉽게 공격할 수 없었습니다. 등애는 강유의 병법에 탄사를 보내며 군사를

이끌고 기산의 영채로 돌아갔습니다.

성도에 도착한 강유가 후주 유선을 뵙고 부른 까닭을 물었습니다. 그러자 후주가 심드렁하게 말했습니다.

"짐은 경이 오랫동안 국경 밖에 나가 있으면서 돌아오지 않기에 군사들이 너무 지치지 않을까 염려되어 돌아오라는 조서를 보낸 것뿐이오. 별다른 뜻은 없소."
"신은 기산 영채를 얻는 등 한창 공을 이루려던 중인데 도중에 그만두게 될 줄은 미처 몰랐습니다. 등애가 반간계를 벌인 것이 아닌가 싶습니다."
"……."
"신은 맹세코 역적을 토벌하여 나라의 은혜에 보답할 것입니다. 폐하! 소인들의 말에 넘어가 의심하지 마소서."
"짐은 경을 의심하지 않소. 경은 우선 한중에 주둔하고 있다가 위나라에 무슨 변이 생기거든 다시 토벌하도록 하오."

반간계를 성공시킨 당균은 등애가 있는 기산 영채로 돌아와 이 사실을 보고했습니다. 등애는 임금과 신하가 서로 못 믿으니 조만간 반드시 변고가 일어날 것이라고 생각했습니다. 즉시 당균에게 낙양의 사마소에게 보고하도록 했습니다. 보고를 받은 사마소는 대단히 기뻤습니다. 즉시 촉을 공격할 요량으로 중호군(中護軍) 가충에게 의견을 물었습니다. 가충은 천자가 사마소를 의심하고 있으니 촉을 공격하는 것보다 내부 단속이 더 중요하다고 했습니다. 그리고 조모가 지은 잠룡시의 내용을 알려주었습니다. 조모가 지은 잠룡시의 내용은 이러했습니다.

↑ 강유의 심복 장익

슬프다! 용은 궁지에 몰려	傷哉龍受困
깊은 물속에서 뛰어오르지 못하네.	不能躍深淵
위로는 하늘을 날지 못하고	上不飛天漢
아래로는 전지에도 나타나지 않네.	下不見於田
우물 밑에 똬리를 틀고 앉았으니	蟠居於井底
미꾸라지 뱀장어가 그 앞에서 춤을 추네.	鰍鱔舞其前
이빨과 발톱을 감춘 채 엎드려 있으니	藏牙伏爪甲
아! 나도 너와 다를 바 없구나.	嗟我亦同然

이 말을 들은 사마소는 몸을 부르르 떨더니 천자를 시해하려고 마음먹었습니다. 어느 날, 사마소는 칼을 차고 어전으로 올라갔습니다. 황제 조모가 일어나서 맞이했습니다. 여러 신하가 대장군 사마소의 공덕이 높으니 진공(晉公)으로 삼고 구석(九錫)을 더해 줄 것을 요청했습니다. 조모가 대답하지 않자 사마소가 목청을 높였습니다.

"우리 부자 형제 세 사람은 위나라를 위해 큰 공을 세웠는데 이제 진공이 되면 안 될 일이라도 있습니까?"
"어찌 감히 명령대로 하지 않을 수 있겠소?"
"잠룡시를 보니 미꾸라지 뱀장어로 보셨던데 이것은 무슨 예(禮)입니까?"
"……."

사마소는 싸느란 웃음을 지은 채 물러갔습니다. 순간, 오싹한 냉기가 궁전을 채웠습니다. 조모는 물러나와 시중(侍中) 왕침, 상서(尙書) 왕경, 산기상시(散騎常侍) 왕업을 불러들여 울면서 말했습니다.

"사마소가 황제 자리를 찬탈하려고 하는 것은 누구나 알고 있소. 짐은 앉아서 폐위되는 수모는 당할 수는 없소. 경들이 짐을 도와 토벌에 앞서 주시오."

"지금은 어렵습니다. 폐하를 지키는 군사들은 약하고 수도 얼마 안 되어 쓸 만한 사람이 없습니다. 지금 참지 않으면 큰 화가 닥칠 것이니 우선을 꾹 참으시고 천천히 기다리소서. 서두르면 절대로 안 됩니다."

"이렇게까지 참았는데 세상에 무엇을 더 참겠소? 짐의 뜻은 이미 결정하였소. 당장 죽어도 두려울 것이 없소."

왕경이 말렸지만 조모는 듣지 않았습니다. 왕침과 왕업은 일이 급하게 돌아가자 멸족의 화를 면하기 위하여 사마소에게 자수하자고 했습니다. 그러자 왕경이 노하여 소리쳤습니다.

"주인에게 걱정거리가 있으면 신하는 수고로워야 하고, 주인이 치욕을 당하면 신하는 목숨을 바쳐 힘써야 하건만 감히 두 마음을 품겠다는 것이오?"

왕침과 왕업은 자신들만 살기 위하여 사마소에게 달려갔습니다. 한편 조모는 3백여 명의 궁중 병사를 모아 나섰습니다. 왕경이 말렸지만 소용없었습니다. 사마소의 심복인 가충이 성제에게 명령하자, 성제는 곧장 창으로 조모를 죽이고 말았습니다. 사마소는 황제를 죽인 성제를 대역부도죄로 능지처참하고 삼족의 씨를 말렸습니다. 성제는 사마소를 욕했지만 이미 소용없는 일이었습니다. 황제를 시해한 사건은 이렇게 마무리되었습니다.

사마소가 그해 가충에게 명령하자	司馬當年命賈充
궁궐서 용포가 흔건히 피에 젖었네.	弑君南闕赭袍紅
오히려 성제의 삼족을 잡아 죽이니	却將成濟誅三族
군사와 백성을 귀머거리로 여기네.	只道軍民盡耳聾

가충이 사마소에게 천자로 즉위할 것을 권했습니다. 그러자 사마소는 조조의 예를 들어 사양했습니다. 가충은 사마소가 아들인 사마염에게 선위를 하려는

曹髦驅車死南關　三國演義插圖之一百七十一乙酉春慕雄畫於滬上墨戲齋

⬇ 성제의 창에 찔려 죽는 조모

뜻을 알고는 더 이상 권하지 않았습니다. 사마소는 상도향공 조황을 황제로 세웠습니다. 이름도 조환으로 고쳐 부르도록 했습니다.

한편 강유는 위에 변란이 있음을 알고 즉시 동오에 편지를 보내, '군사를 일으켜 사마소가 임금을 죽인 죄를 묻자'고 청하고 자신은 15만 명의 군사를 일으켰습니다. 요화와 장익을 선봉으로 삼아 요화는 자오곡으로, 장익은 낙곡으로, 자신은 야곡으로 진군하여 기산 앞에서 만나기로 했습니다.

등애는 촉군이 삼로로 일제히 쳐들어온다는 보고를 받고 즉시 계책을 협의했습니다. 참군(參軍) 왕관이 계책을 적어 보이자 등애가 웃으면서 강유를 속일 수 없을 것이라고 했습니다. 왕관이 목숨을 걸고 거행하겠다고 간청하자 5천 명의 군사를 주었습니다. 왕관은 야곡으로 들어와 항복하러 온 군사라면서 대장군을 만나기를 청했습니다.

강유는 왕관만을 막사로 불러 만났습니다. 왕관은 자신이 사마소에게 죽은 왕경의 조카라면서 숙부의 원한을 갚게 해 달라고 애원했습니다. 강유는 기뻐하며 3천 명만 이끌고 서천 어귀에 있는 군량을 기산으로 옮겨오도록 했습니다. 왕관은 강유의 의심을 피하기 위하여 명령대로 따랐습니다. 이 모습을 지켜본 하후패가 왕관이 속임수를 쓰는 것이니 자세히 살펴볼 것을 권했습니다. 강유가 크게 웃으면서 말했습니다.

▲ 사마소의 큰아들 사마염

"나는 이미 왕관이 속임수를 쓰고 있다는 것을 알고 있기에 그의 군사를 갈라놓았소. 이제 그의 계책을 역이용하려는 것이오. 사마소가 왕경과 그 일가족을 몰살시켰다면서 어찌 친조카에게 군사를 지휘하도록 둘 수 있겠소."

강유가 길목에 군사를 매복시킨 지 열흘이 안 되어 왕관이 등애에게 보내는 편지를 가로챘습니다. 강유는 날짜를 앞당겨 고치고 항복해 온 군사 2천 명을 앞세워 등애를 잡기로 했습니다. 이 사실을 모르는 등애는 강유의 계략에 빠져 갑옷과 투구까지 버린 채 산을 기어오르고 고개를 넘어 겨우 목숨을 건졌습니다. 왕관은 일이 틀어진 것을 알고 군량에 불을 지르고 한중(漢中) 쪽으로 퇴각했습니다. 강유는 한중을 잃을까봐 등애를 추격하지 못하고 왕관을 추격하여 물리쳤습니다. 강유는 비록 승리했지만 군량과 잔도를 잃었기에 군사를 이끌고 한중으로 돌아갔습니다. 등애도 패잔병을 이끌고 기산 영채로 돌아와 죄를 청했지만 사마소는 공이 많았음을 이유로 상을 내리고 다시 5만 명의 군사를 보내주었습니다. 강유는 밤을 도와 잔도를 수리하고 군량을 확보했습니다. 또다시 한판 승부가 벌어질 참입니다.

하후패가 등애에게 죽고 강유는 답중에 주둔하다

등애와 승부를 가리지 못하고 한중으로 물러났던 강유는 잔도를 수리하고 군량과 병기를 정비하는 한편, 수로(水路)를 오갈 전선까지 준비했습니다. 모든 준비를 마친 강유는 표를 올려 출정을 요청했습니다. 후주가 망설이며 결정을 하지 못하자 초주가 천문이 불길하다며 조칙을 내리지 말라고 아뢰었습니다. 후주는 일단 승낙하고 실수가 있으면 즉각 회군토록 하기로 했습니다.

강유는 군사를 출동시키기 전에 요화에게 먼저 뺏어야 할 곳을 물었습니다. 요화가 등애의 지략이 뛰어나 함부로 볼 수 없다고 하자 강유는 벌컥 화를 냈습니다. 그리고 조양을 공격하기로 하고 명을 거스르는 자는 군법대로 처리하겠다고 명령했습니다. 요화에게는 한중을 지키게 하고 직접 30만 명의 군사를 이끌고 조양으로 진격했습니다.

등애가 첩보를 입수하자 사마망과 계책을 협의하고 실행에 옮겼습니다. 강유는 하후패를 전군으로 삼아 조양성을 공격했습니다. 저만큼 조양성이 눈앞에 들어왔습니다. 그런데 성 위에는 깃발도 꽂혀 있지 않았고, 사대문은 활짝 열려 있었습니다. 하후패는 의심이 들어 감히 성으로 들어가지 못했습니다. 부하 장수들이 대장군의 군사가 온다는 소식을 듣고 모두 성을 버리고 달아나서 빈 성이 되었다고 말했지만 믿지 않았습니다. 성을 살펴보던 하후패는 많은 노인과 어린아이가 도망가는 것을 본 후에야 의심이 풀렸습니다. 하지만 그것이 곧 등애의 계략이었습니다. 하후패가 기뻐하며 성 앞에 이르렀을 때, 갑자기 북과 피리소리가 요란하게 울리더니 깃발이 일어서고 적교가 올라갔습니다. 하후패가 계략에 빠졌음을 알고 퇴각하려고 하는 순간 성 위에서 화살과 돌이 빗발치듯 쏟아졌습니다. 하후패와 5백 명의 군사가 모두 성 밑에서 전사했습니다.

대담한 강유는 뛰어난 책략을 가졌지만	大膽姜維妙算長
등애가 대비할 줄을 누군들 알았으랴.	誰知鄧艾暗提防
가련하도다 촉한에 투항했던 하후패가	可憐投漢夏候覇
순식간에 성 밑에서 화살 맞아 죽는구나.	頃刻城邊箭下亡

강유가 인근에 영채를 세웠습니다. 그날 밤, 등애가 후화성(侯和城)에서 군사를 이끌고 촉군 영채를 급습했습니다. 강유가 수습하려 했지만 쉽지 않았습니다. 강유는 겨우 빠져나와 20여 리를 물러나 영채를 세웠습니다. 두 차례나 연거푸 패하자 군심이 위태로웠습니다. 강유가 다시 군심을 다잡자 장익이 말했습니다.

"위군이 모두 이곳에 있으니 기산은 틀림없이 비어 있을 것이오. 장군께서는 이곳에서 등애와 겨루시며 조양과 후화를 공격하소서. 저는 한 무리의 군사를 이끌고 기산을 공격하여 아홉 개의 영채를 빼앗고 이어 군사를 재촉하여 장안으로 쳐들어가겠습니다. 이것이 상책입니다."

劉君主包庇黃皓 乙酉春 蒸雄 畫

↑ 후주의 비호를 받으며 강유에게
용서를 비는 황호

강유는 장익의 말을 따르기로 하였습니다. 강유는 등애와 싸웠지만 승부를 내지 못했습니다. 등애는 강유가 계속해서 싸움을 걸어오자 곰곰이 생각했습니다. 그러고는 장익의 계략을 읽어냈습니다. 즉시 아들 등충을 불러 절대 나서서 싸우지 말고 지키기만 하라고 명령하고 자신은 기산을 구하러 갔습니다. 그날 밤 이경, 등애가 정예병을 이끌고 오자 강유는 장수들에게 함부로 움직이지 말도록 명령했습니다. 등애는 강유의 영채에서 한 차례 정황을 탐색한 것이었습니다, 이어서 곧장 기산으로 달려갔습니다. 강유도 등애의 전략을 간파했습니다.

"등애가 야간에 건성으로 싸우려는 것처럼 한 것은 필시 기산 영채를 구하러 가기 위한 수작일 것이다."

강유도 부첨을 불러 영채를 굳게 지키게 하고 직접 군사를 이끌고 장익을 도우러 갔습니다. 장익은 기산에 도착하자 위군 영채를 공격했습니다. 위군은 군사가 적어 오래 버티지 못했습니다. 곧 무너지려 할 때에 등애가 군사를 이끌고 나타나 한바탕 돌격전을 펼쳤습니다. 촉군은 크게 패하고 퇴로마저 차단당해 위급해졌습니다. 이때 함성이 진동하며 북과 피리소리가 요란하게 들려왔습니다. 얼핏 보니 위군이 뿔뿔이 흩어졌습니다. 장익도 기세를 몰아 다시 공격했습니다, 등애도 패하고 급히 기산 영채로 도망쳤습니다. 강유는 장익과 함께 사방을 에워싸고 공격했습니다.

여기서 잠시, 후주가 있는 성도의 상황을 살펴보겠습니다. 후주 유선은 환관 황호의 말만 믿으며 밤낮으로 주색에만 빠져 정사를 돌보지 않았습니다. 대신 중에 유염이 있었는데 그의 아내 호씨가 아주 미인이었습니다. 호씨가 황후를 뵈러 궁중에 들어갔는데 황후가 붙잡고 지내다 달포가 지나서야 보냈습니다. 그러자 유염은 아내가 후주와 간통한 것으로 의심했습니다. 막하의 군사 5백 명을 세워 놓고 아내를 꽁꽁 묶은 다음 군사들에게 신발을 던져 수십 차례씩 얼굴을 때리게 했습니다. 후주가 이 소식을 듣고 크게 노하여 유염의 죄를 묻도록 했습니다. 담당관이 다음과 같이 죄목을 내렸습니다.

"군사는 아내를 매질하라고 있는 것이 아니며, 얼굴은 형을 받을 곳이 아니다. 당장 저잣거리에서 참수하여 버려두는 것이 마땅하다."

우장군 염우란 자는 작은 공도 없는데도 황호에게 아부하여 마침내 큰 벼슬을 얻은 자입니다. 그는 강유가 군사를 거느리고 기산에 있다는 소식을 듣고는 황호를 달래 후주에게 아뢰도록 했습니다.

"강유는 여러 번 싸웠으나 세운 공이 없습니다. 염우에게 대신하라고 명하소서."

후주는 황호의 말에 따라 조칙을 내렸습니다. 기산에서 위군을 공격하고 있던 강유는 하루에 세 차례나 조칙이 내려오자 군사를 물리지 않을 수 없었습니다. 강유는 성도로 와서 후주를 만나려 했지만 열흘이나 뵐 수가 없었습니다. 비서랑 각정을 만나 물었습니다. 각정이 웃으면서 말했습니다.

"대장군! 어째서 아직도 모르시오? 황호가 염우에게 공을 세우게 하려고 조정에 아뢰어 장군께서 돌아오도록 조칙을 내린 것이오. 그러다가 이제는 등애가 용병을 잘한다는 소문을 듣고는 그 일도 중단되었다고 합니다."

강유는 후주를 만나 눈물로 주청했습니다. 환관 황호도 처단할 것을 아뢰었습니다. 후주는 황호를 불러 강유에게 빌라고만 할 뿐 죄를 줄 생각은 없었습니다. 강유는 분을 억누르며 물러나 각정을 만났습니다. 각정은 강유에게 화를 피하여 답중에 주둔하라고 조언했습니다. 강유는 즉시 후주의 재가를 받아 한중의 군사들을 분산 배치하고 자신은 8만 명의 군사를 이끌고 답중으로 들어갔습니다.

강유가 답중으로 물러나 군사를 둔치며 장기전에 돌입하자 등애가 염탐꾼을 보내 지형을 살피게 했습니다. 강유는 길가에 40여 개의 영채를 잇대어 세웠는데

托屯
維姜
禍避
乙酉春蔡雄
畵
㬢

답중으로 몸을 피해 농사짓는
강유의 군사들

마치 긴 뱀 모양을 하고 있었습니다. 등애가 이러한 내용을 사마소에게 알렸습니다. 사마소가 크게 노해 강유를 섬멸해서 걱정거리를 없애야겠다고 했습니다. 사마소는 종회를 불러서 동오를 치려는데 출군하겠느냐고 물었습니다. 이에 종회가 사마소의 본뜻이 촉에 있는 것이라고 하자, 사마소는 크게 웃으며 즉시 종회를 진서장군(鎭西將軍)으로 삼아 관중의 인마를 총괄토록 했습니다. 등애는 정서장군(征西將軍)에 임명했습니다. 사마소는 조정회의를 소집하여 서촉을 평정하기 위한 방책을 말했습니다.

"내가 오와 촉을 무찌르려고 생각한 지 이미 오래요. 이제 먼저 서촉을 평정하고 이어서 장강을 따라 수륙(水陸)으로 진격해 동오를 병탄하겠소. 내 생각에 서촉의 장병들은 성도에 8~9만 명, 국경에 4~5만 명, 둔전을 하는 강유의 군사도 6~7만 명에 불과할 것이오. 이미 등애에게 관외와 농우의 군사 10만여 명을 이끌고 강유가 있는 답중을 묶어두라고 하였으며, 종회에게는 관중의 정예병 20~30만 명을 이끌고 곧장 낙곡으로 들어가 세 갈래로 한중을 기습하라고 하였소. 촉주 유선은 아둔한 까닭에 밖으로 국경 지방이 무너지고 안으로 백성들이 놀라 웅성거리면 틀림없이 항복할 것이오."

종회는 작전 누설을 방지하기 위해 오를 친다는 명분으로 오를 움직이지 못하게 하고 1년 안에 촉을 무찌를 전략을 세웠습니다. 사마소는 종회의 출정을 성밖 10리까지 나가 전송했습니다. 서조연(西曹掾) 소제가 은밀히 말했습니다.

"지금 주공께서는 종회에게 10만 명의 군사를 이끌고 촉을 치라고 하셨는데, 제 생각에 종회는 뜻이 크고 마음이 높아 전권을 쥐게 해서는 안 될 것입니다."
"내 어찌 그것을 모르겠느냐?"
"그런데 어째서 다른 사람과 나누어 맡기지 않으십니까?"

사마소가 소제를 바라보며 빙긋이 웃었습니다. 과연 사마소는 소제에게 무슨 말을 했을까요?

한중이 무너졌건만
후주는 환락만 일삼다

사마소가 궁금해하는 소제에게 말했습니다.

"모두가 촉을 공격하는 것에 반대하는데 종회만이 겁을 내지 않고 있다. 그러므로 그가 가야만 촉을 무너뜨릴 수 있을 것이다. 전쟁이 끝나면 모두가 고향으로 돌아갈 생각에 종회를 따라 반역하려고 하지 않을 테니 염려할 것이 못 된다."

종회의 출병을 전송하던 대신들 중에 오직 상국참군(相國參軍) 유실만이 말없이 빙그레 웃었습니다. 이 모습을 본 태위(太尉) 왕상이 그의 손을 잡으며 물었습니다.

"두 사람이 이번에 가서 촉을 평정할 수 있겠소?"

"틀림없이 촉을 정벌할 것입니다만 아마도 두 사람은 모두 돌아오지는 못할 것입니다."

"왜 그렇소이까?"

"글쎄요. 허허허……."

한편 등애는 촉을 치라는 조칙을 받고 군마 점검을 마쳤습니다. 밤에 이상한 꿈을 꾸었습니다. 높은 산에 올라가 한중을 바라보고 있는데 갑자기 발밑에서 샘물이 펑펑 솟아오르는 꿈이었습니다. 등애는 아침이 되자 주역에 밝은 진로호군(珍虜護軍) 소완을 불러 해몽을 부탁했습니다. 소완이 대답했습니다.

"주역에 이르길, 산 위에 수(水)가 있는 것을 건(蹇)이라 하는데, 건괘는 서남쪽이 유리하고 동북쪽은 불리합니다. 장군께서 이번에 가시면 반드시 촉을 멸망시킬 것입니다. 그러나 안타깝게도 일이 순조롭지 못하여 돌아오시기는 힘들 것입니다."

등애는 소완의 해몽을 듣고는 정색을 하며 언짢아했습니다. 이때 종회의 격문이 도착했습니다. 강유를 답중에 묶어두면 한중으로 집합하겠다는 내용이었습니다. 등애는 즉시 답중으로 향했습니다.

강유도 이 사실을 알고 급히 후주 유선에게 표를 올려 장익과 요화에게 양평관(陽平關)과 음평교두(陰平橋頭)를 지키도록 요청했습니다. 아울러 동오에 사자를 보내 구원을 청할 것도 잊지 않았습니다. 하지만 후주는 날마다 환관 황호와 궁중에서 놀이나 즐겼습니다. 후주는 강유의 표가 도착하자 황호를 불러 물었습니다. 그러자 황호가 말했습니다.

"강유가 공명을 세우고 싶어서 이런 표를 올린 것입니다. 폐하! 마음놓으시고 조금도 의심하거나 불안해하지 마소서. 신이 듣자니 성안에 신을 모시는 무녀가 있는데 아주 영험하여 앞날의 길흉을 꿰뚫어 본다고 합니다. 불러다 물어보소서."

"나는 바로 서천의 토지신이다. 폐하는 마음 편히 태평을 즐기면서 무엇 하러 다른 일은 걱정하시오? 몇 년 뒤에는 위나라 강토가 폐하 것이 될 테니 아무 걱정 마시오."

▲ 신료들의 배웅을 받으며 촉 정벌을 떠나는 종회

후주는 이제 더 이상 강유의 말을 듣지 않
았습니다. 매일 궁중에서 주연을 벌이며 환락
으로 날을 지새웠습니다.

한편 종회는 허저의 아들 허의를 선봉으로
삼아 남정관(南鄭關)을 빼앗았습니다. 이 과정에
서 하마터면 다리에 빠져 죽을 뻔했습니다. 그
러자 선봉 역할을 제대로 하지 못한 허의를 참
수했습니다. 그리고 곧장 낙성(樂城)을 공격했습
니다. 낙성은 부첨과 장서가 지켰습니다. 그런데
부첨이 종회와 싸우러 나온 사이에 장서가 항복

▲ 종회의 반역을 예견한 사마소

하여 성을 빼앗겼습니다. 부첨은 피투성이가 되도록 싸우다 힘에 부치자 스스로
자결했습니다.

어느 날 충직한 분노 터뜨리니	一日抒忠憤
천추에 의로운 이름되어 추앙받네.	千秋仰義名
차라리 부첨처럼 죽을지언정	寧爲傳僉死
장서같이 살아서는 아니 될 일이네.	不作蔣舒生

종회는 양평관을 점령하고 득의양양(得意揚揚)했습니다. 그런데 양평관을 얻고
도 매일 기병에 쫓기고 혼나는 일이 벌어졌습니다. 부근 정군산(定軍山)에 제갈무
후의 묘가 있다는 것을 알고는 지극한 정성으로 제사를 올렸습니다. 그러자 하
늘이 맑아지고 바람도 그쳤습니다. 꿈속에 제갈량이 나타나 백성들을 보호하라
고까지 알려주었습니다.

종회는 보국안민(輔國安民)이라고 쓴 깃발을 앞세우고 단 한 사람의 백성도 죽
이지 못하도록 했습니다. 이리하여 한중의 백성들이 모두 성을 나와 환영했습니다.

수만의 신병들이 정군산을 에워싸니	數萬陰兵繞定軍
종회가 제갈 신께 엎드려 제사지냈네.	致令鐘會拜靈神
살아서는 계책으로 유씨를 돕더니만	生能決策扶劉氏
죽어서도 유언으로 촉 백성 보호하네.	死尙遺言保蜀民

강유는 위군이 크게 쳐들어오자 이를 막아내기에 동분서주했습니다. 하지만 등애의 포위 전략을 쉽게 뚫을 수 없었습니다. 죽을 고비를 넘기며 간신히 교두 곡을 뚫고 나아갔습니다. 이때 기다리던 장익과 요화가 군사를 이끌고 왔습니다. 강유는 요화의 말을 따라 검각(劍閣)으로 물러나 전열을 정비하기로 했습니다. 검 각은 안전한지 걱정입니다. 모종강은 등애와 종회가 촉을 멸망시키려는 과정에서 다음과 같이 평했습니다.

'위가 촉을 친 적이 꼭 두 번 있었다. 첫 번째는 조예가 세 갈래로 군사를 움직 였다가 싸우지도 못하고 제풀에 물러갔고, 두 번째는 진창으로 군사를 진군시켰다 가 장마를 만나 군사를 이끌고 돌아간 것이 그것이다. 이로 볼 때, 하늘은 위가 촉을 멸망시키게 하고 싶지 않은 것이 분명하다. 하늘은 한나라를 부흥시키려고도 하지 않고, 또한 위가 한나라를 멸망시키게 하고 싶지 도 않은 것이다. 그래서 진에게 멸망시키게 한 것이니 그나마 유감이 없다 하겠다.'

↑ 촉을 지키려고 동분서주한 강유

성도를 압박하는 등애, 부랴부랴 제갈첨을 부르는 후주

강유가 장익, 요화와 함께 답중을 버리고 검각으로 물러날 때, 검각은 다행히 보국대장군(輔國大將軍) 동궐이 지키고 있었습니다. 강유는 검각을 지키면서 기회를 엿보기로 했습니다. 이때 위군의 제갈서가 군사를 이끌고 왔습니다. 화가 난 강유는 5천 명의 군사를 이끌고 돌격했습니다. 제갈서는 크게 패하고 몇십 리를 후퇴했습니다. 종회가 검각 인근에 영채를 세우자 제갈서가 죄를 빌었습니다. 종회는 크게 노해서 명령을 어긴 자는 등애라 해도 용서할 수 없다면서 제갈서를 끌어내어 참수토록 했습니다. 감군 위관이 간곡히 말려서 죽음은 모면했지만, 사마소가 처결하도록 함거에 실어 낙양으로 보냈습니다. 이 사실을 안 등애는 10여기를 이끌고 종회를 만났습니다. 종회는 수백 명의 무사를 도열시켰습니다. 불안감을 느낀 등애가 말로 찔러 보았습니다.

鄧士載偷度陰平乙酉春蕭雄畫於滬上

← 담요를 감싸고 벼랑을 굴려 내리는 등애

"장군! 한중은 조정을 위해 더없이 중요한 곳이오. 계책을 정해 빨리 검각을 함락하시오."

"장군이 보시기에 어떻소이까?"

"무능한 제가 어찌 알겠습니까?"

"장군도 생각이 있을 터이니 듣고 싶소이다."

"내 생각에 한 무리의 군사를 이끌고 음평의 소로를 따라 덕양정으로 나가 기병(奇兵)을 써서 곧장 성도로 향하면 강유는 군사를 철수하여 구하러 올 것이오. 장군은 이때 검각을 공격하면 완승을 거둘 수 있으리다."

"장군의 계책은 매우 훌륭하오. 즉시 군사를 이끌고 가시오. 나는 승전보를 기다리겠소이다."

종회는 등애와 헤어진 후 그를 보잘것없는 사람으로 평했습니다. 뭇 사람들이 그 까닭을 묻자 음평 소로는 모두 고산준령이므로 진군하다가는 굶어 죽게 될 것이라고 여겼습니다. 등애는 영채로 돌아와 종회가 자신의 계책을 신통찮게 여긴 것을 보고는 기어코 성공시키겠다고 다짐했습니다. 그 밤으로 이동명령을 내려 음평 소로를 향해 진군하여 검각으로부터 7백 리 떨어진 곳에 영채를 세웠습니다. 종회는 등애가 공격하러 떠났다는 보고를 받고는 등애를 바보라고 비웃었습니다.

등애는 5천 명의 정예병에게 갑옷 대신 도끼와 정 등 연장을 갖추도록 하여 산을 파서 길을 뚫고 교각을 설치하며 진군했습니다. 깎아지른 골짜기를 20여 일 동안 7백여 리를 갔지만 모두가 무인지경(無人之境)이었습니다. 드디어 마천령 고개에 이르렀습니다. 절벽이 너무 험하여 군사들이 울기만 했습니다. 등애가 군사들을 다독였습니다.

"우리는 이미 7백여 리나 와서 마침내 이곳에 이르렀다. 이곳만 지나면 바로 강유(江油)다. 어찌 다시 물러설 수 있겠느냐? 호랑이굴로 들어가지 않고는 호랑이 새끼를 잡을 수 없다. 나와 너희들이 이곳까지 왔으니 만일 공을 이룬다면 부귀도 함께 누릴 것이다."

"장군의 명령을 따르겠습니다!"

등애는 무기를 밑으로 던지고 담요로 몸을 감싸고 산비탈을 굴러 내려갔습니다. 장수와 군사들도 모두 담요와 밧줄로 몸을 감싸고 굴러 내려갔습니다. 군사들이 무기를 정돈하고 행군하려 할 때 길가에 석비가 보였습니다. 그곳에는 다음과 같이 쓰여 있었습니다.

'이화초흥(二火初興)에 이곳을 넘는 사람이 있을 것이다. 이사(二士)가 다투다가 오래지 않아 죽는다. 승상 제갈무후가 쓰다.'

등애는 크게 놀라 황망히 석비에 두 번 절하고 신인(神人)을 스승으로 섬기지 못한 것을 안타깝게 여겼습니다.

음평의 험한 고개 하늘에 잇닿아서	陰平峻嶺與天齊
검은 학도 배회하며 날기를 주저하는데	玄鶴徘徊尚怯飛
등애가 담요로 몸 감고 이곳으로 내려와 보니	鄧艾裹氈從此下
그 누가 알았으랴, 제갈량이 이미 예견한 것을.	誰知諸葛有先幾

등애는 음평을 빠져나와 강유관으로 향했습니다. 양식도 떨어져 죽기 살기로 싸울 결심이었습니다. 모종강은 등애가 온몸을 날려 음평 소로를 빠져나온 것을 두고 그의 공을 다음과 같이 칭찬했습니다.

'위험한 곳으로 들어갔다가 빠져나온 예는 있다. 유비가 단계를 건너뛰고, 후주가 당양에서 벗어나고, 손권이 소요진에서 도망치고, 조조가 복양성에서 패하여 동관으로 달아나고, 사마의가 상방곡에서 달아난 것 등이 모두 이것이다. 그러나 이것들은 특이한 사건에서 비롯된 위험이었을 뿐 지역으로 인한 위험은 아니었다. 가장 위험한 계책을 세우고 가장 위험한 지역을 지나며 가장 위험한 화를 무릅쓰고 가장 위험한 공을 세운 것으로 말하면 등애처럼 밧줄을 묶어 절벽에 매달리거나 담요를 감싼 채 굴러 내리고 도끼와 정으로 7백 리 무인지경에 길을 뚫고 행군한 사람은 없을 것이다. 종회는 등애의 계략이 위험하기 그지없다고 생각했다. 그러나 등애는 스스로 그 위험을 극복하고 마침내 성공했다. 역시 모두 하늘의 뜻일 뿐 사람의 힘으로 보기는 어려운 것이다.'

한편 강유성(江油城)을 지키는 촉의 장수 마막은 여기저기서 들려오는 전황을 들으면서도 태연자약했습니다. 아내 이씨가 궁금하여 물었습니다.

"듣자니 국경의 상황이 매우 급박하다고 하던데 장군은 어찌하여 조금도 걱정하는 빛이 없습니까?"
"국가대사는 강유가 알아서 할 터인데 나 같은 사람이 무슨 상관이오?"
"그렇더라도 장군이 지키는 성마저 방비하지 않으면 안 됩니다."
"천자가 황호의 말만 믿고 주색에 빠져 있으니 내 짐작에 화가 멀지 않았소. 만일 위군이 쳐들어온다면 항복하는 것이 상책이오. 걱정할 필요가 뭐 있소?"
"당신은 사내가 되어서 불충불의한 마음을 품으면서 뻔뻔스럽게 국가의 작록을 받았다는 말이오? 내가 무슨 낯으로 당신 같은 더러운 인간을 다시 보겠소. 에잇 퉷!"

결국 마막은 등애군이 강유관으로 쳐들어오자 허둥지둥 나와 항복했습니다. 마막의 부인 이씨는 스스로 목을 매어 자결했습니다. 등애가 그 사연을 알고는 후하게 장사지내고 직접 제사를 드렸습니다. 등애군도 모두 이씨를 추모했습니다.

유선이 혼미하여 촉 사직 무너뜨리려고	後主昏迷漢祚顚
하늘은 등애가 서천을 취하게 하였네.	天差鄧艾取西川
가련하도다, 파촉에 명장들 많다 하지만	可憐巴蜀多名將
강유성의 이씨 부인에 미칠 자 없네.	不及江油李氏賢

등애는 곧장 부성으로 진군했습니다. 부성의 관리와 군사도 모두 항복했습니다.

후주가 이 소식을 듣고 황호를 부르자 황호는 모두 거짓말이라며 무녀를 불러 다시 물어보려고 하였습니다. 그런데 무녀도 달아나버려 찾을 길이 없었습니다. 계속해서 위급을 알리는 표문이 후주에게 날아왔습니다. 후주가 조회를 열고 계책을 논의했지만 눈치만 살필 뿐 말하는 사람이 없었습니다. 고작 각정이 제갈량의 아들을 불러 계책을 의논하라고 한 것이 전부였습니다.

↑ 제갈량의 아들 제갈첨

제갈첨은 세 번의 조칙을 받고서야 어전(御殿)으로 나왔습니다. 제갈첨은 성도의 병사 7만 명을 이끌고 아들 제갈상을 선봉으로 삼아 면죽(綿竹)을 지켰습니다. 두 번의 전투에서 제갈첨이 대승을 거두자 등애는 기병(奇兵)을 써서 공격했습니다. 결국 제갈첨과 제갈상 부자는 진중에서 싸우다 장렬하게 전사했습니다. 등애는 부자의 충직함을 가엾게 생각하여 합장해주었습니다.

충신의 지략이 모자라서가 아니라	不是忠臣獨少謀
하늘이 뜻이 있어 촉한을 망하게 하네.	蒼天有意絶炎劉
그 당시 제갈량은 훌륭한 자손 두었으니	當年諸葛留嘉胤
굳센 절의 참으로 무후를 이을 만하도다.	節義眞堪繼武侯

면죽도 등애의 손아귀에 들어가고 말았으니 코앞에 있는 성도 입성은 이제 식은 죽 먹기가 되었습니다.

諸葛瞻戰死綿竹乙酉年春 景雄畫

등애군에게 패배하자
자결하는 제갈첨

후주는 항복하고
강유는 부활을 노리다

후주는 등애가 면죽을 함락시킨 것을 알고는 깜짝 놀라 어찌할 바를 몰랐습니다. 위군이 곧 들이닥칠 것이라는 순찰병의 보고가 왔습니다. 신하들은 성도를 버리고 남쪽으로 달아날 것을 청했습니다. 그러자 광록대부 초주가 항복할 것을 권했습니다.

"옛날부터 남의 나라에 들어가서 천자노릇을 한 사람은 없습니다. 신이 생각건대 위는 오를 병탄할 수 있지만 오는 위를 병탄할 수 없습니다. 오에 귀순하지 마시고 위에 항복하는 것이 낫습니다. 폐하! 통촉하시기 바랍니다."

후주는 결정을 못 내렸습니다. 신하들도 의견만 분분할 뿐 결론을 내지 못했습니다. 초주는 일이 급하게 된 것을 보고는 다시 상소했습니다.

후주가 초주의 말을 따라 항복하러 가려고 할 때, 다섯째 아들인 북지왕(北地王) 유심이 소리쳤습니다.

"구차하게 살려는 이 썩어빠진 선비 놈아! 어찌 사직에 관한 중대한 일을 터무니없는 말만 늘어놓느냐? 어디에 항복하는 천자가 있다더냐?"

"지금 대신들이 모두 항복해야 한다고 건의하는데 너는 혼자서 혈기와 용기만 믿고 온 성을 피로 물들이겠다는 것이냐?"

"지난날 선제께서 살아계실 때 초주가 국정에 간여할 수 있었습니까? 이제 주제넘게 국가대사를 논하면서 입을 열면 허튼소리만 늘어놓으니 매우 잘못된 것입니다. 성도에는 아직 수만 명의 군사가 있고, 강유의 군사도 모두 검각에 있습니다. 그가 반드시 구원하러 올 것이니 안팎에서 공략하면 큰 승리를 거둘 수 있습니다. 어찌 썩어빠진 선비의 말만 듣고 가벼이 선제의 기업을 내주려고 하십니까?"

"너 같은 어린 것이 어찌 천시(天時)를 알겠느냐?"

후주는 유심의 말을 듣지 않았습니다. 초주에게 항서(降書)를 지으라고 하고 사서시중(私署侍中) 장소, 부마도위(駙馬都尉) 등량과 함께 옥새를 가지고 낙성(雒城)에 있는 등애에게 가서 항복을 청하도록 했습니다. 등애는 대단히 기뻐하며 옥새를 받아들이고 그들을 융숭하게 대접했습니다. 북지왕 유심은 노기가 하늘 끝까지 치솟았습니다. 아내 최씨가 물었습니다.

"위군이 가까이 오고 있소. 부왕께서는 이미 항서를 보내고 내일은 신하와 나가서 항복을 한다 하오. 사직은 이제 망하였소. 나는 남에게 무릎을 꿇기 전에 먼저 죽어 지하로 가서 떳떳이 선제를 뵙고 싶소."

"참으로 장하십니다. 돌아가실 자리를 찾으셨습니다. 이제 소첩이 먼저 죽은 다음 왕께서 돌아가셔도 늦지 않을 것입니다."

말을 마친 부인이 기둥에 머리를 받고 죽었습니다. 유심은 즉시 세 아들을 죽이고 자신도 한바탕 피눈물을 흘리고 이내 자결했습니다.

등애군에게 항복하는
후주와 신하들

乙酉春
英雄

임금과 신하가 모두 항복하려 하는데	君臣甘屈膝
왕자 한 사람 홀로 비통함에 젖었네.	一子獨悲傷
촉한의 역사는 이제 끝장났는데	去矣西川事
장하고 당당하구나, 북지왕이여!	雄哉北地王
한 몸 바쳐 조부에게 보답하려고	捐身酬烈祖
머리 자르고 하늘에 통곡하였네.	搔首泣穹蒼
늠름한 인품은 아직도 살아있는데	凜凜人如在
그 누가 한나라를 망했다고 하는가.	誰云漢已亡

다음 날, 후주는 등애에게 항복했습니다. 등애는 후주를 표기장군(驃騎將軍)으로 삼고 백성들을 안심시키는 한편, 강유에게는 귀순하라고 달랬습니다. 낙양으로 첩보도 띄웠습니다. 강유는 후주가 항복했다는 소식을 듣고는 칼을 뽑아 바윗돌을 내리치며 분통해했습니다. 군사들의 울부짖는 소리가 천지를 진동했습니다. 강유는 군사들을 어루만지며 말했습니다.

"여러분, 걱정 마시오. 나에게 한나라를 회복시킬 한 가지 계책이 있소."

강유는 검각에 백기를 꽂고 종회의 영채로 사람을 보내 항복하기로 했습니다. 종회는 매우 기뻐하며 강유를 맞았습니다. 강유가 종회를 치켜세우며 눈물을 떨구자 종회는 화살을 꺾으며 맹세하고 강유와 의형제를 맺었습니다. 강유는 속으로 기뻤습니다.

한편 등애는 서촉에서 연회를 열며 사마소에게 편지를 보냈는데, 그 내용은 유선을 부풍왕(扶風王)에 봉하여 은총을 내리도록 하라는 것이었습니다. 사마소는 등애가 제멋대로 하려는 것이라고 의심했습니다. 그래서 후한 상을 내리는 한편 감군(監軍) 위관으로 하여금 편지를 전달하도록 했습니다. 위관이 등애에게 전달한

편지의 내용은 진언할 일은 꼭 조정에 아뢰어 허락을 기다리도록 하고 멋대로 이행해서는 안 된다는 것이었습니다. 이를 본 등애가 말했습니다.

"장수가 전장에 나와 있을 때에는 임금의 명령도 안 받을 수 있다고 하였다. 나는 이미 조칙을 받들고 정벌에 전념하고 있는데 어째서 못 하게 막느냐?"

등애는 즉시 답장을 써서 위관에게 주었습니다. 사마소가 답장을 보고는 등애가 교만해져서 멋대로 일을 처리하려 하고 있다고 여겼습니다. 이에 가충이 종회를 이용해 등애를 제압하는 의견을 냈습니다. 사마소는 즉시 가충의 의견을 따라 종회에게 봉작을 내리고 등애를 제압하도록 했습니다. 종회가 강유를 청해 계책을 협의했습니다. 강유는 때가 왔음을 알고 등애를 비하하고 종회를 추켜세웠습니다. 종회가 강유의 말을 좋게 여기자 좌우를 물리치고 지도를 주면서 은밀하게 말했습니다.

"옛날 무후께서는 초려에서 나오실 때 이 지도를 선제께 드리면서 '익주는 기름진 들판이 1천여 리에 백성도 여유 있고 나라도 부유해서 패업(霸業)을 이룰 만하다'고 말씀하셨소. 선제는 그래서 성도에서 창업을 하셨소. 지금 등애가 그곳으로 갔으니 어찌 이에 미치지 않을 수 있겠소?"

"어떤 방법으로 등애를 제거해야겠소?"

"진공(晉公)이 의심하며 꺼리고 있으니 이때 서둘러 등애가 모반을 하려한다는 표를 올리시오. 진공은 즉시 장군에게 토벌하라고 할 테니 일거에 사로잡을 수 있으리다."

종회는 강유의 말을 따라 등애가 모반을 꾀한다는 표를 낙양으로 올렸습니다. 또한 중도에 등애의 표를 가로채 글씨체를 모방하여

↑ 억울하게 죽은 등애

오만한 말로 내용을 바꿔 보냈습니다. 사마소는 종회에게 등애를 잡으라고 이르고 가충에게는 별도로 3만 명의 군사를 이끌고 야곡으로 가라고 보냈습니다. 자신도 조환과 함께 친정에 나섰습니다. 서조연 소제가 간했습니다.

"종회의 군사가 등애의 군사보다 여섯 배는 많습니다. 종회에게 등애를 잡아들이라고 하시면 족한데 무엇 때문에 명공께서 직접 가십니까?"
"자네 지난날 한 말을 잊었던가? 종회가 뒤에는 반드시 모반을 할 것이라고 자네가 말했었네. 내가 이번에 가는 바로 종회 때문일세."
"명공께서 잊으셨을까봐 일부러 여쭤본 것입니다. 이제 그렇게 하실 생각이면 절대 비밀로 하소서. 누설되면 안 됩니다."

사마소는 소제의 말을 옳게 여겼습니다. 대군을 거느리고 출발할 때 가충도 종회가 변을 일으키지 않을까 의심되어 사마소에게 은밀히 고했습니다. 그러자 사마소가 시침을 떼며 말했습니다.

"만일 자네를 보냈다면 나는 자네도 의심해야겠는가? 일단 장안(長安)으로 가보면 자연히 알게 될 것일세."

모종강은 사마소가 심복 가충에게도 속내를 밝히지 않은 이 부분을 다음과 같이 평했습니다.

'사마소는 종회가 모반할 것이라고 짐작했지만 등애가 모반할 줄은 몰랐다. 짐작하지 못한 사람까지 변을 일으키는데 어떻게 짐작하고 있는 사람을 은밀히 대비하지 않겠는가? 그렇기 때문에 종회에게 등애를 제압하라고 이르고 즉시 자신이 종회를 대응하려고 한 것이다. 그러면서 종회가 눈치챌까봐 철저히 숨기고 비밀로 하며 가충 같은 심복에게도 속마음을 보이지 않았다.

▲ 등애를 모반죄로 몰아넣은 종회

사마소의 간웅(奸雄)됨이 또한 조조에 뒤지지 않는다. 종회는 촉을 칠 때 오를 치려는 것처럼 하더니, 사마소 역시 종회를 잡으려고 하면서 등애를 잡으려는 것처럼 한다. 그 사람을 다스리는 데 있어서 그가 한 방법대로 하고 있으니, 뿌린대로 거둔다는 말이 종회를 두고 한 말인 것이다.'

이곳에서 희희낙락하여
서촉은 잊었습니다

종회가 강유에게 등애를 체포할 계책을 물었습니다. 강유는 우선 감군 위관을 시켜 등애를 체포하라고 했습니다. 만일 위관을 죽이려고 하면 모반이 확실하니 즉시 토벌하면 될 것이라고 했습니다.

종회는 기뻐하며 위관에게 등애를 체포하도록 했습니다. 위관은 종회의 생각을 간파하고 먼저 20~30통의 격문을 띄웠습니다.

'조칙을 받들어 등애를 체포한다. 그밖에는 누구도 죄를 묻지 않겠다. 이제 빨리 귀순하면 벼슬을 올려 주거나 상을 주겠지만 감히 맞서는 자가 있다면 삼족을 멸하겠다.'

위관이 밤중에 함거(檻車)를 준비하여 새벽녘에 도착하자 등애의 부하장수들은 모두 투항했습니다. 위관은 즉시 등애 부자를 체포했습니다. 곧이어 종회와 강유가 도착했습니다. 종회가 강유에게 속마음을 털어놨습니다.

"나는 오늘에야 비로소 내가 바라던 것을 잡게 되었소."

"옛날에 한신은 괴통의 말을 듣지 않았기에 미앙궁(未央宮)에서 화를 당했고, 문종은 범려를 따라 오호(五湖)로 가지 않았기 때문에 마침내 칼을 물고 엎어져 죽었소. 이 두 사람이 세운 공명이 어찌 빛나지 않았겠소만, 세상 물정에 어두워 일찌감치 그 기미를 깨닫지 못한 탓이오. 지금 공은 이미 큰 공을 이루어 위엄이 주인을 떨게 하고 있으니 족배에 몸을 싣고 종적을 감추든가, 아미산으로 올라가서 적송자(赤松子)를 따라 노니는 것이 어떻겠소?"

"그대의 말이 틀렸소. 내 나이 아직 마흔도 안 되었는데 바야흐로 진취적인 생각을 해야지 어찌 그런 퇴보적인 일을 본받을 수 있겠소?"

"만약 그렇다면 빨리 좋은 계책을 세워야 할 것이오. 그것은 명공의 지혜와 힘만으로도 할 수 있는 일이니, 노부(老夫)의 말까지 들어볼 필요는 없소."

"강유는 내 마음을 알고 계시는구려."

↑ 마지막까지 촉의 부활을 노린 강유

강유는 종회가 본색을 드러내며 일을 꾸미려 하자, 회심의 미소를 지으며 은밀히 후주에게 편지를 보냈습니다.

'바라오니 폐하께서는 며칠만 더 치욕을 참으소서. 소인이 위태로운 사직을 다시 안정시키고 어두워진 해와 달을 다시 밝히어 기필코 한나라를 망하지 않게 하겠습니다.'

종회가 강유와 모반을 협의하고 있을 때 사마소의 편지가 도착했습니다. 종회는 깜짝 놀랐습니다.

"나의 군사는 등애보다 몇 배는 많다. 만일 나

에게 등애만 잡으라는 것이라면 진공(晉公)은 내가 충분히 해낼 줄 알 것이다. 그런데 지금 직접 군사를 이끌고 왔다면 이것은 나를 의심하는 것이다."

"임금이 신하를 의심하면 신하는 반드시 죽는 법이오. 등애가 어찌 그런 것이 아니겠소."

"내 뜻은 이미 결정되었소. 일이 이루어지면 천하를 얻을 것이고 이루어지지 않으면 서촉으로 물러날 것이니, 역시 유비만큼은 될 수 있지 않겠소."

"며칠 전 곽태후가 죽었다고 들었소. 태후께서 '사마소를 토벌하여 임금을 시해한 죄를 물으라'는 유조(遺詔)를 내렸다고 사칭하면 될 것이오. 명공 같은 재주라면 중원을 평정하고도 남을 것이오."

"장군이 선봉이 되어주어야겠소. 성공하면 함께 부귀를 누립시다."

"견마지로를 다하겠소만 여러 장수들이 말을 잘 따를지 걱정이오."

"내일이 정월 대보름이오. 고궁에 등불을 크게 벌여 놓고 모든 장수를 청하여 연회를 열어 알아보겠소. 따르지 않는 자는 모두 죽이겠소."

종회는 강유와 논의한 대로 장수들을 모아놓고 협박하며 궁중에 모두 가두어 놓았습니다. 강유가 모두 죽이는 것이 낫다고 하자 그러기로 약속했습니다. 그런데 종회의 심복 장수인 구건이 이 말을 듣고는 감군 위관에게 알려 군사를 이끌고 쳐들어오게 했습니다. 결국 종회는 갑자기 들이닥친 군사들의 화살을 맞고 죽었습니다. 강유도 싸우려 했지만 가슴의 통증이 심하여 싸울 수가 없었습니다. 천명(天命)을 한탄하며 스스로 자결했습니다.

어려서부터 총명함 알려지니	髫年稱早慧
일찍부터 비서랑이 되었네.	曾作秘書郎
기묘한 계략은 사마소가 찬탄하여	妙計傾司馬
그 당시 자방이라 불리기도 하였네.	當時號子房
수춘에선 많은 계책으로 보좌했고	壽春多贊畫
검각에선 특출한 용맹 보여주었네.	劍閣顯鷹揚

범려의 숨는 법을 배우지 못하여	不學陶朱隱
떠도는 혼만 고향 찾으며 슬퍼하네.	遊魂悲故鄕
천수에서 출중함 드날리고	天水誇英俊
양주에서 기이한 인재 나왔다 했네.	涼州産異才
혈통은 강태공 자손으로 태어나	系從尙父出
병법은 제갈무후에게 전수받았네.	術奉武侯來
담력이 커서 두려움 없었고	大膽應無懼
큰 뜻 못 이루면 돌아갈 맘 없었네.	雄心誓不回
성도에서 육신이 쓰러지던 날	成都身死日
한 장수로 못다 한 슬픔만 남았네.	漢將有餘哀

강유의 계책마저 실패로 끝나자 모종강은 이 부분에서 다음과 같은 평을 남겼습니다.

'강유는 위나라 장수를 모두 죽인 후 종회를 처단하고 다시 한나라 황제를 세우려고 하였다. 그 계책이 깊지 않다고 말할 수 없고, 그 마음이 고통스럽지 않았다고 할 수 없다. 우선 등애를 제거하려고 종회의 손을 빌리면서, 위관을 제거하려고 또 등애의 손을 빌리고자 하였다. 모든 장수를 모살하려고 한 것이 강유이고, 등애를 모살하려 한 것도 강유이다. 그런가 하면 종회를 모살하려 한 것도 강유이고, 위관을 모살하려 한 것 역시 강유이다. 그런데 종회는 죽었지만 장수들은 죽지 않았고, 등애는 죽었지만 위관은 죽지 않았다. 이는 천명이지 사람이 억지로 할 수 있는 일이 아니다.'

종회와 강유가 죽자 등애의 병사들이 밤을 도와 등애를 뒤쫓아 갔습니다. 이 사실을 안 위관은 등애가 풀려나면 자신의 목숨이 위태로울 것이라고 여겼습니다. 등애와 원수인 호군(護軍) 전속이 나섰습니다. 성도로 돌아오던 중인 등애는 무방비 상태에서 전속의 칼에 죽었습니다. 아들 등충도 저항하다가 죽었습니다.

어려서부터 계책에 뛰어났고	自幼能籌畫
꾀가 많아 용병술도 빼어났네.	多謀善用兵
내려다보면 지리를 알았고	凝眸知地理
우러러보면 천문을 알았네.	仰面識天文
말발굽 이르면 산허리가 잘리고	馬到山根斷
군사가 들이치면 돌길도 열렸네.	兵來石徑分
공을 이룬 채 몸이 죽으니	功成身被害
혼령은 한강을 구름으로 떠도네.	魂繞漢江雲

열흘이 지난 뒤 가충이 성도에 도착하여 방을 붙이고 민심을 안정시켰습니다. 후주를 낙양으로 옮기도록 하였는데 따르는 신하는 상서령(尚書令) 번건, 시중(侍中) 장소, 광록대부(光祿大夫) 초주, 비서랑(秘書郎) 각정 정도였습니다. 후주가 낙양에 도착하자 기다리고 있던 사마소가 꾸짖었습니다.

"공은 주색에 빠져 도리를 팽개쳤으며, 훌륭한 이를 내쫓고 실정을 일삼았으니 죽어 마땅하다."
"촉주가 나라의 기강을 잃기는 했지만 다행히 일찌감치 항복했으니 특별히 용서해 주시는 것이 좋겠습니다."

그래서 사마소는 유선을 안락공(安樂公)으로 봉하고 살 집을 마련해 주었습니다. 동행한 신하들도 모두 열후에 봉했습니다. 후주는 얼굴이 사색이 되었다가 반면에 화기가 돌았습니다. 환관 황호는 저자거리로 끌고나가 능지처참(陵遲處斬)을 하였습니다.

후주는 다음 날 사마소를 찾아가 감사의 절을 올렸습니다. 사마소가 연회를 베풀고 정중히 대접했습니다. 먼저 위나라 음악과 춤을 공연토록 했습니다. 촉의 관리들은 비애에 잠겼으나 후주는 기뻐하기만 했습니다. 사마소가 서촉 음악을 연주토록 했습니다. 촉의 관리들은 눈물을 떨궜으나 후주는 여전히 히히덕거리며

촉 생각도 잊고 가무를
즐기는 후주

劉阿斗樂不思蜀
乙酉年春蔡雄畫

웃기만 했습니다. 술이 거나해지자 사마소가 물었습니다.

"안락공! 서촉 생각이 몹시 나지 않소?"
"이곳에서 즐겁게 지내서 서촉 생각은 나지 않습니다."

각정이 후주의 말을 듣고 있다가 후주가 화장실을 가자 따라와서 말했습니다.

"폐하! 어째서 서촉 생각이 안 난다고 대답하셨습니까? 만약 다시 물으면 '선인의 산소가 모두 촉 땅에 있어서 서쪽을 바라보면 슬픈 생각에 하루도 생각나지 않는 날이 없습니다.'라고 울면서 대답하소서. 진공은 반드시 폐하를 촉으로 돌려보내 줄 것입니다."

후주는 단단히 기억하고 술자리로 돌아갔습니다. 잠시 후 사마소가 다시 물었습니다. 그러자 후주는 각정이 일러준 대로 대답했습니다. 그런데 아무리 울려고 해도 눈물이 나오지 않아서 눈만 꼭 감았습니다. 이를 본 사마소가 말했습니다.

"어째 각정이 시킨 말 같소이다."
"앗! 어찌 아셨습니까?"

사마소와 좌우의 대신들이 모두 껄껄 웃었습니다. 이런 자가 촉의 황제였으니 뛰어난 신하들이 보필한다고 해도 나라가 유지될 턱이 없습니다. 망하는 것이 오히려 천리(天理)에 합당한 일일 수밖에 없습니다.

↑ 현명한 무장 양호

천하는 다시 사마씨의 진나라로 통일되다

사마소가 촉을 병탄하자 신하들이 위주 조환에게 사마소의 지위를 높여 왕으로 삼아야 한다는 표를 올렸습니다. 종이호랑이에 불과한 조환은 사마소를 진왕(晉王)으로 삼았습니다. 사마의는 선왕(宣王), 사마사는 경왕(景王)이 되었습니다. 사마소는 아들 사마염을 세자로 삼았습니다.

어느 날 사마소가 음식을 먹으려다 중풍에 걸려 말을 못했습니다. 손가락으로 사마염을 가리키며 죽었습니다. 사마염이 진왕에 오르자 가충에게 물었습니다.

"조조가 일찍이 '만약 천명이 나에게 있다면 나는 주 문왕이 되겠다'고 했다던데 과연 그런 일이 있었소이까?"

"조조는 대대로 한나라 녹을 먹었으니 제위를 찬탈했다는 욕을 먹는 것이 두려워 이런 말을 했던 것입니다. 바로 조비를 천자로 삼으라고 가르친 것이었습니다."

"고(孤)의 부왕을 조조에 비기면 어떻겠는가?"

"어찌 조조에 비길 수가 있겠습니까?"

"조비 같은 사람도 한나라 대통을 이어받았는데, 내가 어찌 위나라 대통을 이어받을 수 없겠는가?"

"전하! 바로 조비가 한나라를 이어받던 고사를 본받아 수선대(受禪臺)를 쌓으시고 천하에 널리 알린 후, 대위(大位)에 오르소서."

사마염은 대단히 기뻤습니다. 다음 날 사마염은 칼을 차고 궁으로 들어갔습니다. 조환이 용상(龍床)에서 내려와 맞이했습니다. 사마염이 조환에게 말했습니다.

"내가 보기에 폐하께서는 도를 논할 만한 학문도 없고, 나라를 경영할 만한 무술도 없으면서 어째서 재주 있고 덕망 있는 사람에게 양보하지 않으십니까?"

"……."

"진왕의 말씀이 잘못되었소이다. 지난날 조조 황제께서 동쪽을 소탕하고 서쪽을 쓸어내며 남쪽을 치고 북쪽을 토벌하는 등 이 천하를 쉽게 얻은 것이 아니요. 더구나 지금 천자께서는 덕이 있으시고 죄가 없는데 어째서 양보하라는 것입니까?"

황문시랑(黃門侍郎) 장절이 큰소리로 꾸짖자 사마염은 크게 노하여 그를 전각 밑으로 끌어내어 문둥이로 때려죽였습니다. 조환은 눈물을 흘리며 꿇어앉아 용서를 빌었습니다. 가충이 조환에게 선위하는 것이 걱정 없이 사는 길이라고 달랬습니다. 결국 조환은 사마염에게 옥새를 바쳤습니다. 후세의 사람들이 한탄조로 읊었습니다.

진나라가 한 짓은 조비와 똑같았고	晋國規模如魏王
진류왕의 자취는 산양공과 닮았네.	陳留踪迹似山陽
수선대의 옛 전고를 되풀이하여 행하니	重行受禪臺前事
당시를 회고하매 아픔을 그칠 수 없네.	回首當年止自傷

조환은 진류왕이 되어 낙양을 떠났습니다. 사마염은 국호를 대진(大晉)으로 고쳤습니다. 사마씨의 진나라가 된 것입니다. 사마염은 황제가 되자 곧바로 조회를 열어 오를 정벌할 계책을 협의했습니다.

한편 오주 손휴는 사마염이 위나라를 빼앗자 곧 오를 칠 것을 알고 걱정하다 병이 들었습니다. 그도 사마소처럼 태자 손완을 가리키며 죽었습니다. 신하들은 태자 손완을 후계자로 삼으려고 했습니다. 그런데 좌전군(左典軍) 만욱과 좌장군(左將軍) 장포가 재주와 식견도 있고 명석한 손호를 세울 것을 주장했습니다. 결국 손호가 임금이 되었습니다. 그런데 제위에 오른 손호가 날로 흉포해지고 지나칠 정도로 주색에 빠졌습니다. 게다가 중상시(中常侍) 잠혼만을 총애했습니다. 하는 짓이 후주 유선에 비할 바가 아니었습니다. 이를 고칠 것을 간하는 복양흥과 장포를 죽이고 삼족을 멸하자 누구도 다시 주청하는 자가 없었습니다. 또한 대대적인 토목공사를 벌여 궁전을 짓도록 했습니다. 술사(術士) 상광을 불러 자신이 천하를 정복할 수 있는지 점을 쳐보라고 했습니다. 상광이 점괘를 말했습니다.

"폐하! 시초점을 쳤더니 길조(吉兆)가 나왔습니다. 경자년에 일산(日傘)을 받치고 낙양으로 들어갈 괘입니다."

손호는 기쁜 나머지 촉주 유선의 원수를 갚는다며 위를 공격하려고 했습니다. 중서승(中書丞) 화핵이 막았지만 소용없는 일이었습니다. 화핵은 멸망의 날을 한탄하며 산으로 들어가 나오지 않았습니다. 이 소식을 접한 사마염은 양호에게 양양(襄陽)을 지키며 오의 변화를 살피면서 기회를 노리도록 했습니다. 양호는 양양에서 민심을 얻으며 경계선을 넘지 않고 규율을 철저히 지키도록 했습니다. 오에서는 육항이 지키고 있었는데 양호의 규율이 엄함을 보고는 방비만 했습니다. 두 장군은 서로 간 신의를 지키며 본분을 다했습니다. 그런데 손호가 육항에게 위를 공격할 것을 명했습니다. 육항이 불가함을 알리자 손호는 크게 노하여 병권을

晉代魏依樣蘆
乙酉春 匯

▲ 조환에게 선위를 받는 사마염

↑ 위의 진남장군인 두예

빼앗고 강등시켰습니다. 좌장군 손기가 육항을 대신했습니다.

　양호는 손호의 포악함이 유선보다 더하여 이제 오를 칠 기회가 왔다고 표를 올렸습니다. 사마염이 군사를 일으키려고 하였으나 신하들의 반대로 취소했습니다. 양호가 사직하고 병으로 눕자 사마염이 병문안을 와서 후회했습니다. 양호가 눈물을 흘리며 두예를 추천했습니다. 사마염은 두예를 진남장군(鎭南將軍)으로 삼아 형주의 모든 군마를 총괄하도록 했습니다. 그 사이 오는 정봉과 육항이 죽고 손호는 매일 신하들과 잔치만 열었습니다. 두예가 표를 올리자 사마염은 전 군에게 오를 정벌토록 명령했습니다.

　오는 나라가 이미 피폐해져 싸울 여력도 없었습니다. 두예는 파죽지세로 공격하여 연전연승(連戰連勝)했습니다. 손호가 있는 석두성(石頭城)으로 진격했습니다. 결국 손호는 유선이 그리했던 것처럼 항복했습니다.

서진의 누선이 익주에서 내려가니	西晉樓船下益州
금릉 땅 왕기가 슬그머니 없어지네.	金陵王氣黯然收
천 길 쇠사슬 강바닥에 잠기니	千尋鐵鎖沈江底
한 조각 항복 깃발 석두성을 나오네.	一片降旗出石頭
인생 몇 번이나 흥망사에 슬퍼할까	人世幾回傷往事
산은 그대로 찬 물결 베고 있네.	山形依舊枕寒流
이제 천하가 한집안이 된 날인데	今逢四海爲家日
늦가을 옛 보루엔 갈대만이 쓸쓸하네.	古壘蕭蕭蘆荻秋

降孫皓三國歸晉

乙酉年春日茅雄畫

◀ 사마염에게 항복한 손호

손호는 낙양으로 와서 머리를 조아리며 진 황제인 사마염을 뵈었습니다. 황제가 자리에 앉으라며 말했습니다.

"짐은 이 자리를 마련하고 오랫동안 경을 기다려 왔소."
"신도 남쪽에서 똑같은 자리를 마련해 놓고 폐하를 기다렸습니다."

황제가 크게 웃었습니다. 이어 손호를 귀명후(歸命侯)로 봉하고, 그를 따라온 대신들도 열후에 봉했습니다. 이리하여 영웅호걸이 세운 삼국은 진(晉) 황제 사마염에 이르러 통일이 되었습니다. 모종강은 삼국이 진나라로 통일되는 이 부분에서 다음과 같이 평했습니다.

'반복되는 보복을 말하자면 끝이 없을 것이다. 유선과 손호가 여기서는 머리를 조아렸지만 뒤에 가서는 회제와 민제 역시 사로잡혀 머리를 조아렸고, 사마사와 사마소가 앞에서는 임금을 핍박했지만 뒤에 가서는 인제·공제가 역시 신하에게 모진 핍박을 받는다. 어찌 그뿐인가? 서진은 중원에서 건업(建業: 남경)을 합병했지만, 동진은 또한 건업에서 중원을 버렸다. 진주(晉主)는 사마씨로서 유씨를 멸망시켰지만, 송주(宋主)는 또한 유씨로서 사마씨의 나라를 빼앗았다.'

역사는 이처럼 돌고 도는 것인가요?

사마의, 조조와 유비를 능가하는
후흑(厚黑)의 대가

『삼국연의』 마지막 권의 책씻이로는 소설 속 사마의에 대하여 살펴보겠습니다. 사마의는 제갈량의 최대 경쟁자입니다. 그런데 언제나 제갈량의 지혜에는 미치지 못합니다. 제갈량이 한 수 위인 셈이지요. 이는 제갈량이 죽을 때까지 계속됩니다. 연의는 제갈량을 신과 같은 존재로 부각시켰습니다. 제갈량의 신출귀몰한 지략에 매번 쓴맛을 보는 자가 두 명 있습니다. 소설 초반에는 주유였고, 후반에는 사마의입니다. 하지만 제갈량의 경쟁자인 주유와 사마의는 조금 다르게 묘사됩니다. 초반의 주유는 제갈량에게 철저하게 농락당하고 피를 토하며 죽지만, 사마의는 농락당하더라도 제갈량의 북벌을 차단합니다.

사마의가 소설에 본격적으로 등장하는 것은 조조가 한중을 공격하여 장로를 무찔렀을 때입니다. 사마의는 조조에게 다음과 같이 아뢰었습니다.

"유비는 속임수와 힘으로 유장의 것을 빼앗았기 때문에 아직 촉 땅 사람들이 마음으로 복종하지 않고 있습니다. 이제 주공께서 한중을 얻으셨으니 익주는 동요하고 있을 것입니다. 속히 진격하면 반드시 무너질 상황에 있습니다. 지혜로운 사람은 시기를 잘 이용한다고 하였습니다. 기회를 잃으시면 안 됩니다."
"사마의의 말이 옳습니다. 만약 조금 늦춰 주었다가 치국에 밝은 제갈량이 승상이 되고, 삼군 중에 뛰어난 관우, 장비 등이 장수가 되어 촉의 백성들을 안정시키고 관애(關隘)를 지킨다면 범접할 수 없게 될 것입니다."

조조가 사마의의 말을 듣고 익주를 공격했다면 소설은 많은 부분이 바뀌었을 것입니다. 역사가 또한 그렇지 않았기에 지금의 소설이 나올 수 있었겠지요. 사마의는 제갈량의 적수가 못 되는 인물로 그려졌음에도 한편으로는 누구보다 천문과 병법에 뛰어난 인물로 묘사했습니다. 이는 사마의에서부터 시작된 사마씨가 위나라의 정권을 찬탈해 진(晉)나라를 세운 것을 염두에 두고 소설을 전개했기 때문이라고 생각됩니다. 사마의를 제갈량에 버금가는 고수로 만듦으로써 상대적으로 제갈량을 더욱 부각시키는 방법이지요. 연의에서 이러한 장면을 찾는다면 바로 제갈량의 공성계(空城計)를 들 수 있습니다.

제갈량이 1차 북벌을 하며 기산을 차지합니다. 그리고 마속에게 중요한 요충지인 가정을 지키게 했습니다. 하지만 마속이 엉뚱한 전략으로 가정을 잃자 제갈량은 형세의 위태로움을 깨닫고 즉각 철수명령을 내립니다. 제갈량이 철수작전을 지시하며 후퇴하려 할 때, 사마의가 승리의 기세를 타고 15만 명의 대군을 이끌고 제갈량이 있는 서성현으로 쳐들어왔습니다. 이때 제갈량에게는 2,500명의 병력밖에 남아 있지 않았습니다. 제갈량은 성문을 활짝 열어 놓고, 병사들을 주민으로 변장시켜 태연한 모습으로 거리를 청소하게 했습니다. 이 모습을 본 사마의는 제갈량이 복병을 숨겨놓은 것으로 의심하고 군대를 황급히 퇴각시켰습니다. 그러자 둘째 아들 사마소가 의아해했습니다.

▲ 제갈량의 호적수인 사마의

"제갈량이 군사가 없기 때문에 이런

작태를 부리는 것이 아니겠습니까? 아버님께서는 어째서 곧바로 군사를 물리십니까?"

연의 속에서 제갈량은 언제나 신중하게 전략을 세우는 인물입니다. 반면 사마의는 의심이 많은 인물입니다. 공성계는 제갈량이 사마의의 이런 점을 역이용한 것으로 묘사됩니다. 그런데 사마의가 군사를 물리자 제갈량이 손뼉을 치고 크게 웃으며 말하는 부분이 있습니다.

"내가 만일 사마의라면 분명히 즉시 물러가지는 않았을 것이다."

사마의도 제갈량 못지않은 대단한 지략가입니다. 맹달의 반란을 기습공격하고, 제갈량이 여인 옷을 보내며 조롱해도 꿈쩍하지 않았습니다. 조상 일파가 천하를 주무를 때도 곧 죽을 것 같은 연기로 그들을 안심시킨 후, 불시에 그들을 제거했습니다. 사마의의 인내와 지략이 제갈량보다 뒤질 이유가 없습니다. 이러한 사마의가 즉시 물러난 이유는 무엇일까요.

연의에서의 공성계 장면은 고수와 고수의 대결이라고 볼 수 있습니다. 즉, 제갈량은 적은 병력으로 사마의 15만 명의 정예병을 막을 수 없다는 것을 누구보다 잘 알고 있었을 것입니다. 그렇다고 천하의 제갈량이 도망가다 잡혀 죽는 것은 치욕일 수밖에 없습니다. 그렇다면 제갈량이 할 수 있는 방법은 목숨을 건 승부수를 던지는 것뿐이었습니다. 그래서 고수답게 성문을 활짝 열어젖히고 사마의에게 이렇게 암묵적인 신호를 보냈습니다.

'사마의! 지금 날 죽일 수는 있지만 만약 그렇게 하면 너도 토사구팽(兎死狗烹)될 것이니 잘 생각해서 처신해라.'

　고수가 보낸 신호는 고수만이 알 수 있습니다. 사마의는 제갈량이 학창의를 입고 향불을 피우고 거문고를 타는 것을 유심히 살폈습니다. 그리고 제갈량의 신호를 생각했을 것입니다. 사마의는 아직 내부의 적들이 많았습니다. 제갈량을 제거하면 촉을 얻을 수는 있습니다. 하지만 그것은 조예와 조씨 일가에게 홍복(洪福)일 뿐, 사마의에게는 최대의 악수(惡手)가 되는 것입니다. 적국에 최대의 경쟁자가 있어야만 위나라 조정에서도 사마의를 무시하지 못할 테니까요. 사마의가 대군을 후퇴시킨 것은 바로 이러한 생각에 이르렀기 때문이었다고 한다면 또 다른 소설적 묘미가 있지 않을까요?

　그런데 연의에서는 이렇게 표현할 수 없지요. 사마의는 언제나 제갈량보다 한 수 아래인데 이런 식으로 묘사하면 제갈량의 지혜가 일천해지니까요. 사마의가 위나라 조정에서 권력을 확실하게 장악한 때라면 제갈량의 승부수인 공성계도 통하지 않았을 것입니다. 설령 그것이 제갈량의 함정이라고 해도 사마의의 지략과 15만 정예병이라면 작은 성 하나를 함락시키는 것은 큰 피해 없이 가능했을 것이기 때문입니다. 공성계는 때를 알고 이용하는 법과 물러서는 인내심을 가르쳐

주는 최고수들의 멋진 한 판이었다고 할 것입니다. '극과 극은 통하는 법'이라는 말은 여기서도 알 수 있습니다.

> "나는 평생을 위나라를 섬겨 태부 벼슬까지 제수받았으니 신하로서는 더 오를 곳이 없는 자리에 올랐다. 사람들은 모두 내가 흑심을 품고 있지 않나 의심했기 때문에 나는 늘 두려운 마음을 품고 조심했다. 내가 죽은 후 너희 두 사람은 합심해서 국경을 잘 다스리되 조심하고 또 조심하라!"

임종을 앞둔 사마의가 두 아들을 불러놓고 한 말입니다. 그런데 나관중본에는 조금 다르게 묘사된 부분이 있습니다.

> "너희는 주인을 잘 섬기면서 내 깨끗한 이름이 때묻지 않도록 다른 뜻을 품지 마라. 거스르는 자는 크게 불효하는 것이다."

나관중은 사마의를 제갈량 못지않게 훌륭한 지략가로 묘사했지만 모종강은 이러한 내용을 싹둑 잘라버리고 오직 제갈량 띄우기에만 심혈을 기울였던 것입니다. 제갈량은 초려에서 유비를 따라나설 때부터 오장원에서 생을 마감할 때까지 오직 위나라를 무찌르는 일에만 매진했습니다. 하지만 제갈량은 뜻을 이루지 못하고 먼저 죽었습니다. 그런데 생전에 제갈량과 최대의 호적수였던 사마의가 위나라를 멸망시키는 시동을 걸었습니다. 죽은 제갈량이 이를 알았다면 사마의의 꿈에 나타나 무어라고 했을까요? 관우가 그랬던 것처럼 여러분이 소설의 한 토막을 완성해보시기 바랍니다.

한 명으로 만 명을 지킬 수 있는
천혜의 요새, 검문관

검각산을 찾아가는 길은 구불구불 산길을 돌아가는 험준함 그 자체입니다. 차창 밖으로는 끝 모를 절벽이 아찔하기만 합니다. 봉우리를 삼킨 운무가 좌우를 휘감고 내려와 그날의 아픔을 기억하려는 듯 포효의 빗줄기를 뿜어냅니다. 깎아지른 절벽 72봉우리마다 예리한 검이 되어 하늘을 찌르고 있는 곳. 일찍이 이백이 '검각의 성문은 높이가 5천 장이요, 검각의 바위는 누각이 되어 하늘을 연다.'라고 노래한 검문관(劍門關)이 험준한 산맥 사이 길목 한가운데 버티고 서 있습니다.

관소의 문을 닫으면 날개가 있어도 날지 못하고, 한 명이 관을 지키면 만 명을 무찌를 수 있다는 말이 그야말로 제격인 요새입니다. 천하요새인 검문관은 광원시 검각현에 있습니다. 이곳에서 성도(成都)까지는 남쪽으로 약 300km. 이곳을 차지하면 사천을 얻는 것과 같고, 이곳을 지키면 사천은 안전하다는 말이 있듯이 이곳은 촉의 북쪽 중요 방어선입니다.

검문관 입구 바위마다 시인묵객들이 남긴 글귀들이 즐비합니다. 강유가 지휘를 했다는 영반취를 둘러보고 검각산을 올랐습니다. 절벽을 깎아 만든 계단 길은 뒤조차 돌아볼 수 없을 지경이고, 한 사람이 겨우 지나갈 정도의 바윗길은 맨몸으로 오르기도 숨이 차오릅니다.

정상에서 사방을 둘러보니 과연 검각(劍角)이란 이름에 걸맞게 그 산세의 장대함이 비할 곳이 없습니다. 아래를 내려다보니 천혜의 절벽이 펼쳐지는데 순간 절로 오금이 저립니다. 진정 천험의 요새가 아닐 수 없습니다. 검각산의 남쪽으로 내려가면 논두렁길 옆 우거진 나무 사이로 조그만 봉분에 커다란 비석이 있는 묘가 있습니다. 제갈량의 유지를 받들지 못하고 비통하게 죽음을 맞이한 강유의 묘입니다. 강유는 성도에서 죽었습니다. 그렇다면 이것은 후세 사람들이 강유를 기려 만든 것임을 알 수 있습니다.

다시 차에 올라 조금 달리면 세계적인 측백나무 군락지인 취운랑(翠雲廊)이 펼쳐집니다. 취운랑은 검각현을 중심으로 사방으로 총 150km를 잇는 길로, 옛날부터 '삼백장정십만수(三百長程十萬樹)'로 불렸다고 합니다. 이곳은 수령이 오래된 측백나무가 즐비한데 많은 수만큼이나 그 모습도 천차만별입니다. 두 그루의 나무가 가지를 서로 교차시키고 있는 원앙백(鴛鴦柏), 굵기와 높이가 장수 같다고 하여 대수백(大帥柏) 등 각양각색의 나무들이 그에 어울리는 이름을 달고 있습니다. 멀리서 보면 소나무 같으나 가까이서 보면 측백나무인 송백장청수(松柏長靑樹),

↑ 검각산 능성이에 있는 강유묘

▲ 검문관

▲ 취운랑의 아두백

일명 검각백(劍閣柏)은 수령이 2천3백 년이나 된 것으로 취운랑에서도 오직 한 그루밖에 없는 매우 희귀한 수종이라고 합니다.

숲속 회랑에는 옆으로 뻗은 채 가지가 잘려 있고, 밑동도 커다란 구멍이 있는 볼품없는 측백나무가 있습니다. 베어내지 않은 것이 이상할 정도인데 나무의 이름을 보니 '아두백(阿斗柏)'입니다. 아두는 후주 유선(劉禪)의 어렸을 적 이름입니다. 촉이 멸망하고 유선이 낙양으로 이송되어 가던 중, 이 나무 밑에서 비를 피했다고 해서 붙여진 이름이라고 합니다. 그 사실 여부를 떠나서 후세 사람들이 진작 잘라버렸어야 할 이 나무를 그대로 둔 채 '아두백'이라고 부르는 것은 나약하고 우둔한 유선의 행동을 경계하려는 의미일 것입니다.

취운랑의 측백나무 숲이 끝나는 재동현에는 칠곡산(七曲山)이 있습니다. 칠곡산은 제갈량이 북벌을 감행한 금우도(金牛道)가 시작되는 곳입니다. 검문관에서 험난한 금우도를 빠져나와 칠곡산에 이르면 이제부터 성도까지는 평탄한 길이 이어집니다. 칠곡산 대묘당 앞에는 제갈량이 세웠다는 송험정(送險亭)이라는 정자가 있는데, 기둥에는 다음과 같은 글귀가 있습니다.

'힘든 곳을 모두 나와 발끝이 편안해졌다. 여기서부터는 평안한 길이지만 그렇다고 한눈을 팔아서는 안 된다(艱險歷盡博得脚跟. 站穩前道坦夷 豈能够掉輕心以).'

매사에 치밀했던 제갈량이 자칫 실수가 있어서는 안 됨을 다시 한번 상기시킨 것인데, 이는 오늘날에도 여전히 유효한 명구가 아닐 수 없습니다.

↑ 삼국을 통일한 진나라 사마염

　천하대세는 합쳐진 지 오래면 반드시 나누어지고, 나누어진 지 오래면 반드시 합쳐진다고 했습니다. 위·촉·오로 나뉘었던 삼국은 다시 사마씨의 진나라로 통일되었습니다. 소설 삼국지는 사마염의 통일로 끝을 맺습니다.

　"삼국지를 세 번 읽지 않은 사람과는 이야기도 하지 말라"는 말이 있듯이 1천 8백 년이 지난 오늘도 『삼국연의』의 인기는 시들지 않고 있습니다. 오히려 지금도 쉬지 않고 새로운 분야의 삼국지 문화를 일궈내고 있습니다. 서적뿐만 아니라 만화와 게임, 영화와 드라마까지 장악했습니다. 『삼국연의』가 이토록 오랫동안 인기가 있는 이유는 무엇일까요? 그것은 난세를 살아가야 하는 인간의 행동지침이 이곳에 고스란히 담겨있기 때문일 것입니다.

역사는 위나라의 승리로 끝났습니다. 하지만 소설은 유비와 제갈량이 주인공인 촉한정통론에 근거합니다. 그런데 연의의 모본(母本)인『삼국지평화』의 시작 장면을 보면 재미있는 이야기가 나옵니다.

↑ 서예가 무산 윤인구의 삼국지 드라마 휘호

강동은 오 땅이고 촉 땅은 사천인데	江東吳土蜀地川
영특하고 용감한 조조가 중원을 차지했네.	曹操英勇占中原
천하를 나눈 것은 세 사람이 아니라	不是三人分天下
한고조가 참수한 원한들의 응보라네.	來報高祖斬首寃

삼국은 세 사람이 나눈 것이 아니라 한나라를 건국한 유방이 죽인 원혼들이 토해낸 응보라는 것입니다. 이게 무슨 말일까요? 이어지는 내용을 요약하면, 한신, 팽월, 영포는 불량배나 다름없는 유방을 황제 자리에 앉히고 한나라를 건국한 일등공신(一等功臣)들입니다. 그런데 모두 유방에게 참수당했습니다. 토사구팽(兎死狗烹)이 된 것입니다. 이들의 원혼이 억울함을 호소하자 사마상여가 이를 취합하여 옥황상제에게 올렸고, 옥황상제는 다음과 같은 조칙을 내립니다.

'한고조는 그 공신들에게 빚을 진 만큼 세 사람에게 한나라 천하를 나누어주되, 한신에게는 중원을 주어 조조가 되게 하고, 팽월에게는 사천의 유비가 되게 하며, 영포에게는 강동을 주어 손권이 되게 하라. 한고조는 허창에 태어나 헌제가 되고 여후는 복황후가 되게 하라. 조조에게는 천시(天時)를 차지하여 헌제를 감금하고 복황후를 죽여 원수를 갚게 하라. 손권에게는 많은 산과 물을 차지하게 하라. 유비에게는 인화를 주도록 하되, 용맹한 관우와 장비를 얻지만 계략을 도모할 사람은 없을 것이다. 괴철을 제갈씨로 태어나게 하여 군신이 천하를 일으키고 서천의 익주에 도읍을 정하게 하라. 그곳에서 약 오십 년 동안 황제가 될지어다. 중상은 인간세계에 사마씨로 태어나 삼국을 다시 병합하고 천하를 통일토록 하라.'

유방과 여후에게 억울하게 죽은 한신, 팽월, 영포가 조조, 유비, 손권으로 환생하여 헌제와 복황후로 환생한 유방과 여후에게 복수를 하는 것으로 꾸며졌습니다. 진시황 이후 한나라 건국을 다룬『초한연의』의 주인공들이 한나라 멸망 이후를 다룬『삼국연의』의 주인공으로 다시 태어난 것입니다. 인간세계에 인과응보(因果應報)와 권선징악(勸善懲惡)을 환기시켜 백성들을 교화시키려고 했음을 알 수 있습니다. 그런데『삼국연의』는 역사서와는 다르게 유비의 촉한을 정통으로 하고 있습니다. 그동안 많이 살펴본 바 있는 모종강은 촉한정통론의 선두주자입니다. 연의가 명대의 나관중을 거쳐서 청대의 모종강으로 정착했을 때에는『초한연의』의 영향은 없어졌을 테지만, 연의의 시작이 바로 한나라의 복수전이었다는 것을 모종강은 몰랐을까요? 알면서도 부정하고 싶었을 것입니다.

중국 CCTV에서 2010년에 제작한 95부작 드라마 삼국지는 우리나라에서도 방영이 되었습니다. 훌륭한 드라마답게 주제곡도 의미가 심장합니다. 첫회에서 서사(序詞)를 살펴보았는데, 이제 드라마 삽입곡을 살펴보며 마무리를 해야겠습니다.

大夢方覺 山川依舊	긴 꿈 깨고 나니 산천은 그대로인데
古戰場上 軌度春秋	옛 전장터엔 숱한 역사만 지나갔구나.
路没有頭 情不能收	길은 아득하고 인정은 맺을 수 없으니
檢點平生志未酬	일평생 진력해도 뜻을 이룰 수 없음에랴.
青梅煮酒要把話兒說透	매실주 한 병 있어 그대와 대작하나니
天下英雄誰是敵手	천하의 영웅이여, 어느 누가 적수이런가.

烈火飛舟 你必须回頭	늦은 밤 바삐 가는 배, 그대 반드시 돌아오리니
江東子弟也風流	강동의 자제들이여, 풍류를 아시는가.
不是空也不是有	비운 것도 아니요, 채운 것도 아니어라.
一縷英魂到永久	한 줄기 영웅의 혼백 영원무궁하리니
不是去也不是留	떠난 것도 아니요, 머문 것도 아니어라.
往來在人間 與天地同壽	인간사 오갈 뿐 세상과 함께 살아가리라.
與天地同壽	세상과 함께 살아가리라.

장강은 오늘도 어제처럼 흐릅니다. 유구한 산천은 말이 없는데 잠시 머물다 가는 인간들이 오히려 시끄럽습니다. 인간사도 자연에게는 하찮은 것이련만 공물 (公物)인 천하를 서로 가지려드니 헛웃음만 나올 뿐입니다.

강기슭 바위 사이 홀로 피어있는 꽃이 오늘따라 절절한 아림으로 다가옵니다. 꽃 핀 자리 옆에 나란히 앉아 바람결에 흔들리는 꽃이 됩니다. 한 올 한 올 강물 위로 날아갑니다. 가는 것은 세월이요 흐르는 것은 강물이라면, 멈춘 것은 인정 이요 애틋한 것은 마음뿐인가 봅니다.

⬇ 장강 풍정

참고문헌

『술술 삼국지』는 아래의 책들을 참고하였습니다.

『후한서』,『세설신어』,『동파지림』,『독통감론』,『구주춘추』,『삼국지집해』

고우영,『삼국지』, 애니북스, 2007

리동혁,『本삼국지』, 금토, 2005

박종화,『삼국지』, 어문각, 1993

양주동,『신역 대삼국지』, 명문당, 1979

이병주,『신역 삼국지』, 금호서관, 1985

정소문,『삼국지』, 도서출판 원경, 2000

최영해,『삼국지』, 정음사, 1981

황석영,『삼국지』, 창비, 2003

나관중,『가정본 삼국연의』상·하, 인민출판사, 2008

나관중 저, 모종강 비평,『삼국연의 모종강 비평본』상·하, 악록서사, 2006

루쉰 저, 조관희 역주,『중국소설사략』, 살림, 1998

위안텅페이 저, 심규호 역주,『삼국지강의』, 라의눈, 2016

이중톈 저, 김태규 역,『중국사』10, 글항아리, 2018